JN087145

変貌する保険事業
インシュアテックと契約者利益

Innovation & Insurance Business Revolution
InsurTech & the Surplus of Policyholder

石田成則 著

中央経済社

はしがき

　保険産業を取り巻く環境は，既存市場の飽和化，内外の会社間・業際間競争の激化，そして保険法の改正を含む規制や監督体制の見直しなど大きく変化している。とくに，1996年以降四半世紀にわたり価格，商品そして業務の規制緩和が断続的に行われている。また近年では，金融分野における決済革命やICT（Information and Communication Technology）を活用した販売面のオムニチャネル化などのインシュアテックの影響も大きい。それにより，保険引受け，保険料率の決定，商品開発，資産運用からバックオフィス業務まで変革が進展している。そのなかで，小売業などの異業種や外資系保険会社の新規参入により保険市場における競争は激しくなっている。業際間競争は保険の商品性やサービス内容に変化をもたらし，保障内容の充実につながった面もある。また，販売チャネルの多様化も進展したことで商品購入時の利便性と選択性が生じ，個別契約者の利益も高められた。併せて，保険契約者が自己責任を果たすことができる環境も整備されてきた。具体的には，保険会社による情報開示規程の整備，そして比較情報の提供促進である。さらに，保険取引を仲介して契約者の立場に立った契約締結を目指すブローカー制度も採り入れられ，トラブル発生時の裁判以外の制度，裁判外紛争解決手続（ADR；Alternative Dispute Resolution）も導入された。

　しかしながら，保険金支払い漏れ問題に加えて，家計保険のうち医療保険や変額個人年金などについて保険トラブルは未だに続発している。また，専門性の高い営業職員を育成してコンサルティングに基づいた保険販売も少しずつ根付いてきたものの，未だに契約の中途解約や失効率は高く，担当者が頻繁に代わるために「孤児契約」も減っていない。契約者との継続的な関係を通じたリレーションシップ・マーケティングも掛け声だけで，その役割を担うはずのコールセンターやPC，携帯端末を通じた双方向のやりとりも発展途上にある。市場セグメント化を通じたチャネル・ミックスの成果は十分に挙がっていない。一方で，多くの保険会社が低金利・マイナス金利による資金運用難と市場飽和

化による新規契約の伸び悩みに苦慮している。

　また，業態規制の緩和にともなう新規参入による他業態や外資との競争が激化したために，それを回避して経営を安定させるために経営統合やグループ化を選択している。保険業界の再編や会社形態の変革を促し，業界再編の契機ともなっている。こうした規模の拡大が競争制限的に働くために，必ずしも経営成果が契約者に還元される状況にはない。価格競争が困難な分，品質・サービス競争に走り，それが過剰な商品の多様化，特約の増大につながり，保険金支払い漏れ問題の遠因にもなったのである。会社形態のあり方についても，会社のガバナンス構造の変革が契約者の不利益になってはいけない。そこで今一度，規制緩和の趣旨や狙いがきちんと達成されているか否かを検証し，保険自由化とそれにともなう業界の変革が保険契約者に及ぼした影響を（再）検証することが大切である。また，金融・保険商品とその販売手段の多様化や資産運用業務の高度化に合わせて内部リスク管理の必要性も高まっており，それをどのように行政側で支援していくかも重要課題となる。保険契約者の利益向上を柱とした内部統制の強化は，保険金支払い漏れを誘発する組織構造上の問題を解決することにもつながる。保険市場において，自己規律と市場規律の望ましい関係を模索し，その方向性を明示することも必要になる。

　本書では，保険会社を取り巻く環境変化とそれに応じた事業変革を素描するとともに，それが個別契約者の利益と保険市場の機能に及ぼす影響を考察する。また同様の視点から，保険事業のイノベーションを概観し，それにともなう課題や問題点に対する処方箋を描き，保険監督や保険規制に関する具体的な提言を行う。とくに，規制のコストを最小限に抑えながら，契約者保護のために重層的な仕組みを構築すべきことを提案する。

　考察対象として生命保険と損害保険の両業界を取り上げているものの，内容は主に家計保険に限定する。ただ，外生的に生じた現在進行形のフィンテック以前にも，企業保険を中心としたART（Arternative Risk Transfer）も大きな技術革新である。これは保険事業の競争政策上，保険以外のリスク移転手段との競合から内生的に生じたものである。企業保険を対象とするARTについても，その金融市場の資金移転に果たす役割を考察に含めている。また，基本的には保険経営学の課題を検討することになるものの，保険契約者利益の大前

提となる保険契約者保護の法制を盛り込むために，改正保険業法や改正保険（契約）法についても言及しその効果を経済学的に把握している。このような試みを通じて，時流に沿って保険理論の射程を広げ，現実社会での課題解決が可能となるように理論の再構築を企図している。なお本書では，現下の新型コロナウィルスに対する保険業界の対応を十分に取り上げられず忸怩たる思いもある。少し長いスパンでこの問題を熟慮して，保険経営の視点からその対応策を考察したい。

　本書の刊行までに学会や研究会を通じて多くのご指導を賜ってきた。とくに本書に収めた論文には，日本保険学会大会・部会での報告内容が含まれている。その作成過程や当日の質疑から多くの示唆を得ることが叶っている。諸先生方や実務家の皆様に対する感謝の念とともに，学会への成果報告論文として本書を上梓したい。とても合格点が得られず，一から勉強のやり直しを命じられることを恐れつつ，なおご批判やご助言に耳を傾けて研究に邁進していきたい。併せて，数々の刊行物やアンケート調査報告書をご提供くださいました（公益財団法人）生命保険文化センターと（公益財団法人）損害保険事業総合研究所，そして担当者の皆様に心より感謝申し上げます。

　最後に，本書の企画・構想段階から，中央経済社の浜田匡氏には幾多のアドバイスを賜りました。その段階が長期に及びご迷惑をお掛けしたにもかかわらず，本当に辛抱強く出版にご助力頂きました。心より感謝の意を表します。

　2022年2月

石田成則

目　次

序　章

保険業を取り巻く環境変化と事業革新：問題意識と考察の視点

1．保険事業革新の現状

(1) 保険経営を取り巻く環境変化

　保険経営を取り巻く環境変化として，一層の少子高齢化による人口構成の変化と総人口・労働力人口の減少，それにともなう日本経済の低成長ないし安定成長への移行が挙げられる。またグローバル競争およびサービス産業化によって非正規従業員は増加しており，労働市場の二極化が顕著になっている。生命保険や自動車保険などの家計保険は，若年・実年の労働者ないし就業者による保障・補償ニーズによって支えられてきた。人口減少と可処分所得の長期にわたる低迷によって需要は伸び悩み，国内保険市場の縮小化と成熟化を経験することになる。

　一方で，長寿化にともなって生命保険の家計保険の主力は，死亡保障から生存保障，年金・医療保険，そして貯蓄性・利殖性商品へ移行する 。この際に保険消費者・契約者と保険会社との関係も変化する。人口減少下での市場飽和化によって，長期継続的な関係性の構築や一契約者一アカウントのような複数商品の提供が大切になる。併せて，保険消費者・契約者の主体性や参画性が発揮される場面も増えている。また企業福祉，法人マーケットの領域では，団体年金保険をめぐる業際競争が激しく，他業態と比較して競争優位な価格・サー

ビスがカギとなる。また，業務効率化を通じた生産性向上と低廉な取引費用・付加保険料の実現を目指す必要がある。いずれのマーケットでも，予定利率の引上げによる保険料の低廉化と高利回り運用に迫られている。

　経営を取り巻く環境が厳しさを迎えているなかで，パンデミックリスクや大規模な自然災害の続発は，保険販売と資金運用，そして収益確保をより困難なものとする。反面，こうした災害が保険需要を喚起する側面や新規商品・サービスを促す側面もある。環境変化が保険経営にもたらす多くの困難な要因を探りながら，その影響を緩衝する措置を講じるとともに，新たなリスクに対処して新機軸を開く発想もいる。それは，こうした事態がART（Alternative Risk Transfer；保険代替手段）をはじめとした新たな代替財，代替産業を生み出すからである。

　こうした状況は，ICT（Information and Communication Technology）の進展によるAIを通じたフィンテックやインシュアテックなどの金融新技術の発展でも同様である。従来は保険事業が専一的な業務としてきたリスクの解析と加工は，小売業やIT産業，そしてプラットフォーマーもビッグデータにより可能である。データドリブン経営の浸透は，こうした隣接業態や異業種が新規参入する契機ともなる。保険会社が単独で全ての業務をパックで営む形態から，アンバンドルによって業務を切り分けて他業態と連携する部面も生じる。既に製販分離の一環として，銀行の窓口販売も行われている。ただし，他業態との連携には固有の調整費用がかかり，保険販売単価が上昇することも懸念されている。そこで，業務間の適切な資源配分，提携先・連携先との交渉力を強めることによる保険単価の維持，そして連携・調整費用の軽減を通じて取引費用を削減しなければならない。現在進行中のフィンテックやインシュアテックのもとで保険事業のビジネスモデル競争が生じていることは間違いなく，保険商品・サービスの新機軸を販売チャネルとマッチングさせ，それを収益に結びつける発想が大事である。

　いずれにせよ保険経営を取り巻く環境変化は，ステークホルダー（利害関係者）との関係性を大きく変える。つまり，保険消費者・契約者との関係性に加えて，保険会社と販売委託契約を締結している代理店，金融機関やIT企業などの販売代理組織との関係性も変化の兆しをみせている。前述したように新た

なマーケティング手法は経営戦略とビジネスモデルの変革になり，それに合わせて組織形態の再考にも迫られる。また現在まで，外部のステークホルダーとして監督官庁や規制当局も大きな影響力を有してきたので，保険会社のイノベーションは規制受動型といわれていた。しかし規制緩和下にあっては，需要を先取りして新機軸を切り開く新たなイノベーションが求められている。それこそが安定的な業容拡大につながることになる。

(2) 保険自由化・規制緩和と保険契約者利益

　家計や企業は不確実な環境のもとで，将来に向けて意思決定を行う。不確実な事象のなかでも，それが経済的な損失をともなうリスクとして顕在化した場合，それを上手く処理することが合理的な経済活動を可能にする。保険はその技術的要素を通じて科学的な根拠をもってリスクを処理する手段である。それは広くリスクマネジメントのなかで転嫁と称され，家計や企業の個別経済主体はリスクを保険会社に移転することで経済活動の持続的安定化を図る。

　こうした経済活動の安定化には，事業主体としての保険会社の健全経営が前提となる。保険事業の特徴として，経済主体間のリスク移転を通して保険料を集積しそれを保険資金として投資運用して，最終的には保険契約者である家計・企業に保険金・給付，配当金として支払う役割を担っている。金融機関として国民福祉を向上させる目的を有することから，事業内容に強い公共性・公益性が認められ厳格な行政規制の対象ともされてきた。現在でもこうした役割に大きな変更はないものの，実体的・実質的監督主義とされた規制は1990年中頃から継続的に緩和され，事業経営の自由度は高まることとなった。保険市場の競争と新規参入を通じて，価格・料率と品質・サービスの両面で保険消費者である契約者の利益を高めることが期待された。それにより保険商品の付加価値が高まることになれば，ステークホルダーからの信頼性も高まり，収益向上にともない経営の安定性，健全性が確保できることになる。つまり保険取引を通じて，ステークホルダーとウィンウィンの関係を構築できることになる。

　このように1996年保険業法の改正や保険自由化を通じて，継続的に保険規制が緩和され保険経営の自由度は高まっている。同時に，契約者をサポートし自己責任を果たすことができる環境も整備されてきた。具体的には，保険会社に

4

よる情報開示規程の整備や比較情報の提供促進，契約者の意向確認の徹底である。また，保険取引を仲介して，契約者の立場に立った契約締結を目指す保険仲立人（ブローカー）制度も導入された。トラブル発生時の裁判以外の仕組み，裁判外紛争解決手続（ADR；Alternative Dispute Resolution）も導入され，業界団体の役割も強化され現在に至っている。

　しかしながらこうした図式が実現するには，いくつかの前提条件が必要であろう。事実，保険金支払い漏れ問題に加えて，医療保険や変額年金保険を中心に保険トラブルは未だに多い。また，専門性の高い営業職員によるコンサルティングに基づいた保険販売も少しずつ根付いてきたものの，未だに契約の解約・失効率は高く，担当者が頻繁に代わるための「孤児契約」も大きくは減っていない。加えて，多くの保険会社が低金利による資金運用難と市場飽和化による新規契約件数の減少や資金流入減に喘いでいる。一方，低金利やマイナス金利といった運用環境により保険資金のリスクをとった投融資行動が必要になる。また機関投資家としてスチュワードシップコードにより株式を保有する会社との対話が重視され，より主体的な運用姿勢が要請されている。このような保険資金の運用環境では，規制対応のコストも含めて運用コストの増大につながることになり一層の効率運用が必須になる。

　グローバルな競争，他業態や外資との競争が激化しており，それを回避して経営を安定させるために経営統合やグループ化を選択している。こうした規模の拡大は競争制限的に働くために規制緩和の意図とは異なり，必ずしも経営成果が契約者に直接，還元される状況にはない。価格競争が困難な分，品質・サービス競争に走り，それが過剰な商品の多様化や特約の増大につながり社会的問題の根源にもなったのである。そこで今一度，規制緩和の趣旨や狙いがきちんと達成されているか否かを検証し，保険自由化が契約者に及ぼした影響を再確認すべきと考えている。

① 　寡占化・独占化の弊害

　自由競争の結果，保険市場が寡占化や独占化に行き着いた際に，その弊害をどのように抑制していくかは重要である。会社間の競争によってより低廉な取引費用で経済的保障を提供でき，また消費者・契約者のニーズをくみ取った保

障・補償を提供することにもなる。後者のためには，リスクをとった事業革新
により新商品を開発することや新たな販売手段を提供し，利便性を高めること
が肝要になる。団体保険・団体年金の例を取ると，それは隣接業態との資金獲
得競争の様相を呈する。そのために販売競争＝運用競争でもあり，幅広い業務
にわたる競争関係が生じる。また，競争の行き着く先に寡占や独占状態の出現，
他業態との連携・提携やM&Aなどの組織構造の変革をともなうことにもなる。
業態を超えた吸収合併や持株会社形態への移行となると，多角化した特定事業
の負の影響を契約者が被る危険性もある。巨大な金融機関ではその経営実態が
みえにくくなり，経営の健全性を適正に図ることも難しくなる[1]。さらに，保
険市場は他の業態にもまして，情報の不完全性や非対称性の程度が強く，情報
開示規程が整備されたとしてもなお，市場の失敗が生じる可能性が高く，その
分，競争の質も他業態とは異なる。過激な価格・料率競争が共倒れリスクをも
たらすことは歴史の示すところである。こうした市場特性に応じて，競争への
介入により消費者・契約者の利益を保護する必要性も高くなる。

　なお現在でも大手の生命保険会社は相互会社形態で営まれていることから，
保険会社の経営形態と契約者利益の関係も大事である[2]。保険事業独特の相互
会社においては，所有者そして社員でもある保険契約者の処遇が大きなテーマ
となる。そのテーマは経営の民主化や社員自治の問題に限定されない。それに
は，保険契約者が実質的に経営に参画できるルートを確保することのほか，社
外取締役や各種委員会の役割を強化すること，そして究極的には会社形態を株
式会社化ないし持株会社化することも考えられる。

②　保険が社会的に容認される範囲から逸脱する可能性

　環境変化に合わせた規制緩和によって，アカウント型の貯蓄・利殖商品や流
動性・柔軟性が高い商品，保険と金融が一体化した商品，そして高齢化に対応
した年金や第三分野保険が隆盛になり，保険消費者や契約者のニーズに的確に
応えている側面がある。一方で，新商品や新サービスの開発・販売がともすれ
ば，クリーム・スキミングな行動を誘発しかねない。この点は，リスク細分化
型保険について多く指摘されている。また特定保険契約の販売姿勢も問われて
いる。それ以外にも，関係性（リレーションシップ）マーケティングが契約者

の選別化につながり，特定所得階層や年齢階層を優遇することも指摘されている。公共性や公益性が強い性格上，どのような保険商品やサービスが社会的にも容認されるかについて検討を要しているといえる。

③　他事業・他組織との連携にともなうリスク

　多角的な競争では他業態との連携・提携が進展することから，情報産業としての保険業のあり方も問われることになる。1つには，フィンテックやインシュアテックの環境下において，多くの事業革新が他組織や他業態との連携・提携を必要としている場合には，そのコントロールや調整費用の高騰が懸念材料である。過去にもメガバンクや地方銀行と連携した保険商品の窓口販売では，そのコントロールが十分でなく弊害が生まれたことも記憶に新しい。AIユニコーン企業やプラットフォーマーとの連携では，その保有する個人属性に関するデータ量の膨大さから，保険料（率）の決定などで主導権を握られる危険性もある。また，個人情報保護の問題は以前から指摘されているものの，日常生活にわたる様々な情報がIoTやAIによって収集し活用されることには，契約者の同意があったとしても，なお万一の場合には不利益を被ることは避けられない。IT産業やプラットフォーム事業者との連携ではとくに注意が必要になる。このように，新規事業開発投資や事業間・組織間連携をはじめとしたリスクをとった経営行動が適正に行われるかどうか疑問が残る。

④　自己規律・自主規制の必要性と費用

　以上のような危惧もあり，保険規制の緩和下や自由化政策のもとでは，市場規律に加えて自己規律や業界団体による自主規制の役割は高まることになる。もちろん，過度の緩和による弊害防止には再規制もありうるが，後戻りを指向するのではなく規制緩和の代替的措置も検討し，もって契約者利益の保護を徹底しなければならない[3]。業界団体の努力やADR制度も一定の成果を挙げているものの，より体系的な仕組みを要しているといえる。経営環境がグローバル化することや業態間の融合が進展するなかで，事業運営や資産運用面も含めて再規制と市場規律，自己規律・自主規制のバランス良い運営が不可避となっている。

　もちろん行政・監督官庁側でもこの点は理解している。たとえば，財産利用方法書の廃止に対してはソルベンシー・マージン比率規制などで手当てしている。また募集取締法を廃止してもなお契約者の意向確認の徹底などを通じて販売の適正化を指向している。さらに，ADR制度の導入により，予期される販売や取引におけるトラブルの増加に事前対処している。ただし導入意図は別として，こうした仕組みや新たな制度導入は押し並べて社会的な費用となるのであり，それが適正に運営され初期の目標を達成していることの検証作業は重要になる。

⑤　過度なリスクテイクの誘発

　加えて，規制緩和を通じて過度のリスクテイクな行動が誘発されると，イノベーションにはプラスであっても経営の安定性を脅かす危険性があり，最終的には破綻によって大きな社会的費用が発生する。国際的な競合化を含む多角的・多面的競争の激化や，過度のリスクテイクの運用競争は破綻リスクにも直結しかねない。それこそ保険契約者利益を大きく毀損する事態となる。

　①から⑤がもたらすマイナスの影響をどうしたら抑制できるのか，どのような条件整備によって阻害要因を排除して，契約者利益を実現できるのか，真摯に検討しなければならない。さらに，家計や企業を取り巻く環境変化は，保険経営に影響を与えると同時に社会経済にも影響を及ぼす。保険業による時代に即した商品やサービスによって，もたらされる負の影響を取り除いて社会的な厚生をどのように高めるのか。これらの疑問に答えることにより，保険経営を取り巻く環境変化，保険規制緩和や自由化がもたらす負の影響や弊害を見極め，問題点とその原因を掘り下げ，それを取り除いて契約者利益を実現するためのソリューションを提示したい。併せて，自由競争市場がもたらす事業革新やイノベーションの効果，そしてその一層の促進要因を明らかにしたい[4]。こうした検討を通じて，保障・補償提供の効率化と取引費用軽減を実現し，自己責任や自助努力を可能とする社会のあり方を描くこととしたい。

2. 保険業のイノベーションとは何か？

(1) 事業効率に関するプロセス・イノベーション

プロセス・イノベーションの定義

　プロセス・イノベーションとは生産関数の形状変化，つまりインプット（生産要素）とアウトプット（生産物，財・サービス）の関係の変化を指す。その変化による業務効率化，および取引費用の軽減が契約者利益に及ぼすことになる[5]。現実の企業では経済学が想定する技術主体ではなく，様々な業務が折り重なって，インプットとアウトプットの関係が成立している。そのために，技術的な効率性に加えて経営行動上の効率性が重視されることになる。またインプットであっても，労働力や資本・資金は数値化できる側面と質的な側面があり，同じ労働力でも熟練度の差は生産性の相違となる。また経済学では，インプットの効率的利用で測れない生産効率の向上を技術進歩に帰することが多い。つまり，プロセス・イノベーションでは労働力や資本の従来にない有効活用による生産性向上と，それ以外でその要因を明確にできない生産性向上を分けて捉えていたことになる。一方で，資本装備率の向上をインプット活用の効率性のみで把握できないため，両者は密接不可分の関係にある。そこでここではやや厳密性を欠くことになるものの，インプットの活用状況やその組合せ状況以外にも非効率性を生む要因があると考える。そして，両者をとくに区分することなく，販売・流通面を除いた「業務上の非効率性」を解消するあらゆる取組みや工夫をプロセス・イノベーションと捉えることにする。

保険事業の特性

　このように一般的に定義しても，非効率性の源泉を探り，その改善策を考えるうえで産業特性や事業特性の影響を無視することはできない。

　保険業をはじめとして金融機関におけるイノベーションの影響を捉えることは難しい。金融業の多くは，労働と資本を生産要素として金融サービスを生産している。ただし，その特殊性は金融消費者や保険契約者が持ち寄るリスク情

報がインプットとなることであり，それに基づいて貸付け金利や保険料率を決定している。このとき，金融業で生じるイノベーションは生産関数にどのような意味を持つのだろうか。それは資本と労働の組合せを変えて生産関数の形を変えるものであろうか。それとも事業効率が高まることにより生産関数を上方にシフトないし拡張するものであろうか。または資本や労働に加えて，新規の知識・情報は第三の生産要素としてどう捉えられるのであろうか。金融業における特殊技術に新たな知見を加え，会社の倒産リスクや個人・家計のリスク発生率を細分化し，ないしはその分類基準を変革することは，新たな利潤源泉となるのであろうか。そして，イノベーションによる生産要素の効率的利用により生産単価が低下した場合に，取引費用の低下から供給関数が下方にシフトして生産量と価格が低下し，消費者余剰が増加するような状況は保険業でも実現するのであろうか。これらの問題や疑問に答えるには，適切に加工されたデータによって検証する以外にはないが，現在までこうした研究は極めて過少である[6]。

　さて現実には，保険商品の価格である営業保険料・総保険料は保険金の支払いに充てる予定「純保険料」と保険会社の人件費，物件費などに充てる「付加保険料」（取引費用）により構成されている。営業保険料は「予定事故率」，「予定利率」，「予定事業費率」により決定されており，契約後は危険度・事故率，利率・金利，事業費率がどのように変化しても保険期間中は営業保険料を引き上げられない。一方，付加保険料部分は主に予定事業費率により算出される。それは予定新契約費（保険金・保険料比例），予定維持費（保険金比例），予定募集費（保険料比例）により構成される。こうした営業保険料の要件には，十分性，公平性，競争性と会社方針への適合性が必要になる[7]。なお，保険料や積立金の算出には予定基礎率が活用されるために，一定の安全率を見込むことになる結果，責任準備金は保険料積立金，未経過保険料，そして異常危険準備金により構成される。

　ここで家計保険のうち，生命保険契約の保険期間は長期に及ぶために，経済状況に応じて予定と実際が乖離して，予定死亡率から死差損益，予定利率から利差損益，予定事業費率から費差損益が発生する。保険会社の剰余金・利益金はこの3利源から発生するものの，これらは誤差であり剰余部分は過払保険料

にあたることになる。そのためこの剰余部分は，保険会社の利益であるよりも契約者に返還されるべきものである。この金額を契約者配当・社員配当と呼んでいる。支払い方式には，一般的な3利源別方式（通常配当）のほかに，保険資本への貢献を認めた長期契約者に対する特別配当や契約消滅時の最終配当がある[8]。特別配当には，インフレによる保険金目減りを抑制する効果がある。

　保険業では，取引費用の抑制のためには事業費率の動向がカギを握る。本来であれば，保険会社の事業費には研究開発・新商品開発そしてITシステム整備のための投資資金が含まれることになる。イノベーション理論では，こうした研究開発投資，R＆D資金と企業規模の関係性が問題とされてきた。保険会社にも規模の相違があるので，企業規模と研究開発の関係を明らかにできれば，イノベーション政策へ示唆を得ることができる。たとえば，合併・買収による企業規模の拡大が研究開発の生産性を高めるのであれば，市場支配力により消費者の被る損害とイノベーションが社会に与える便益とのトレード・オフを考慮すべきことになる[9]。あるいは，ベンチャー・中小企業こそイノベーションの主要な担い手であり，こういった小規模企業の成長率が高いと期待できるならば，大企業を特別に優遇する必要はない。むしろ，小規模企業の研究開発の資金調達を容易にする政策，研究開発への税額控除や補助金の付与を推進すべきことになる。保険業では，少額短期保険業者による研究開発投資に保護を与えることが考えられる。さらに，昨今の異業種との競争においては，様々な規模と創業年数の企業が入り混じって多角的な競争を繰り広げている。創業間もないスタートアップ企業やユニコーン企業は新たなポリシーとアイデアをもって，保険商品開発や新機軸のサービス開発に取り組んでおり「保険市場を目指す競争」に従事している。今後は，保険業においても新規参入の可能性や異業種・異業態との連携なども含めて，プロセス・イノベーションのあり方を考えなければならない。これらの企業への規制と優遇措置が政策的課題となる。

(2) デジタル化とビッグデータを活用したイノベーション

保険契約者との関係性変化と新機軸

　金融他業態におけるデジタル化やAI，ICTの活用に比較すると，保険業界は後塵を拝していると指摘される。それでも現在では，ビッグデータを活用した

予防措置との一体型商品，リスク細分化型商品や引受基準緩和型保険が登場し，保険業務面でRPAが浸透するなど急ピッチで展開されている。これらの技術は商品開発と業務改善に加えて，販売チャネルの拡充や契約のフォローアップ，そして保険契約者との新たな関係構築に積極的に生かされている。また，業務効率化のためのアンバンドリングとリバンドリングを通じて，子会社や提携会社と一体化した新サービスの提供にもデジタル化の技術が利活用されている[10]。今後は1980年生まれ以降のデジタルネイティブが本格的に顧客層になっていく段階において，グーグルやテンセントをはじめとしたデジタル・プラットフォーマーによるインシュアテック関連投資は増加しており，その参入は保険会社にとっては脅威となる。加えて，Root Insurance，Policy Bazaar，Oscar Healthといったインシュアテック・ユニコーン企業の存在感も増している。

　規制緩和が順次進行するなかで，他業態からの参入障壁は低くなっている。そのために，高い事業費体質といわれていた点を解消するとともに，保険契約者とのリレーションシップを強化し，長期継続的な関係を構築することは不可欠である。それはとくに，保険契約者主導型のリスク対応が定着している現在，喫緊の課題となっている。

　ここで，保険消費者・契約者による新たなリスク対応のあり方はつぎのように整理される。

　①保険契約者によるリスク察知の迅速化やITの進展によるリスク情報へのアクセシビリティの増加，そして情報収集・解釈能力の向上が実現している。併せて，多くの金融商品で事前にオムニチャネルでコンタクトし情報を収集する姿勢，とくにオンラインでの金融・保険情報の収集も頻繁化している。

　②リスク予防手段と対応手段の多様化や高度化にともなうリスクの抑制が行われ，保険による保障・補償と予防の一体化・統合化が進展している。それには，スマホのアプリを活用した継続的な健康観察や健康チェック，家計簿アプリを通じた生活設計などが含まれる。

　③生活リスクの制御可能性の高まりとともに，残余リスクや特異リスクへの保険需要の増大，保険契約のパーソナライズ，付帯サービスとの一体化を求める姿勢などがみられる。それはとくに，ホームセキュリティ・パッケージや在宅医療・認知症パッケージなど，現金と現物の組み合わせ型サービス提供に表

れている。

　もちろん，保険消費者・契約者が事前情報の収集にどこまで能動的かは不明である。それでもマイルやポイントなどの付与が普遍化することで，保険会社HPへのアクセス数や保険商品に関する情報窓口になる携帯電話のAPIの利用頻度は高まっている。またデジタル化の進展により，迅速なサービス提供，一体的なサービス提供の利便性に慣れてきた側面もある。継続的で良好な関係構築がキーポイントになっている。

　つまり家計保険を取り巻く環境が大きく変化し，新契約の大幅な増加が見込まれない状況のもとでは，マーケティングの目標を新契約の拡大による保有契約高の増加から，顧客（保険消費者・契約者）の創造と維持，顧客と会社の相互利益の達成へと転換させなければならない。そこで優良顧客を獲得するために，一定基準以上の高額契約者に対して保険料を割り引く制度（ただし付加保険料部分）を導入したり，顧客の囲い込み戦略として契約者単位の割引制度を設ける会社が相次いでいる。また最近では，リスク細分化型保険により純保険料部分にも差が生じている。こうした商品事例として，日本生命「ニッセイ保険口座，組み合わせ自由みらいのカタチ」，第一生命「生涯設計ドリームパッケージ」，住友生命「スミセイライフマイレージサービス」などが挙げられる。

　またアカウント型商品も開発され，そこでは保障部分と貯蓄部分が明確化され，契約者は自分のライフステージに合わせて保障部分と貯蓄部分の内訳を自由に決めることができる。ITの進歩を通じた新機軸になる。主契約のアカウントには貯蓄機能と保険料調整機能があり，アカウントに払い込まれた毎回の保険料は必要な保障の特約保険料に充当され，残った部分は利息をつけて積み立てられる。こうした家計保険商品として，明治生命「ライフアカウントL.A.」，住友生命「スミセイ総合生活口座ライブワン」，朝日生命「保険王」，三井生命「ザ・ベクトル」，第一生命「堂々人生　保険工房」などがある。

　さらに，インシュアテックを組み込んだ保険商品では，日本生命の子会社によるものや第一生命による提携会社との共同開発が興味深い。前者はわりかん保険として，また後者はレジャー保険として売り出されている。また，住友生命も子会社を通じたP2P保険の実証実験に着手している。P2P保険は欧米や中国などで広がっている新しい形態の保険であり，保険の原点である相互扶助や

助け合いといった精神に根差した仕組みである。具体的には，保険料算出の過程や保険料の使い道，契約者数，保険金・給付金支払い件数が公表されるうえ，P2P保険を運営する事業者が受け取る管理費用までもガラス張りにしている。

　日本初のP2P保険は2020年1月，少額短期保険業者のジャストインケース社から発売された「わりかん保険」というがん保険であり，がんになったら一時金として80万円を受け取れるというシンプルな商品になっている。がんに罹患した保険金を契約者間でわりかんして支払うという考えから，同社が保険契約者に支払った保険金額によって保険料が毎月変動する。ジャストインケース社が受け取るのは，保険金額に一定の割合をかけた管理費用だけでその金額はもちろん開示され，契約者間でわりかんで支払う。

デジタルイノベーションの効果

　保険業が情報産業である限り，双方向の情報のやりとりの濃密度によって顧客経験が充実し満足度が高まることにもなる。相談時間やコミュニケーションの密度を高め，希望に沿った取引条件を実現するための専門知識と提案力，信頼性が求められている。これにより解約・失効率が改善すれば，事業費率の低下を通じてその利得を保険会社と契約者で分け合うことができる。

　取引対象が有形財であれば，主体的な消費者からの様々な声によって生産者との協創が実現する。しかし無形財である保険商品では，契約者からの要望やクレームが活かされる場面は少ない。そのために，たとえばADR制度での相談事項や相互会社の社員総代会・懇談会での意見・要望を反映させることが現実的になる。こうした声を如何に汲み取るかに，経営陣の企業家精神が発揮されることになる。

　ICTを活用したイノベーションは，保険自由化により明らかに加速化されている。まず，販売チャネル自体が，一社専属の営業職員中心であったものが，兼業の営業職員や乗合代理店，対面型の保険ショップ，銀行窓販，そして通信・ネット販売へと多様化が進んでいる[11]。販売チャネルが多様化し，主体的に情報検索する消費者層が台頭することで，家計保険の場面でも情緒販売ではなく，保険料（率），契約者配当率や特約を含む保障・補償内容を合理的に判断して取引されることが多くなっている。専属の営業職員にしても，その絶対

数が減少し続ける一方で，適切な保険教育や研修を受け高度な資格を有する職員は増加し，高い家計コンサルティング力を生かす場面も増えている[12]。また，顧客囲い込み戦略である契約者単位の割引制度の導入，利便性・自在性を高めたアカウント型商品の開発，営業職員の給与体系の見直しなどが進行している。さらに，販売チャネルに即した保険商品の開発が進み，チャネルと契約者属性に応じた特化型の保険商品の提供が行われている[13]。

わが国のデジタルイノベーションでは，主に以下の試みによって保険会社による取引費用の削減が進んでいる。

①国内外保険事業のグローバル・ネットワーク化による再保険事業の業務効率化。

②顧客接点の改革を通じた新商品・サービスやヘルスケアを中心とした新機軸・サービスの展開。具体的には，P2P保険やオンディマンド保険の開発，アプリを活用した新サービスが挙げられる。

③スマートコントラクトの活用による保険契約の自動化，保険金請求・支払いの自動化，デジタル通貨決済の試みの進展などである。

一方の課題として，（ⅰ）非対面販売における解約・失効率の抑制，（ⅱ）情報セキュリティの向上，（ⅲ）来店型保険ショップにおける適正な比較情報の提供，（ⅳ）インターネットなどの通信販売に適した簡潔で透明性の高い商品開発[14]，が挙げられている。

(3) プロダクト・イノベーションとオーバーシュート現象

プロダクト・イノベーションを広く捉えると，新商品や新機軸のサービス提供だけでなく，環境適応のための事業革新やイノベーションを含めることもできる。保険業では，保険消費者・契約者との関わりのなかでそのニーズを汲み取った新保障・補償内容，新規の特約や新しいサービスの開発とマーケティング活動を通じたその浸透である。保険消費者・契約者の嗜好に合わせた商品提供とアプローチ手段を組み合わせることになる。

プロセス・イノベーションは供給者の視点から生産過程の非効率性を解消するものであるのに対して，プロダクト・イノベーションは需要者の視点からニーズを汲み取り，契約高を拡大してスケール・メリットを確保することで効

率性を高めることである。単一の保険商品や特化型の商品・特約を開発することに留まらず，事後的な保障・補償と事前の予防措置を合わせて提示する生活上のリスクを軽減するサービス提供も含まれる。それは生活上のリスクに対する受動的な保障・補償の提供から，生活環境に対する能動的な働きかけ，ないしその改善を促すことで生活の質を向上させ付加価値を付与するものである。また生活リスクを軽減する視点からは，取引当事者が新たな協創関係の構築を通じて，保険契約自体の付加価値を向上させることで顧客生涯価値を高めることになる。

プロセス・イノベーションでは，保険事業の三利源のうち主に事業費率を改善するものであったが，プロダクト・イノベーションは危険差益に働きかけるものでもある。契約高の拡大は保険料収入と保険資金の増加につながるのであり，利差益の上昇にも寄与することになる。これらを合わせた基礎利益の拡大は契約当事者双方の利得になる。

ただ，金融・保険業におけるプロダクト・イノベーションには特異な点も多い。業態ごとに区分され金融商品・サービス間の代替性は低く，そのことが価格弾性値を抑えることになる。業態ごとに独占的な立場が築かれると，参入障壁が高くなり地位が保全されてしまう。また，金融・保険業でのプロダクト・イノベーションは模倣が容易で，知識・技術のスピルオーバーの程度も高い。そのため革新者の先発者利益が維持できる期間は短く，また細部の差別化になることが多い。そのために，プロダクト・イノベーションが進展するほど，商品内容が複雑化するきらいを生む。併せて，金融・保険業でのプレゼンスは質よりも量のことが多く，資金量の多寡により比較優位が決まってしまい，プロダクト・イノベーションの影響とその派生効果で業界順位が上下することは少ない。それだけ事業改革に対する態度が保守的になりうる。

現在，こうした状況は少しずつ変化している。それは，フィンテックやインシュアテックをはじめとした大改革（大発明）に通じる事業革新が進展していることによる。情報が1つの重要な生産要素になる金融・保険業では，ビッグデータの活用が死命を制するIT装置産業でもある。ビッグデータを日常的に収集している巨大ネット流通・販売組織であるプラットフォーマーなどの異業種による侵攻が身近なものとなっている。異業種間のデータ収集やその加工を

めぐる競争は，必然的にオープン・イノベーションを促すものであり異次元の競争環境に置かれることになる。この間に進む他業種や他業態との組織間連携や提携はビジネスモデルを大きく変革することになり，従来にも増してダイナミックな競争に発展する可能性を秘めている。

　具体的な事例は，寡占化が進む損害保険の家計分野で顕著である[15]。損害保険の場合，ICTの発展や新規ビジネスに応じて，技術革新をさらに加速する保険商品が開発されている。その例として，自動車関連の新商品のほか，サイバーリスク保険，ドローン保険，そしてシェアリングビジネスを対象とした保険などが考案されている。生命保険と同様に，ICTや携帯アプリを活用した保険消費者・契約者接点の拡大のほか，損害査定にAIやブロックチェーンを活用した業務改善も図られている。自然災害や感染症拡大に向けて，巨大リスクを予測することやその事前抑止のために，ビッグデータをAIで解析するシステムも開発されている。こうした動向は，異業種間との連携で進展しており，正にオープン・イノベーションを地で行くものとなっている。

　ただし保険自由化後に経営統合が進展し，市場が寡占状態に至ったものの，その販売手段に大きな変更はない。損害保険会社の代理店が最大の販売チャネルであり，その総数は約19万店あり，保険料収入は自由化後も変わらずに9割以上を占めている。それでも自由化後には，ダイレクト専門会社も10社ほど登場しており，過去5年間で保険料収入を約3割伸ばしている。こうしたこともあり，ダイレクト販売（直扱い）は8％程度をキープしている。それ以外に，1996年以降に解禁されたブローカー会社は48社あり，また銀行窓販も解禁されており，少しずつシェアを拡大している[16]。

3．インシュアテック時代の新たな保険規制

　実は，他業態からの侵攻や保険契約者主導型のビジネス展開を迫られる背景には，保険市場や保険業に固有の問題や課題があり，それを解消するための動きであるとも捉えられる[17]。そしてそれは，既存保険会社にとって脅威であるとともにビジネスチャンスにもなる。それには，①新規参入の脅威，参入障壁の低下，異業種からの参入，ART・パラメトリック保険・P2P保険などの代替

的リスク手段の登場，②保険消費者・契約者からの圧力＝顧客主導型ビジネス展開，③販売チャネルからの圧力＝連携する販売代理店や流通企業からの圧力，販売手段の多様化＝独立代理店，保険仲介人，来店型保険ショップ，プラットフォーマーからの圧力が考えられる。

　こうした脅威についても，ビッグデータの有効活用やAIの技術を通じて情報に新たな付加価値をつける視点から考えられる。事実，フィンテックにしろインシュアテックにしろ，リスク情報と金融情報の利活用がその展開のカギになっている。情報化の進展は，単に情報が行き渡り効率的に意思決定ができることやビッグデータの有効活用に留まらず，ブロックチェーンの例にもあるように意思決定の分散化に行き着く。結果的に，保険消費者・契約者が商品企画に参画することや，自らが商品やサービスの提供者になることもありうる。前者については，既契約者によるネットを通じた契約時のフィードバック情報の提供がその端緒となる。後者については既に地域コミュニティや職域でのP2P保険として実現している。この結果，保険消費者・契約者の情報発信頻度が高まり，提供者と保険消費者・契約者の様々なリレーションシップも強まる。加えて，保険市場の情報の非対称性を解消し保険会社が保険消費者・契約者をよく知ることになれば，契約後の行動をモニタリングする費用も軽減され，それは廉価な保険料に反映されることになる。逆に保険消費者・契約者が保険契約と保険会社の情報を多く収集することは，経済学が前提とする合理的経済人に近づくことになり消費者主権が実現することになる。これは契約者利益の向上に結びつく可能性が高い。

　ただ，こうした変化を積極的に受け入れる層と，受動的にのみ受け入れる層に二極分化していく危険性もあり，デジタルデバイドと同様に保険消費者・契約者の二極分化の傾向が強まる点にも注視すべきである。そのために，選別的な保険消費者・契約者保護の必要性も生じてくる。

　従来までの保険事業におけるイノベーションが，保険規制受動型イノベーションないし規制主導型イノベーションであった点は見過ごせない。とくに家計保険分野では生活保障のインフラを担っているために，また公的保険・社会保険の補完の役割を担っていることから介入の程度が強くなる側面もある。保険会社は金融機関の一翼を担い，また保険金受取人は保険事故に遭遇した一時

的弱者であることから，保険商品面や資産運用面においても公的関与が必須とされてきた。しかし逆に，社会保障の民営化の議論では，イノベーションこそが市場型保険の存在意義とされ，補完の役割に加えてそれを一部で代替することも期待されるのである。

　以上のように保険産業論の視点から，①保険規制の自由化や規制緩和が当初の目論見通りに，契約者利益の向上につながる事業革新やイノベーションを誘発しているかどうかを確認しなければならない。経営者・経営陣がリスクを積極的にとった経営行動を行い，同時に自己規律が適正に働く環境が整備されていることが必要になる。それには，保険会社の経営戦略の転換，それに応じた組織体制の整備，人材の育成，適切な研究開発投資を実行しているかを論証しなければならない。②こうした事業革新が実施されたとして，それが弊害を生んでいないかを考察し，併せてその成果が保険契約者に適切に還元されていることの検証がいる。保険政策上の課題としては，弊害や不十分な還元が常態化しているとしたら，その原因を解明し自由化の成果が行き渡るための条件を整えなければならない。③現在進行中のAIなどの技術革新が，保険販売や運用，そして業務遂行にどのように活用されているかを確認し，それが保険契約者に不利益をもたらしている場合には，単にその原因を究明するだけでなく，自己責任・自助努力を果たすことができるだけのサポートが大切になる。保険政策上の課題としては，保険会社の適正な情報開示をより一層促進し情報量を増やすとともに，その情報を判断ないし取捨選択できる能力の付与やサポート体制の整備を欠くことはできない。

4．本書の構成および概要

　保険業のイノベーションを考えるうえで，シュムペーターからクリスチャンセン，そしてポーターまでの先達の議論を整理することは大いに役に立つ。こうした議論が第二次産業に属するメーカーや製造業を主対象としていることは事実としても，サービス産業や金融・保険業へ援用できる部分があるはずである。また新古典派経済学から内生的成長理論，そして経営学・経営戦略論まで，様々な学問領域でイノベーションが取り上げられてきた。新製品や事業の新機

軸，業務効率・業務改善から革新的な技術開発までその射程は幅広い。また政策面でもイノベーションを促進すると同時に，特許や知的財産権でその保護を図ることで革新的技術を適正に伝播することが重要課題とされてきた。現在では，フィンテック，インシュアテック，IoT，AIなど，幅広い関連分野・業務で革新的な技術が進展している。これらの全てを対象とすることはできないが，産業組織論と経営学の論理も援用しながら，保険事業のイノベーションによる保険消費者・契約者への影響を考察していきたい。とくにミクロ経済学をベースにした企業の経済学に基づいて，取引費用の経済分析，企業の境界理論，経営統合やM＆A，そして業務提携，組織形態とガバナンスをテーマとして，契約者利益との関連性を考える。

　第1章「保険業におけるイノベーションと契約者利益」では，事業革新とイノベーションの定義を明らかにし，そのマクロ経済的な影響について考察する。金融・資本市場の構造変革のなかで，保険会社は契約者側のニーズに機敏に応じながら，家計・企業のリスクを引き受け，その資金的な手当てを行う。こうしたプロセスとそれを実行する組織体制の構築，さらにはリスク・ファイナンス手法の革新などは，全てインシュアテックにつながる保険業のイノベーションにあたる。この章ではこうした動向を整理するとともに，金融技術革新の要因とその経済的帰結を参考にしながら，保険業の技術革新を契約者の視点および経済厚生上の観点から評価する。

　第2章「個人保険・団体保険の商品性革新」では，経営環境変化に応じた保険業のイノベーションを，経済的保障機能と金融機能の融合に求め，そこから生じる商品開発の新機軸を明らかにする。とくに，貯蓄勘定をともなうアカウント型商品や特定保険契約に着目しその商品性を検討するとともに，保険会社の収益構造と契約者への利益還元に対する影響を実態に即して分析する。併せて，長寿社会における医療保険，（団体）年金保険の多機能化の現状と，生活保障に果たす新たな役割を考察する。

　第3章「保険技術革新による顧客価値創造型マーケティング」では，海外事例も踏まえてインシュアテックの進展状況を整理し，今後の保険販売のあり方について考える。とくに，デジタルマーケティングの意義を保険契約者との関係性の変化と捉えて，その有効性について検討する。そして，関係性マーケ

ティングとチャネル・ミックスの概念を中心に，保険業の新しいビジネスモデルを探る。併せて，補論ではインターネットなどの通信販売による解約行動の変化と，契約者満足度への影響について実証的に考察する。

第4章「「製販分離」による保険業の新たなビジネスモデル」では，保険業務の機能分化として，保険の生産と販売の分離現象を考察対象とし，その事例として銀行による窓口販売を取り上げる。こうした「製販分離」が進展している米国リテール金融の状況も参考にしながら「製販分離」の成功の鍵を探り，併せてわが国における今後の展開を考える。とくに，製造元の保険会社と販売委託先の金融機関との関係に着目して，両経済主体の利害対立状況を明らかにし，それを克服する具体的仕組みを提案する。

第5章「保険市場の特殊性と契約者利益」では，まず保険市場とその取引内容の特殊性を整理することを通じて，保険消費者である契約者利益の構成要素を考える。また，保険商品に関する情報のサーチ活動が，保険市場の価格・保険料と品質に及ぼす影響を簡単なモデルによって解説する。そのうえで，インシュアテックが保険市場のあり方をどのように変革するかを考察する。

第6章「保険経営形態と契約者利益」では，保険の経営形態が契約者利益に及ぼす影響を検討する。まず保険固有の相互会社について，費用選好仮説を活用してそのコーポレート・ガバナンス上の優位性と課題を解明する。また，エージェンシー理論を援用しながら，相互会社の経営効率化のための制度的仕組みを包括的に論じる。業態間の規制緩和とグローバル化の進展により，機動的な意思決定を可能とする株式会社への組織転換や資金調達手段の多様化，そして持株会社への移行などの経営形態，組織形態のあり方がクローズアップされている。そこで，事業選択に根差した経営形態・組織形態のあり方や新規事業展開に適した既存組織の再構築について，理論面と実態面の両面からアプローチする。補論では，費用選好仮説を統計データによって検証する。

第7章「特定保険契約における説明義務と賠償責任のあり方」では，販売過程における課題を取り上げ，契約者利益に適う説明義務のあり方を理論モデルを通して考える。具体例として変額保険・変額年金保険を取り上げ，その仕組みと付随するリスクを解説し，そのうえで適切な販売が行われないことが保険トラブルの原因となっていることを指摘する。こうした事態を回避するために，

保険者や保険募集人には説明義務が課されているのである。こうした説明責任を適正に果たす方法を契約当事者間のゲーム理論によって解明し，併せて状況に応じた賠償責任の取り方を提示する。

　第8章「金融ADRが保険市場に及ぼす影響」では，保険契約者からみた保険取引における情報の不完全性を概観した後に，それを克服して重層的な契約者保護の仕組みを構築すべきことを提案する。とくに，保険をめぐるトラブルの傾向を考察することで，その解決に金融ADRが適していることを示す。結論として，保険会社による情報格差解消のための投資を誘発する金融ADRのあり方を考案する。

　第9章「保険トラブルをめぐる訴訟・和解と金融ADR」では，新たな保険契約者の保護政策を取り上げる。わが国では近時，裁判よりも安価でかつ簡便な紛争解決制度として金融ADRが導入されている。この仕組みを他の紛争解決制度と対比し比較優劣を論じる。また，こうした制度により結果的に効率よく紛争解決ができるだけでなく，保険会社によるトラブル抑止の事前投資を促す効果を指摘する。そのうえで，トラブル発生にともなう取引費用を抑え，より契約者保護に資する制度設計のあり方を提案する。

　第10章「保険政策と保険規制」では，包括的に保険規制を取り上げ，望ましい保険契約者保護政策を論じる。まず，従来の保険政策の目的や体系を整理し，併せて保険規制の根拠を情報の経済学の視点から示す。また，保険自由化の文脈のなかで，規制の変遷とその現代的課題を論述する。そして，業際競争・グローバル競争下の保険政策，および金融・保険技術革新，インシュアテックに則した保険規制のあり方を提起する。

●注

1　諏澤（2021），89-94頁を参照のこと。

2　イノベーションとの関係では，会社の経営形態も重要な考慮要因となる。「費用選好概念を用いるということは経営者がすべてのクラスの費用に対して中立的な態度をとることではないことを意味している。彼らにとってある種の費用は否定しがたい価値をもつことになる。すなわち，それらの費用の発生は，生産性に貢献しているからだというだけでなく，経営者の個人的目標や全体的目標を高める方法であるからである。」，「費用選好は伝統的な経済理論が仮定するようなすべての費用に無差別な態度であるのではなく，ある種

の費用に対して正の嗜好をもつことになる。」，「つまり，スタッフ，役得，裁量利潤を主
要要素として，報告利潤は最低必要利潤以上であるという制約条件のもとで効用関数を最
大化するために企業は経営されている」（關（2017），94頁）。また経営者裁量仮説では，
「製品市場の競争が激しくなく，実質上，所有と支配が分離しているところでは，企業が
利潤最大化（最大効率化）を求めて経営していると仮定することはできない」とされる。
それにより，エージェンシー費用が発生する。加えて，インフルーエンス仮説として，「時
としてマネージャーや従業員は，意図的に企業の最大収益のために行動しないことがある。
これは怠慢であり，それによる費用やそれを制御する費用がエージェンシー費用である。…
また会社内の意思決定で影響を受ける個人やグループは利己的な利益を追求するため，そ
の決定が自分の利益になるように画策する。こうしたインフルーエンス活動によって余分
な費用が発生し，非効率性が生じる。」（關（2017），97頁）。

3 「市場経済発展の原動力は，①より優れた新製品，あるいは旧製品を生産するためのよ
りすぐれた方法を考え出そうとして，経済の多くの企業の間で激しい競争が行われること，
②その結果として，企業がたまたま現れた適切な発明という形で幸運な偶然の出来事に頼
ることを減らすために，イノベーション過程をルーティン化すること，③専有技術を自発
的に普及させるように，適当な収益と引き換えに，競争圧力が働くこと以上である。」（關
（2017），170頁）。「しかしながら，近時は，こうした市場競争の質が問われる場面が多い。
高収益を実現するには，業務効率を継続的に向上させることが欠かせない。しかし通常，
十分とはいえない。業務効果を基礎として長きにわたり競争を制してきた企業などほとん
どないばかりか，ライバルの機先を制することは日に日に難しくなっている。その最大の
理由は，ベスト・プラクティスはあっという間に広まることである。競合他社は，経営手
法や新技術，インプットの改善，顧客ニーズにより的確に応える方法など，どれもすぐさ
ま模倣できる。」，「業務効果をめぐる競争によって，生産性の限界線は外側に移動し，あ
らゆる企業が底上げされる。ただし，そのような競争により，業務効率は間違いなく改善
されるが，その代りどこの企業も似たり寄ったりになる。」，「業務のみを基礎とした競争
とは，結局のところ，勝者のいないレースとなってしまい，やがて消耗戦に発展する。」
（關（2017），119頁）。「市場の隙間を狙うという競争戦略は，じつは競争状態の緩やかな
場所を狙っているという意味で，競争を避ける戦略ともいえる。そこには，非競争を志向
することが競争戦略であるというパラドックスがある。」，「たとえばサービスの不手際を
減らす，在庫を切らさない，人材流出を減らす，廃棄物を減らすといったことを他社より
もうまくやる必要がある。このような違いは，企業間の収益性の違いを生む重要な源泉に
なることがある。だが業務効果を高めるだけでは，堅牢な競争優位は得られない。」，「新
しいベストプラクティスを確立した途端，競合他社に模倣される。この種の模倣合戦は過
当競争と呼ばれることもある。」（關（2017），120-122頁）。「差別化に成功した場合を考え
てみると…部分的ではあるが独占的な要素，競争がその瞬間に緩やかになっているという
側面が存在する。したがって，差別化戦略もまた，究極的には競争が緩やかになる状態を

狙おうとして懸命に差別化努力をしている行動なのである。」（關（2017），123頁）。「現実
の世界では，潜在能力が高い新興企業が市場に参入して競争しようとしても，それを阻む
壁は多い。消費者自身に問題があるケースもある。消費者は大企業しか相手にしないこと
から，新興企業が市場に参入するのは難しくなっている。」，「実際には，持続可能な競争
優位性を持った企業は例外的な存在であり，一般的な原則にはなりえないというのが，
我々の考えだ。大半の市場における大半の企業は競争優位など持っていない…このような
立場にある企業に求められる戦略原則は一つしかない。あらゆる業務活動を，できるだけ
効率的かつ効果的に行うことをひたすら追求することである。業務効率の追求は，原材料
費，人件費，設備費，公共料金，旅費，交通費といった業績に影響する費用項目を管理す
ることはもちろん…効率性と生産性向上に重点を置く優れた経営から得られる利益は，構
造的な競争優位から生じる利益に匹敵するものともなりうる。」（關（2017），126頁）。

4　シュンペーターによる新結合では，新しい財貨，新しい生産方法，新しい販路の開拓，
新しい供給源の獲得，新しい組織の実現（關（2017），57頁）をイノベーション事例とし
て示している。しかし現代の高度産業化，高度情報化時代では，その様相も当然異なるこ
とになる。「イノベーションの現代的理解にとっての必要条件とは，イノベーションが生
産性の向上の達成の意であり，それと表裏一体のものとして，増大した供給と同量の需要
の存在，となる。通常…それはイノベーションの価値の評価が生産者によってではなく，
あくまでも消費者によって行われることを意味している。技術的な生産性の向上や技術の
新規性ではなく，生み出されたアウトプットの価値によって評価される。…イノベーショ
ンの達成とは，あくまでも産出の増加，生産物価格の減少，そして厚生水準を高めること
を通じて企業利潤を高めることになる。」（關（2017），46頁）。「シュンペーター仮説は，
単純化すれば，企業規模が大きいほど，また市場集中度が高いほど，研究開発が活発に行
われるというものである。企業規模との関係に限定すれば，この仮説の主な根拠として，
研究開発に規模の経済があることと，大企業のほうが豊富な内部資金を持ち，外部資金の
調達機会に恵まれ，規模と多角化によって研究開発に伴うリスク負担能力も高い。イノ
ベーションに必要なインプットとして挙げられる情報蓄積，危険資本，企業家精神，とい
う3つのインプットの供給に関して企業規模や独占力がどのような影響を与えるのか。」，
「企業家精神の面では，小企業のほうが優位に立つ。大企業につきもののきっちりとした
管理組織，とくに官僚制組織はそこの働く人々の企業家精神を殺す傾向がある。」，「さら
にイノベーションと企業属性との関係では，『埋没費用の効果』『取替費用』『効率性の効
果』の観点からの比較考察が重要になる。」（關（2017），77頁）。
　　「加えて，リーダー企業においては技術革新によってその立場をより確固たるものにし，
新参入者においては一気にトップ企業に上り詰める。…上述の状況においては，新規参入
者がより大きな革新のインセンティブをもつ。…既に業界一位となっている企業にとって
は，既に大きな利潤を挙げているが故に利潤の増加分は少ない。一方で，新規参入者ある
いは業界において大きな勢力を持たない企業は，現状における利潤が少ないために，革新

することによる利潤の増加分も大きくなる（アロー効果）。」（關（2017），79頁）。

5　現代イノベーションの計測概念（TFPかMFP）＝ソロー残差，つまり「多要素生産性とは，生産プロセスにおいて，労働および資本の投入とともに使用される，全体的な効率性を反映したものである。その変化は，管理手法，ブランドネーム，組織変革，一般的な知識，ネットワーク効果，生産要素からのスピルオーバー，調整コスト，規模の経済，不完全競争および測定エラー結果による影響を反映している。」（關（2017），33頁）。

6　山沖・茶野（2019）を参照のこと。

7　刀禰・北野（1997），53–54頁。

8　刀禰・北野（1997），75頁。

9　岡田（2019），108頁。そこではサービスの模倣容易性が整理されている。なお，少額短期保険は2006年の業法改正により導入され，現在その事業者は100社を超えている。

10　海外の創造的破壊については，中国の事例を参照してみる。李氏によればつぎのように整理されている。「まず，伝統的な大手保険会社の減速の一因は，自社販売チャネルを重視し，顧客との接点を持つ他の事業者との連携の構築で後れを取ったことにある。2019年中国のネット保険の収入において，ネット損保の約7割とネット生保の9割は，保険の仲介機関やソーシャルメディア，旅行会社，Eコマース企業のような非伝統的な保険企業のプレーヤー，いわゆる保険販売のサード・パーティ・プラットフォームから得られている。一方で，伝統的な保険会社の公式HP，モバイルアプリを含む自社運営の販売チャネルからの保険料収入が全体に占める割合は減少の一途になっている。」，「たとえば，ネット専業保険会社は，サードパーティ・プラットフォーム経由で顧客との接点の構築に長けており，サードパーティ・プラットフォームと業界を超えた融合が進んでいる。サードパーティ・プラットフォームが提供する生活場面に応じたユニークな新しい商品を積極的に開発し，提供されている。さらに，AIやビッグデータ技術の活用で，個々の顧客に合うカスタマイズされた商品の提供も可能にし，確実に顧客の獲得につなげている。」（李（2021），7頁）。「一方で，消費者への影響が大きいプラットフォームほど，手数料が高くなる傾向があり，その活用にかかる手数料やコミッションが大きなコスト負担となることが課題になっており，中国の金融・保険業は現在，業界のリーディング・デジタルプラットフォームに大きく支配されており，彼らとの業界を超えた融合の巧拙が今後の発展のカギを握っている。」，「現在は，アント・グループと信美人寿相互保険会社が連携した相互宝（以前は，相互保）という商品が話題となっている。その商品には，1）ビッグデータと信用スコアによって虚偽申告の牽制が働く，2）ブロックチェーン技術を活用して，保険金支払結果の公示を行い，透明性を確保する信用性の向上，3）膨大なユーザー基盤と便利な決済サービスによって営業コストや保険金支払いなどの事務コストを軽減できる，4）AI技術を活用して，リスク分析やカスタマーサポートを行いリスクの軽減を図る。以上の特色があり，データドリブン型の新たなビジネスモデルを構築している。」（李（2021），9頁），および大喜多（2020），15–19頁，高見（2020），9頁，細田（2017），138–154頁を参照

のこと。

11　金論文によれば，生命保険会社のインターネット販売動向は以下の状況にある（金
（2017），11-17頁）。

　①2008年4月にSBIアクサ生命（現，アクサダイレクト生命）がインターネット完結型
の定期保険と医療保険を販売した。日本初のインターネット専業生命保険会社である。そ
の後は，ライフネット生命や楽天生命も参入している。また，インターネット販売も行う
会社は，オリックス生命，メットライフ生命，アフラック生命，チューリッヒ生命，メ
ディケア生命，ネオファースト生命，そして損保系生保も参入している。

　②保険種目としては，適合的な医療保険やがん保険などの第三分野保険と，死亡保障で
は定期保険が多い。女性向け医療保険や引受け条件緩和型の終身医療保険も販売されてい
る。今後は1日単位のオンディマンド型レジャー保険も予定されている。

　③新契約や契約高は一定程度伸長しているものの解約・失効率は大手生保の4.5％に比べ
ると6〜7％台と高くなっている。比較情報を収集して十分に検討する賢い契約者ばかり
ではないために継続的関係性・リレーションシップの構築が課題になる。

　一方で，専属の営業職員数はかなり減少している。営業職員の減少は業法改正後に加速
し，現在はピーク時の半分程度である。これに対し損保では，合理化により大型化した代
理店の経済的な基盤が強固となり，事業拡大余力が生じていた（大島（2020），40頁）。な
お歴史的経緯を辿ると，1989〜1990年には既に営業職員の減少が始まっており，また1992
年度には事業費の削減を開始していることが認められ，事業合理化の動きが1990年前後か
ら始まっている。専属営業職員数はバブルピークの約44万人から2010年には25万人程度に
まで減少した。一方で代理店は，1980年半ばに1万店舗，38万人程度であったが，損保代
理店に生保参入や銀行窓販により10万店舗を超え，97万人にまで増加している。なお，生
命保険事業における収入保険料は1994年度，最終利益，営業職員数は1989年度，事業費は
1992年度にそれぞれ最高値を示している。特徴的なことは，最大値達成以降，全ての指標
で長期的な右肩下がりとなっており，最終利益は1992年度以降1980年度の水準に回復して
いない（鈴木（2017），131頁）。

12　松澤（2021），113-126頁において，保険募集チャネルの多様化の動向と各チャネルの
特性がわかりやすく整理されている。既存の保険会社が子会社を新設することも，異業種
が新規ビジネスモデルで参入することも活発化している。こうしたモデル毎に事業費率が
異なることにもなる。

13　今後のデジタルイノベーションの要素として，①エコシステム化，②レグテックの導入，
③インシュアテック企業への転換，④AIによるデータサイロ化の打破，⑤業務の自動化・
スマート化，⑥ブロックチェーンを活用した分散管理，データセキュリティの強化，があ
る。海外では，⑦ブロックチェーン技術を活用する試みも進んでいる。なお，ブロック
チェーンを構成する技術とその特徴としては，分散型台帳（DLT），P2Pネットワーク，
暗号技術，コンセンサスアルゴリズム，スマートコントラクトが挙げられる。詳しくは堀

(2020) およびEling & Lehmann（2018）を参照のこと。こうした技術を活用することで,
キング（2019）, 400頁にあるユビキタス・バンク, ユビキタス・インシュアランスが可能
になる。

14　堀田（2021）, 141-148頁では, 通信販売や来店型保険ショップの特徴とその課題が簡
　　潔にまとめられている。

15　規制緩和の影響で保険料率が自由化されると国内市場では経費節減を中心とする効率的
　　な経営を目指して3メガ損保への収斂が生じている（大島（2020）, 38頁）。〈東京海上G
　　＝東京海上＋日動火災＋日新火災〉〈MS＆ADG＝三井海上＋住友海上＋大東京火災＋千代
　　田火災＋同和火災＋ニッセイ損保〉〈SOMPOG＝安田火災＋日産火災＋大成火災＋第一ラ
　　イフ損保＋セゾン自動車＋日本火災＋興亜火災＋太陽火災）〉現在, 国内損害保険会社は
　　再保険会社2社を含んで32社あり, 外資系損害保険会社は再保険会社6社を含んで22社で
　　あり総勢54社である。総従業員数は約11万7000人であり代理店数は約18万店舗である。代
　　理店数はここ10年で5万5000ほど減少している。2018年度で国内保険会社の総保険料収入
　　は約9.4兆円であるが, そのうち自動車保険が約44％, 火災保険が約17％, そして傷害保険
　　と自賠責保険がそれぞれ約10％を占めている。フリートの自動車保険や工場の火災保険な
　　どもあるが, 少なくとも半数の保険料収入は家計保険から上がっている。

16　なお, 生命保険市場と同様に, 規制緩和後の外資系損害保険会社を含めた競争激化と国
　　内市場の伸び悩みから海外事業展開を図っている現状にある（鈴木（2017）, 131頁）。

17　岡村（2011）, 282-284頁。

第 | 1 | 章

保険業における
イノベーションと契約者利益

1. 金融・保険技術革新をめぐる論点

　70年代後半から始まる国債の大量発行を契機として，金融業際間の資金獲得競争が激化しディスインターミデュエーション現象が生じた。こうした第一次証券化に対処するために，メガバンクや都市銀行を中心に利鞘縮小覚悟で規制金利からの脱却を意図して高金利商品の開発販売に踏み切った。金融業態間の垣根問題に端を発した金利と業務の自由化そしてセキュリタイゼーション（金融の証券化）は，情報通信技術（ICT）の革新とグローバル化の潮流のなかで日本版金融ビックバンに漂着することになった。

　業態間の垣根が取り払われることで，多種多様な金融商品の開発が促され，結果的に利用者や契約者の選択肢が広がり利便性は向上した。また経済ストック化の進展のなかで，資金供給者（貸し手）である家計の金利選好意識も高まり効率的な家計資産の運用手段も整えられた[1]。銀行窓口による投資信託・保険の販売，証券総合口座を活用した資産運用そして海外の銀行への預金や海外の証券会社からの有価証券の購入などが解禁になった。同時に，通信販売やダイレクト・メール，そして携帯端末を通じた情報提供も頻繁となり，金融商品間の比較情報に基づいた購入や利用も可能となってきた。インターネットを通じた株取引，ダイレクト・ラインによる金融商品の購入や契約も拡大している。従来にも増してオムニチャネル化が進みコンタクトポイントが増加するだけで

なく，アプリを活用した携帯端末での情報のやりとりを通じて一貫した金融商品の購入や契約締結を可能にしている。さらに，金融の国際化にともない国境を越えた金融機関同士の吸収・合併や業務提携も盛んであり，グローバルな規模でより安価な決済サービスを享受できるようになっている。

　生命保険と損害保険については，規制緩和の第一歩として1996年4月から改正保険業法が施行され，また翌6月の保険審議会報告書「保険業の在り方の見直しについて」が発表された。この報告書では，金融システム改革の一環として，業態間の業務参入の垣根が低くなることで新商品や新サービスの誘発を期待している。個別保険会社にあっては多角的な金融競争を回避することはできず，金融業務のアンバンドリングと相俟って業務範囲の再確定とコア・ビジネスの再確立も要請されることになる。一方で，競争激化にともなって財務状態が不健全化し，保険経営自体が不安定化して契約者利益が損なわれる危険もある。それでも規制緩和に逆行する再規制強化や，経営者のモラル・ハザードを助長するセーフティ・ネットが張られてしまうと，競争制限的になり保険技術革新が抑制されることになってしまう。

　本章では，金融・保険事業を取り巻く構造変革を概観した後に，まず情報通信技術（ICT）の革新が保険経営効率化と業務のアンバンドリングに与える影響を考察する。つぎに，外生的な事業領域の変化と内生的な保険生産技術の革新を関連づけながら保険経営の方向性について考える。保険と金融・資金調達の融合化や統合化のなかで，様々なリスク・ファイナンスの手法が創生されているので，こうした手法についても取り上げ社会経済への影響を考察する。

　保険業における技術革新は，金融・資本市場の変革や規制環境の変化など，企業の資金調達を取り巻く環境の急激な変化と深く関連する。たとえば，内部留保をかなりの規模まで積み上げた大企業にとり，金融機関からの借入れはその比重を低下させている。また現在の新興・ベンチャー企業にとっては，資金調達手段は多様化しており，必ずしも主取引銀行とともに成長していく形をとらない。こうした資金調達市場の現状は，間接金融機関の比重低下だけでなく，戦後の経済成長を特徴付けてきたメインバンク制度の後退や変容を意味する。金融（仲介）機関による新しいビジネスモデルの模索は続いており，広義・狭義の証券化を通じて，手数料や場代ビジネスによる収益源確保を狙い，幅広く

ベンチャー企業金融やリテール分野へ進出している。業態別の棲み分け規制の撤廃と，経済・経営のグローバル化がこうした事態に拍車をかけている。反面，企業の主取引銀行であるメインバンクが，企業の経営難を実質的に支援してきたことを考えると，その変容は企業の財務上の自立を促すことになり企業にとって経営難や破綻につながる危険を自らの責任で管理する必要が高まる。そのために，企業の資金調達や補償ニーズに応じてカスタムメイドの金融・保険商品が考案開発され，金融商品・サービス面の技術革新を促進している。

　金融・資本市場の構造変革はグローバリゼーションのうねりのなかで，株式会社をはじめとする企業組織のガバナンス構造にも影響している。所有と経営の分離により一定程度の裁量性を保持していた経営陣にとり，企業を取り巻く利害関係者（ステークホルダー）からの制約は厳しくなる傾向にある。主取引銀行やメインバンクの役割の後退とともに，大企業・親企業間の株式持合い構造も崩れつつある。また，系列やグループ企業間関係も，労使関係と同様によりドライなものに変容している。こうしたなかで，一方では株主の利益を重視した企業価値の向上策が模索されるとともに，他方では事業危険に関する組織や仕組みの再構築に迫られている。

　企業のリスクマネジメントの担い手である保険会社は，こうした事業会社側のニーズに俊敏に応じながらリスク・コンサルティングと資金的な手当てを実行していくことになる。併せて，リスク・ファイナンス手法も環境変化に応じて革新を余儀なくされる。そこで，金融技術革新の要因とその経済的帰結を参考にしながら，ARTやインシュアテックをはじめとした保険技術革新の社会経済的影響を考える。

2．貨幣的成長モデルの枠組み

　従来の新古典派の経済成長モデルは，一部に修正を迫られながらも経験的事実の説明力が高いものと評価されてきた[2]。そのために，各産業におけるイノベーションの影響を考察する際にもこのモデルを基礎にできる。ただモデルの限界としてイノベーションを対象とするうえで，いくつかの重要な要素が組み込まれていない。たとえば人的資本に体化される技術が熟練や習熟によって高

められる質的な側面は捨象されている。そのために，新技術が伝播した後の国際間の経済成長率の相違は説明できず[3]，また技術進歩の原動力を解読しその促進策を練ることは困難になる。さらに新古典派のモデルでは，貨幣の存在を明示的に扱っておらず，金融・保険事業における技術革新を直接的に評価することはできない。資本ストックの形成と効率的蓄積においてのみ，経済成長への影響が間接的に考慮されてきたにすぎない。

　そこで，貨幣的成長モデルを解説した論稿を参照しながら，貨幣の存在と金融セクターにおける技術革新を明示的に取り上げる[4]。貨幣的成長モデルでは，貨幣の役割はつぎのように整理されている。まず，貨幣の存在自体が資本労働比率に影響する一方，中央銀行による貨幣供給制御（インフレーションの生成）によっても左右されることを論証する。つまり「貨幣量の変化は物価水準に影響を与えるものの，資本蓄積や資本労働比率には影響を及ぼしえない」とする従来の考え方に対するアンチテーゼが提示された。このとき，中央銀行による金融仲介手段の進歩が経済成長に及ぼす影響は，金融仲介機関が預金の形態で供給することになる内部貨幣が金融深化をもたらすことである。具体的には，「金融資産変換・転換効果」と「分配効果」が挙げられている[5]。

　金融仲介機関はそのリスクプーリング機能によって，実物資本の形成・蓄積過程で，保有するリスク（性）資産を安全かつ流動性の高い金融資産に代える役割を担う。こうした資産変換・転換により家計はより多くの金融資産を保有することができ，また企業セクターも低コストで実物資本の蓄積を促進させるので，より多くの資本ストックが蓄積されることになる。金融仲介における規模の経済性が作用すると，情報やリスクのやりとりが定型化され資本取引費用は低下することになる。それにより，資金取引は円滑化され企業の投資活動も刺激されるので，金融深化によって経済成長が促進されることになる。

　金融仲介と経済成長の関連性は，別の視点からも捉えられる。たとえば，民間金融機関の信用供与の実態は債権債務関係であるので，それを清算する決済システムが進歩することにより付随する取引が効率化される[6]。この際の取引費用は民間金融機関による取引先企業の効率的なモニタリングによって一層，軽減されることになる。一般に，名目GDPに占める（外部）貨幣量は経済発展とともに減少し，一方で民間債務残高の占める割合は上昇することが実証さ

れている。貨幣量と実物資本の補完関係を前提とすれば，貨幣の実質収益率の上昇にともない貨幣需要が高まりその蓄積が進むことにより，企業に対する信用供与も増大すると考えられる。社会全体での信用供与の増加は，企業の設備投資を促進し資本ストックの高度蓄積を可能とすることで経済成長に寄与することになる[7]。

3．金融・保険技術革新の企業価値への影響

　企業は多種多様なリスクを抱えながら事業活動を行っている。ある意味では，リスクをとることこそが事業経営の本質を成している。損失を生じる企業の不確実な環境を大別すると，将来事象の客観的確率が推定可能かつ制御可能な事象（リスク）と，それが推定不可能で制御が困難な事象（リスク）とに分けられる。これは別の見方をすれば，企業組織内部のリスクと企業を取り巻く外部環境リスクでもある。株主とその代理である経営者はその事業運営において，当該事業に固有の事業リスク（アンシステマティックリスク）と市場全体に一斉に影響が及ぶ市場関連リスク（システマティックリスク）の2種類のリスクに直面していることになる。前者は各種の保険契約によって軽減可能であり，株主にとっても分散投資によって回避することができる。これに対して後者は，分散投資だけでは排除できないリスクであるばかりでなく，従来は保険の適用も困難で付保不可能リスクとされてきた。そのために，保険契約のようなリスク移転手段は株主にとって有益ではなく，付保行為も企業価値と無関係とされてきた。しかしながら「保険と金融」統合化や融合化によって，各種のヘッジ手段やデリバティブが企業価値を高める可能性が指摘されるようになった。

　さて企業価値は，経営陣の事業運営によって将来的に生み出されるキャッシュ・フロー（CF；Cash Flow）によって決められる。1単位の通貨価値が時間的に変化しないとすると，キャッシュ・フローは財・サービスの販売による収入から生産にかかる費用を差し引いた金額を指す。そのために収入を増加させることも，費用を減少させることも企業価値の向上に結びつく。事業経営のうえで予期せぬ損失が発生し，操業が一時停止されたり操業規模の縮小を余儀なくされると収入は減少する。一方で，こうした損失に事前に対処して，未

然に防ぐためにはコストがかかり費用の増大をきたす。このように事業経営上の予期せぬ損失は明らかに企業価値の毀損につながる。そこで，将来的な損失発生事態を想定しながら，それを未然に抑制するための費用を最小化していくことが企業価値の最大化を可能にする。

　また，事故発生後に十分な補填資金がないことが判明した場合，追加資金を調達する必要がある。こうした資金調達には費用が必要であり，とくに事故発生後には足元をみられて高い資金調達の費用を負担することが多い。保険契約を活用して事前に資金調達の準備をしておけば，こうした費用負担を回避することができる。事故にともなう補填資金を事前に準備しておくことは，企業の利害関係者（ステークホルダー）に安心感を与えそこから経済的利得を確保できる。顧客・消費者や取引先は財務上の困難に直面する企業に対して，製品価格の割引やより有利な取引条件を要求することがある。逆に，各種の労働災害に事前に対処し手厚い保護をしている企業に対して，従業員は低い賃金・報酬でも満足する。このようにして将来的なキャッシュ・フローが増加し，結果的に企業価値が向上することは企業の所有者である株主の利益に結びつく。

　ここで，負債価値を除けば，企業価値は株式価値と等しくなるので次式で示される。

V（企業価値・株式価値）$= (1 / R)\{E(Y) + \lambda Cov(Y, Vm)\}$
　ただし，Rは資本の機会費用（資本コスト），YはCF，Vmは市場CF（ベンチマーク），λは危険回避度

　ここで，Rに着目するとそれは資本の期待収益率でもある。それは，①無リスク金利（貨幣の時間価値）と，②リスクプレミアム（リスク保有の見返り）の合計であり，企業価値評価の算出に利用される割引率となる。通常，①は国債の収益率などであり所与とされる。一方，②のリスクプレミアムは市場で分散不可能なリスクにより決まるために，付保可能なリスクの管理によっては影響を受けない。よって，付保やリスク管理活動によって資本コストは影響を受けず，結果的に企業価値に影響を与えないとされる。

　つまり，保険契約が企業価値に及ぼす経路は，分子の期待キャッシュ・フ

ローへの影響に限定されることになる[8]。この際に保険契約の効果はつぎの5
つに整理される。

①　損害発生時の緊急資金の調達コスト削減。保険の適時性・適宜性，適量
　　性による資金調達の効率化。

②　有望な投資案件に関する選択バイアスの排除。内部留保金の毀損，上乗
　　せ金利，逸失利益などの回避による期待キャッシュ・フローの増加。

③　保険契約による信用補完。財務・信用リスクの軽減による取引先との交
　　渉力向上。

④　保険会社とのリスク・シェアリングの取決め。保険会社によるモニタリ
　　ング機能の発揮。

⑤　タックスベネフィットやタックスシールドの享受。

　これらのなかで，保険契約による信用補完については，エージェンシー理論
により取引費用（付加保険料）の梃子効果としての把握が可能である。つまり，
企業を利害関係者との契約の束として考えた場合，経営者や従業員などの相互
拘束性や関係特殊性を有する利害関係者は，危険負担に対する代償や補償を要
求するので企業価値は低下することになる。保険契約の存在は契約関係を改善
するので，エージェンシー費用を削減し企業価値を高めることになる。なお，
負債価値を含めた場合，倒産に固有の費用が存在するので，保険契約の締結が
二次災害の抑止から倒産リスクを抑制することになれば負債価値も高めること
になる。

　また，保険会社とのリスク・シェアリングの取決めについては，企業と保険
者の運命共同体の状況を醸成することで2つの効果を持つ。1つはこうした取
決めにより，保険会社は自らの収支改善のために，近視眼的な経営陣に対して
積極的に損害予防アドバイスを行う。これは保険会社の収支改善だけでなく，
損失率低下による様々なメリットを企業に生む。また，危険の外部転嫁である
保険契約には透明性が確保されており，財務・会計上の客観性保持につながり，
もって資金提供者からの信用を高めることに寄与する。副次的には，社債権者
から株主への所得移転を抑制することで負債価値を高めることにもなる。保険
契約により企業価値が向上することは，企業金融の潤滑化に資することを通じ
て経済成長に寄与することになるのである。「保険と金融」統合化や融合化の

傾向は，企業ニーズに対してよりスムーズに応えることを可能にするので実体経済への影響も大きい[9]。

　さてこのように保険の役割を把握したとき，保険技術革新の生成は保険事業が引き受ける2種類のリスク，「保険引受けリスク」と「タイミングリスク」の分離と再結合から生じ，またリスクの保有と移転・転嫁の組合せとも関連する。その契機は相対のプロ同士の取引である再保険市場から発生したことが指摘される[10]。このような保険には，単年度でみた場合には「保険引受けリスク」は必ずしも移転されないが，「タイミングリスク」は再保険会社により引き受けられることになる。その意味では，保険事業が対象とするリスクを切り分け，一部を保有し他方を移転していることになり，両手段を組み合わせて機能の再結合を狙っていると考えられる。こうした延長線上に，ファイナイト保険が位置することになり，両機能を結合しながらリスク（性）資本の有効活用を可能とし，またリスクを移転する側の企業の機会主義的行動を抑止する効果が発揮される。このような機能の再結合は，リスク資本取引にかかる費用を削減することで資本の効率的蓄積に寄与している。

　同時に，保険リスク（債務）の証券化も，保険事業・業務における技術革新の一断面である。従来，保険リスクの証券化は，個別保険会社の自己資本対策ないしはリスク管理問題として捉えられていた。しかし近年では，狭義の証券化の進展とともに保険業務のアンバンドリングも一般化することで，信用リスクの制御の枠を超えて，保険の対象外となるリスクの制御手段としても活用されている。ファイナイト保険などと異なり，純然たる定型化された市場型の取引であり，かつ金融・資本市場への全面的なリスク移転ではあるが，同時にリスク取引の業務面での再分化や再結合の一種でもある。個別業務の専門性と信用性を活用して，リスクの取引費用を引き下げ，リスク資金の効率化を実現している。このように保険技術革新は，リスク資金の節約を可能とすることで資本ストックの高度蓄積に寄与し，結果的にマクロ経済の成長要因になりうる。保険新技術やリスク・ファイナンスの新様式は，国内外のプロジェクト事業やPFI事業におけるリスクの証券化にも活用されており，今後のリスク取引市場は確実な成長が見込まれている。これはリスクプールの広域化と定型化を促すものであり，社会全体のリスク取引の効率化にも寄与することになる。

4．金融・保険技術革新の経済的帰結

　企業は必要資金を様々な方法で調達して投資成果として収益をあげる。資金調達方法のなかで，社債発行による調達資金には社債権者が，新株発行と内部留保金による資金には株主が持分を有する。この際の資本コストは，彼らが持分に対して期待する収益率であり，それを意識しながら，企業は様々な投資プロジェクトを選択しその成果を資金提供者に還元していく。これに対して保険会社側は，企業の設備投資や新規事業展開において，①リスク助言者として当該事業のリスク管理，事業のモニタリング（監視），そしてそのための人材派遣や人材育成の役割を担うとともに，②事故や損害発生時の資金調達（リスク・ファイナンス）を仲介し，③他の金融機関からの融資のための信用補完の役割を果たしてきた。通常の設備投資や新規事業展開においては，①や②の役割が重視され，内外のジョイント事業やPFI事業においてはこれらに加えて③の役割を担ってきた。

　さて，金融仲介（債権債務関係の変換）および金融商品における技術革新の要因については 3 つに整理されることが多い[11]。まず金融先物や金融派生商品は，ある意味で金融の業務規制や税制の抜け道を利用して利益を確保したり，損失を抑えるために活用される。いわば規制・税制の歪みを逆手にとって裁定利益を取得する方法として考案されたものである。リスク・ヘッジ手段としてこれらの商品や仕組みが活用され，税負担の軽減より企業価値が引き上げられた事実もあった。たとえば，1970年代の英国資本流失規制下での通貨スワップの隆盛，1980・90年代の米国における税制優遇を悪用した企業年金基金の裁定取引などの事例がある。ただ，近年の規制緩和傾向のなかでこのような裁定機会は確実に減少しているにもかかわらず，金融・保険業における技術革新は留まることはない。逆にいえば，裁定利益が生じることは事実としても，それのみが技術革新の推進要因ではなかったわけである。

　つぎに，企業のリスク・ヘッジ目的のために様々なペイオフを可能とする金融商品が要請されているものの，ブロック・ビルディング・アプローチ（要素組み立て法）によっても全てのペイオフは複製できない。こうしたリスク・

ヘッジ市場の不完備性を補うべく金融技術革新が進展しているとの指摘がある。確かにその機能的側面として，リスク・シェアリングやリスク・ヘッジの高度化，複数期間での資源配分の多様化は市場の完備化に寄与している。この際には金融の役割を「資金のプール化と小口化」，「異時点間での資源配分の効率化」，「リスク・ヘッジの高度化」の視点から分解して捉えることになる[12]。ただこの点についても，複製不可能な領域だけでなく，それが可能な領域でも技術革新が加速化しているので，全ての原動力・駆動力を市場の不完備性に求めることには無理がある。また，市場を完備化するだけでは，金融取引や資源配分の効率化に直接寄与することにはならない。

そこで第3の要因として，市場完備化仮説に加えてエージェンシー理論に基づく取引費用の低減化も加味して，金融技術革新の動向とその目的が語られることが多い。実は，こうした取引費用低減仮説，つまりエージェンシー費用の低減を目的とした技術革新の進展の発想は，企業の設備投資行動における過少投資回避のためのリスク・ヘッジの考え方と軌を一にしている。従来から企業のリスク・ヘッジは，法人税の歪みによる裁定利益の獲得や経営危機に付随する明示的・暗黙の費用削減を目的にすると考えられていた。しかし現在は，株主と債権者間の利害対立を回避しながら適正投資を実現する1つの有力手段とされ，それが企業価値を高めることにもなる。

本来，エージェンシー費用は経済取引の主体間における情報の非対称性や，委託者による受託者行動の監視が不十分である「モニタリングの失敗」によって発生する摩擦的費用である。企業金融の領域では，資金の提供を受ける経営者の機会主義的行動が問題視される。企業の設備資金調達では，必然的に株主と債権者間の利害対立が生じる。その原因としては，株主の有限責任から生じる過少投資問題や，事業開始後に株主利益を重視してより危険度の高い事業に変更してしまう資産代替問題が指摘されてきた。経営者は調達した資金を，債権者にも予測可能な安定的ペイオフを生む投資と，一方でその予測が困難で収益に不安定性がある投資に区分して配分する。とくに，無担保社債のような貸倒れリスクがある負債においては，債権者もビジネス・リスクの一部を負担することになる。このとき企業の新規投資によりリスク配分が変化し，株主と債権者の利害が相反する事態が生じる。経営陣が株主利益を目的に行動する場合，

彼らが有限責任である限り，よりリスクの高いプロジェクトに投資することで
株主利益を高める一方，債権者はリスクを押し付けられ，その分，期待収益率
は低下してしまうのである。資金受託後に予測できない裁量的な投資行動をと
り受託資金の安全性を毀損することは，資産代替問題を引き起こすのである。
こうした問題に対処するのに，起債時における情報開示の強化や財務制限条項
を活用する手法があるものの，それにも明確な限界が存在する。

　近時は，こうした課題にも新規の金融技術が生かされ，エージェンシー費用
の削減を可能としている。たとえば，財務制限条項に加えて，当該経営者に対
してリスク・ヘッジの目的でオプション取引の活用を義務付け，生起する複数
の状態において安定的なペイオフを約束させることはモニタリング費用を軽減
する。また，重大な経営方針や投資対象の変更により新たなリスクが生じたり，
財務状況が極端に脆弱化するケースにおいては償還要求できる証券も考案され
ている。格付けの変更が生じ債券発行企業の価値が変動するリスクに対して，
それをヘッジする変動金利型の証券もある。もちろんこうした証券ではトリ
ガーの確定が困難であるものの，投資家や債権者の危険回避ニーズに合わせた
証券が開発されることでモニタリング費用は軽減される。これらの新機軸の証
券により市場の摩擦から生じるエージェンシー費用が削減され，金融取引に付
随する不確実性が軽減されることで実体経済も活性化する。併せて，経営危機
や企業破綻に付随する費用についても，第三者による債権債務契約の履行強制
の仕組みにより低減できる。破綻処理の円滑な仕組みとして，技術革新により
生じた証券や仕組み債が役立つと指摘されている。

5． 金融・保険技術革新への条件整備

　本章では貨幣的成長理論に依拠しながら，主に企業金融の円滑化の視点から，
保険業におけるイノベーションを評価する枠組みを考察してきた。その際に重
要な論点は，金融仲介機能をはじめとした金融や保険の役割を評価するうえに
おいても，不完備契約理論や「法と経済」のミクロ経済学の分析手法が有効な
ことである。まだ咀嚼不足の感はあるものの，金融ミクロ理論を援用して保険
業とその技術革新を評価することに一定の意義は認められよう。そこで最後に，

技術革新における組織と市場の相互作用と金融・保険取引のインフラ整備について言及することで，今後の展望に代えたい[13]。

　円滑な金融仲介や資金調達のあり方については，金融仲介機関が果たしている機能面から考察することが有益である。その機能とは，「決済機能」，「資金プールと小口化の処理」，「異時点間の資源移転」，「リスク管理」，「情報生産」そして「情報に起因する誘因体系の歪みの是正」に区分されてきた。こうした役割の多くは，資金移転に付随する各種の摩擦を解消することと関連する。情報の非対称性に基づく逆選択やモラル・ハザードは効率的資金移転を阻害するので，それを取り除くことは効率性を向上させる。また，資金のプール化とそれにともなう担保設定，信用補完そして金融業務のアンバンドルに基づく証券化の役割は，取引費用の低減を通じて資金移転を円滑化する。こうした機能を発揮すること自体の誘因は個別金融機関の利潤動機に求められる。この際には，相手先企業の（緊急）資金ニーズに応じたカスタムメイド化が行われる。また，こうした資金ニーズが高まることに応じて限界収益は低下するものの，その普及により複数の括りの画一化が可能となるので，こうした金融商品の市場化が進展し低コストでの利用が可能となる。併せてこうした画一化や標準化にそぐわないニーズもまた生成され，そこに金融仲介の新機軸が出現し金融機関における商品開発が誘発される。このプロセスを通じて市場と組織は相乗的にイノベーションを促進していくことになる。この相乗効果のなかで「保険と金融の融合化」現象も生じてきており，各種のヘッジ手段やリスク管理手法は企業財務管理や設備投資の予算管理と統合化される傾向にある。つまり，現在の保険業におけるイノベーションは，このような業務変革と強く関連する。並行して，機能面におけるアンバンドル現象も生じており，ここにも組織（業務）と市場（機能）の相互作用が色濃く反映されている。

　貨幣的成長理論では，金融仲介による情報生産活動が投資にともなう不確実性を取り除き，危険回避的な投資家にとっての平均資産収益率を高める効果を指摘する。それにより，金融仲介による資産変換機能が経済成長に正の影響を及ぼす。ただそれには，金融仲介機能を支える法制度や法規制を整備することも不可避である。第三者による債権債務契約の履行が監視され，それを強制化する仕組みがなければ企業金融の円滑化は覚束ない[14]。債権債務関係に付随す

る経済主体の所有権の確実な保証行為こそが，金融仲介機能や資金移転機能の礎をなす。この観点からは，法制度や法規制の整備も金融の情報生産機能，流動性供給機能そしてリスク管理機能をスムーズにするインフラと考えられる。

　また，これらの取引が多く異時点間にまたがることから，それに付随する不確実性の高まりはモラル・ハザードや逆選択の弊害を大きくし，円滑な金融取引を阻害することになる。情報の非対称性から生起する諸課題は，リスク・ファイナンスに等しく妥当するところであり，資金需要側の機会主義的な行動を監視する必要が生じる。その意味で，保険業の新たな事業展開と技術革新を下支えするためには，参入障壁や業態間規制の緩和を実施するだけでなく，その発展のために必要とされる会計制度・税制，そして金融派生商品や保険デリバティブなどの高度化・複雑化に適合した（再）規制の仕組みも重要である。適正な事業規制は技術革新の阻害要因ではなく，むしろ取引市場の短期的安定性を確保する意味において前述の相乗効果を加速化し，長期的にはその促進要因ともなるのである。

補論　貨幣的成長モデルの概要

　ここでは，生産要素市場の完全競争と完全雇用を前提とした新古典派成長モデルに従い金融・保険事業の技術革新を評価する枠組みを示す。

　いま，資本量Kと労働投入量Lを投入した場合に得られる生産量をYとし，つぎのようなコブ＆ダグラス型生産関数を想定する。

$$Y = F(K, L) = K^a L^{1-a} \qquad (1-1)$$

この生産関数では以下の仮定が設けられている。

・生産関数は生産要素である資本と労働の増加関数であり，どちらか一方が増加すれば生産量は増加する。

・生産関数は規模に関して収穫一定であり，資本と労働がともに２倍になれば，生産量も２倍になる。

・一方の生産要素が固定され，他の生産要素のみが増加した場合，生産量も増加するが，その増加の仕方は逓減的である。

前式の対数をとり，それを微分すると経済成長率は資本と労働の成長率の加重平均になる。

$$ln Y = \alpha ln K + (1-\alpha) ln L \tag{1-2}$$

$$\dot{Y}/Y = \alpha(\dot{K}/K) + (1-\alpha)\dot{L}/L \tag{1-3}$$

また，$Y = F(\theta K, \theta L) = \theta F(K, L)$ について，労働1単位当たりの産出量と資本量（資本労働比率，資本装備率）を各々，$y = Y/L, k = K/L$ とおけば次式が導出される。

$$y = Y/L = F(K,L)/L = F(k,1) = f(k)$$

$$f(0) = 0, f'(k) > 0, f''(k) < 0, \lim_{k \to 0} f'(k) = \infty, \lim_{k \to \infty} f'(k) = 0 \tag{1-4}$$

ここで，人口増加率（自然成長率）は一定で定数 n に等しいとする。

$$n = \dot{L}/L, \dot{L} = dL/dt = nL \tag{1-5}$$

さらに新古典派理論に従い，完全雇用状態下のGDPから生じる貯蓄（S）によって，マクロ経済全体での投資水準（I）が決定されると考える。貯蓄率を s とすれば三面等価の原則から次式が成立する。

$$S = sY, I = S$$

$$\dot{K} \equiv dK/dt \equiv sY$$
$$\dot{k} = dk/dt = d(K/L)/dt = (\dot{K}L - K\dot{L})/L^2 = \dot{K}/L - (K/L)(\dot{L}/L) = sY/L - (K/L)(\dot{L}/L)$$
$$= sf(k) - nk$$

ここで，資本減耗率を d として式を変形する。

$$\dot{k} = sf(k) - (n+d)k \tag{1-6}$$

これらの式から，完全雇用下において投資と貯蓄を一致させることを保証する資本の蓄積率，すなわち保証（適正）成長率は次式となる。

$$g_w = \dot{K}/K = sY/K - d = s(Y/L)/(K/L) - d = sf(k)/k - d \equiv g_w(k) \qquad (1-7)$$

上式（1 - 7）において，第 1 項は k の減少関数であるので，保証成長率関数も k の減少関数になる。一方，保証成長率が人口増加率（自然成長率，$gn = n$）に等しい定常状態では，資本と労働は n の一定比率で成長し，経済成長も同率で成長する均斉（的）成長が実現しその成長経路は安定的である。

技術進歩を想定しなければ，資本の収益逓減により経済成長は終息することになる。これに対して技術進歩が存在することで，資本の限界生産性低下の影響を相殺して，労働者 1 人当たりの生産量は技術進歩率で長期的に伸長する。これをクロス・セクション・データで確認すると，①資本技術水準が長期的水準を下回っている経済では，その比率が定常状態に達するまで急成長する。②投資優遇政策など投資率と貯蓄率の引上げを目論んでいる経済では，それが一時的効果であっても，高い資本技術比率へ移行することによってトレンド修正効果が発揮され高い経済成長が持続する。

この①や②の効果が見込めるのであれば，個別経済主体における様々な技術革新がマクロ全体の経済成長に寄与することになる。第 1 章 2 節の貨幣的成長モデルは，こうした理論に基づき貨幣と金融取引の役割を評価する。

●注───────────────────────────

1　吉野・浅野・川北（1999），12頁。
2　明石（2003），142 - 145頁のモデルを参照すると補論にある経済的帰結が導出される。
3　岩田（1992），272頁，および，バロー（1987），299 - 300頁。
4　岩田（1992），25 - 28頁を参照のこと。
5　筒井（2000），121頁。
6　クレイン他（2000），41 - 43頁。なお，フィンテックも決済システムの高度化が始まりである。
7　岩田（1992），27頁。
8　ハリントン＆ニーハウス（2005），412 - 420頁を参照のこと。
9　吉澤（2001），22 - 27頁，および，筒井（2000），121頁を参照のこと。なお，保険リスクの証券化の経緯と解説については，つぎの文献がわかりやすい。大橋（2001），107 - 138頁。
10　日吉（2000），32 - 39頁を参照のこと。たとえば，スプレッド・ロス保険やポートフォ

リオ・ロス・トランスファーである。

11 　佐藤・吉野（1991），219－221頁，および，仁科・萩原（1999），108－115頁を参照のこ
　　と。

12 　クレイン他（2000），21頁。

13 　クレイン他（2000），57頁。

14 　筒井（2000），311頁。

第 | 2 | 章

個人保険・団体保険の
商品性革新

1. 自在型（アカウント型）生命保険

　少子高齢化の急速な進展や経済・経営のグローバル化が進行することで，保険経営を取り巻く環境は大きく変化している。併せて，フィンテックやインシュアテックなどの技術革新が進むことで，商品開発，保険料率の決定，保険資金の運用，保険金支払いや決済など，保険経営とその実務に多大の影響を及ぼしている。本章ではまず，環境変化に対応した保険商品と付随サービスについて整理する。

　ここではまず新機軸商品として自在型生命保険を取り上げる。この保険では保障と貯蓄の役割・機能を分け，また付加保険料部分を明確化して，それを保険料の構成にも反映させる。つまり生命保険商品の対価である危険保険料と貯蓄保険料，そして付加保険料部分を分離して明確にすることで，商品設計の透明性を高めたことになる。それぞれの部分の割合を変化させることで，2つの機能を自在に組み合わせることができる[1]。危険保険料は被保険者の死亡保険金に充当される部分であり，年度ごとの死亡保険金に死亡率を乗じた値である。一方，貯蓄・蓄積保険料は年々の責任準備金に積み立てられ，解約返戻金の原資ともなるキャッシュ・バリューを形成する。この保険商品では，保険会社の一般勘定のなかに保険総合口座（保険ファンド・保険アカウントなど）と呼称される保険料の積立てを行う契約者ごとの勘定を設定し積立金を一定の金利で

運用していく。各保険料部分を分解し契約者持分を明確にすることで，貯蓄・蓄積保険料部分では少額でも資産を形成できる。併せて，付加保険料部分を縮減することにより契約者への訴求力を高めている。

　また一定の要件のもとで，保険料の振込み時期とその金額は，契約者の裁量により変更することができる。振り込まれた金額は一定の契約維持や管理手数料の控除後に契約者ごとの勘定口座に積み立てられる。毎回の保険料払込額は事前に固定されないので，その時点の金利が高ければ保険料振込み額は軽減される。そして，死亡保障経費と各種の手数料に見合う十分な金額（キャッシュ・バリュー）があれば，それ以降の保険料の減額や停止ができ，その時期も自由に選択できる。また貯蓄部分が明分されており，契約者の個人持分に対する金利が明確になる。年次報告書（明細書）には保障のための必要経費や維持管理手数料，最低金利と超過金利などが明示され，キャッシュ・インとキャッシュ・アウトの状況を把握することができる。

　自在型生命保険の保障内容の重要な特色は，1つの契約で現在および将来のライフステージの様々な保障ニーズを満たすことである。一定期間後にその原資をもとに終身保険や年金保険に加入することができるなど，払い込まれる保険料ないしは積立金の取崩しで保障を買い増すことができる。第三分野を中心とした医療・介護保障を特約として付加することも，貯蓄部分を投資信託の購入資金に振り向けることもできる。契約後に保険料が支払い不能になっても積立金を活用して契約を継続でき，また保険料払込免除特約をつければ要介護状態になった場合にも追加保険料なく契約継続できる。さらに保険料の低廉化を目的として，高額保障や複数契約に対する割引制度が適用されている。長期継続者には，保険金額と経過年数に応じて積立金の契約管理・維持費用の割引制度もある。このように，幅広い保障と貯蓄・利殖そして資産形成を兼ね備え，オーダーメイドで自由設計が可能な保険商品である。従来の大手生保の主力であった定期付き終身保険では保障内容は契約時点で確定していたが，自在型生命保険では保険期間中ライフステージに合わせて柔軟に保障内容を見直すことができるのである（**図表2−1**を参照のこと）。

　進化したITによる口座管理が可能となり，また保険料用途の透明度も高まっており，保障に加えて家計資金の総合的管理が可能なメリットがある。ただ基

〔図表2－1〕　アカウント型生命保険における保険資金の流れ

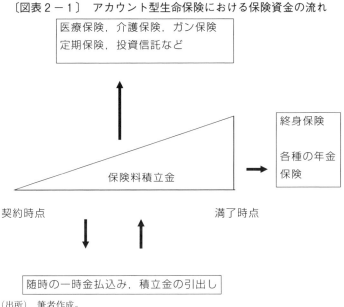

（出所）　筆者作成。

本的に変動金利型保険商品であり，積立金の金額は契約満了時まで確定されず
最終的な保険金額も不確定である（予定利率には最低保証があるケースもあ
る）。従来の生命保険商品は契約時点で保証利率を確定してきた。しかし，バ
ブル崩壊以降，固定金利である保証利率と運用利回りとの間で逆鞘が発生し，
保険収益を圧迫してきた。これを回避するために，保証利率を相次いで引き下
げるとともに，利殖性が高い一時払い養老保険などの販売を抑制してきた。し
かしこれらは当面の縫合策であり，逆鞘問題を長期的かつ抜本的に解決するに
は至らない。そこで，考案されたのが保証利率を長期プライムレートなどのメ
ルクマールに連動させ可変化する変動金利型保険商品である。たとえば，一時
払いの養老保険について保険料の一括払込後，一定期間（半年や1年・3年）
ごとに保証利率を見直す。市場金利の実勢に合わせて予定利率が引き上げられ
れば将来の保険金が増額されるか，もしくは毎月の保険料を減額することがで
きる。予定利率が引き下げられれば，保険金の減少などにつながるので金利変
動リスクは契約者側に転嫁される。そのため，金利の上昇局面では変動金利型

の方が従来型よりも有利になり，下降局面では逆になる。

　また従来は既存契約の逆鞘回避のために，予定利率の低い新規契約に切り替えてもらう「転換制度」を活用してきた。しかし，実質的な保険金減額や保険料負担増につながる「転換制度」には批判的な意見も多かった。そこで，変動金利型保険商品の投入により逆鞘問題を回避したことになる。また，ファンド部分の資金は医療単品などの保障ニーズに回すこともできる。自社の変額年金保険や子会社・提携先の投資信託や銀行口座に資金をスイングし，より有利な運用先を確保することもできる。さらに，既存の保険商品による資金とは区別して運用することで，長期の変動金利型の企業融資や個人向け住宅ローンを主な対象として，短期的な運用収益の変動を回避しながら高い保証利率の設定を目指している。

　一定期間ごとに予定利率を見直すことになるので，景気変動そして金利変動の影響を受け有利不利が生じ需要は変動する。逆鞘の未然予防は，その解消を狙った無理な高率運用を抑止することから保険経営の安定化に資する。ただ，支払い利息は市場の実勢金利を反映しているので，より有利な実勢金利を付与することがなければ契約者による資金引出し（流動性リスク）に直面する。そのため，資金運用力やリスク管理力が問われる商品であることは間違いない。

　同時に，保険料の貯蓄部分に対する低い手数料と低い販売報酬，さらに低額の解約控除も特色であり，それは薄利であることを意味している。また，積立金からの振替えの際に手数料がかかることや最低残存積立金額が規定されているなど，商品内容は複雑で説明が難しい商品でもある。こうした課題から，画期的商品であるものの，現在まで販売状況はやや低調である。

2．個人年金保険と変額年金保険・変額保険

(1) 個人年金保険の仕組みと特徴

　高齢社会の到来により，公的年金の給付を補いその上乗せ給付を行う私的年金の役割が大きくなっている。自助努力により老後所得を確保する商品として，金融機関が提供する個人年金保険が注目されている。また退職後期間の長期化

により，将来的にインフレ状況下になれば変額保険と変額年金保険のニーズが高まる可能性がある。

　個人年金保険は月額払い，ないしは一括払いの保険料による積立金と，その運用収益によって年金原資を形成し，一定年齢後に毎年分割して年金給付を受け取る仕組みである。年金給付の受取り方法には，「終身年金」，「有期年金」，「確定年金」そして「夫婦連生年金」がある。くわえて「保証期間付」の契約形態もある。また，積立期間中に被保険者が死亡した場合には，運用収益を含めた積立金を受け取ることができる（これをリファンドと呼ぶ）。また，払済年金保険を選択して据置期間後に減額年金を受け取るオプションもある。

　年金給付の受取り方法のなかで，終身年金は被保険者の生存を条件に年金を支給するものである。そのトンチン性のために死亡後は支給が打ち切られるので，年金給付総額には保証はない商品タイプである。トンチン性商品では，あらかじめ死亡率を考慮することで年金額を高くすることができる。有期年金でも年金給付期間が一定期間に限定されており，同じく年金給付総額には保証はない。これに対して確定年金では，生死に関わりなく一定期間の年金給付（ないし年金給付回数）を保証する。たとえば，10年確定年金では「10年間」の年金給付を保証する。確定期間中に被保険者（第一年金受取人）が死亡するケースでは，遺族（第二年金受取人に指定された者）に年金ないしその一時金相当額が支給される。一方，「確定された期間（保証期間）は年金支給を約束する」特約を付加した商品は「保証期間付」の年金である。

　年金給付の支払い方法には，保険料支払い後すぐに年金支給が開始される即時年金と，一定期間をあけた据置年金がある。年金保険料の支払い方法には，月ごとの分割払いと一時払いとがある。一時払い方式では年金支給開始までの据置期間が長期に及ぶほど運用収益が多く加算され，年金受給額が増えることになる。これに対して分割払い方式では，保険料払込みをあらかじめ決められた期間よりも短縮すると，その時点で払済年金が選択され当初よりも減額された年金額を受給することになる。

　個人年金保険で被保険者の数が2人以上であるものを連生年金と呼ぶ。夫婦2人がともに被保険者となるケースが「夫婦連生年金」であるが，それにはいくつかの種類がある。代表的なものとして，夫婦2人とも生存していることを

条件に年金を支給する商品が連生共存年金である。夫婦2人の生存中は，経済的独立のために有益な生活費保障手段となる。これに対し，いずれかが生存中は年金支給を継続する商品が連生生存年金である。これにはどちらか一方の死亡に関係なく一定の年金給付がなされるものや，生活費実態に合わせて死亡後は減額された年金が支給されるものがある。

　最後に，定額年金型（定額年金保険）と変額年金型（変額年金保険）の区分がある。従来からインフレーション時には，定額年金保険では老後の実質購買力が保証されない問題点が指摘されてきた。これに対して変額年金保険では，一時払い方式を含む保険料積立金を株式や債券に投資するファンド（特別勘定）で運用し，その投資実績により年金額が変動する。定額年金保険と同様に積立期間終了後は，「終身年金」，「確定年金」そして一括受取りを選択できる。積立期間中の被保険者の死亡に対しては，その時点の積立額が死亡保険金として支払われることが一般的である。

　定額年金型の保険関係費用差引き後の実質利回りは極めて低く，市場金利の変化に年金額が対応できないことから変額年金型への需要が生じる。すなわち，運用環境に応じて年金額が変動するため，インフレーションに対応し実質購買力が維持できる利点がある。ただ変額年金型の多くは最低保証があるものの，株価下落などにより年金額が減額されるリスクがある。なお，年金積立金の運用対象を変えることなく，配当の受取り方法の工夫により定額年金型を逓増年金型に変更し，インフレーションに部分的に対応する商品もある。

(2) 変額年金保険の仕組みと特徴

　変額年金保険は，変額保険と同様にエクイティ（エクイティ・リンク）型商品の一種である。エクイティ（エクイティ・リンク）型商品とは，一般投資家から投資された資金をプールしてファンドを形成し，その運用成果が投資家個々の持分に応じて還元される仕組みである。運用形態面からみると，年金保険料を主に有価証券に投資して，その運用成果を契約者持分の増減に反映させるために投資信託の類似商品にみられがちである。しかしあくまでも生活保障が目的であり，最低死亡保険金額には保証がある。また，特別勘定に払い込まれる運用原資はあくまでも保険料の一定割合であり，払込元本の利殖性のみを

追求する投資信託とは相違する。

　変額保険や変額年金保険では，契約者の支払い保険料のうち純保険料部分から危険保険料を控除した金額を分離（特別）勘定に繰り入れ，そこでの投資運用実績により保険金・年金額が増減する。具体的な保険金・年金額の変動はつぎの仕組みに従う。分離（特別）勘定において，予定利率を上回る運用成果が出ると積立金は当初予期した責任準備金を上回ることになり，差額分の超過資産（責任準備金割当て部分と契約者ごとの持分との差額）が生じる。この超過資産を一時払い保険料として保険金額を買い増していくのである。運用実績がマイナスに振れても，約定された最低保険金額（基本保険金額）は保証されることになる。ただ，解約返戻金に関して最低保証はなく，個人持分から解約控除を差し引いた金額になることが多い。

　変額保険や変額年金保険の特徴として，資産運用の高利回り，高収益性を追求するために，分離勘定を設けて資産を分別管理し当該資産を有価証券を中心に運用することがある。運用実績が直接保険金額に反映されるために，資産価格の変動リスクなどの投資リスクは保険契約者が負うことになる。その仕組み上，死亡保険金や解約返戻金はあくまで一般勘定から支払われるのであり，原資となる保険資金は分離勘定で運用のうえ一般勘定に付け替えられる。付加保険料部分については当初から一般勘定で管理される。また，有価証券投資による売却および実現損益も契約者に帰属することになるので，価格変動準備金のような積立金は義務付けられない。

　米国流の分離勘定における運用スタンスは以下の通りである。定額保険では予定利率が保証されているのに対して，変額保険や変額年金保険では予定利率が保証されておらず保険金額は投資運用実績に応じて変動する（ただし，計算基礎率としては予定利率が活用される）。その商品特性から予定利率はやや低めに設定され，その結果，保険料はやや割高になる。併せて，変額保険や変額年金保険の商品特性上，予定死亡率と予定事業費率の実現値との乖離のみが配当原資となり，通常，その予定死亡率や予定事業費率は保証される。なお，変額保険の営業保険料全体を分離勘定に繰り入れ，利差損益だけでなく死差損益や費差損益をも分離勘定でのトータル損益と捉え保険金額に反映させる方式もある。しかし多くの場合は，分離勘定を純粋な投資勘定として機能させるため

に付加保険料は一般勘定に振り向け，分離勘定で生じた死差損益や費差損益などを一般勘定に振り替える形で管理している。営業職員（保険募集人）への手数料，その他の事業費は一般勘定から支出されることになる。

　分離（特別）勘定における運用では，有価証券の売却・実現損益そして株式の評価損益までもが積立金と保険金・年金額に反映されるために，トータル・リターンの確保と長期安定的な総合利回りの追求が重要である。そのために単年度での利回り変動はある程度容認されるべきである一方，損益配分の基準となる契約者持分の評価を適正にするためには，当然のことながら時価評価が前提となる。また分離（特別）勘定の資産額の合計は，個々の契約の積立金（個人持分）の合計であり，分離（特別）勘定全体の資産額が増加した場合，各契約の積立金（個人持分）は同率で増加し各契約の積立金（個人持分）に按分される。最後に，変額保険や変額年金保険では契約者に投資リスクが降りかかるので，運用においては契約者の意向が最大限反映されるべきである。そこで，投資対象や運用スタンス別に複数の勘定を用意することが望ましく，それによりはじめて本来の趣旨が生かされることになる。

3．団体年金保険と分離勘定の運用

(1) 団体年金保険の仕組みと特徴

　団体年金保険は，企業や各種団体の代表者を保険契約者として，その組織に帰属する構成員を被保険者（加入者）とするものである。企業が従業員のために設立する厚生年金基金や自社年金が主な事例であり，保険会社はその年金資金を受託し運用することになる（**図表2－2**を参照のこと）。運用形態には一般勘定によるものと特別勘定によるものがある。一般勘定では一定の予定利率（保証利率）を設定し元本を保証するとともに，運用が好調時には翌年度に配当を上乗せする。一定利率を保証する一般勘定運用は，信託銀行や投資顧問にない保険会社の独自商品である。一般勘定の予定利率は，株価低迷と金利低下に合わせて1994年の5.5％から段階的に引き下げられ1999年4月以降1.5％となり，その後1.25％となっている。特別勘定では予定利率を設定することなく，

〔図表 2 － 2〕　特別勘定運用の形態

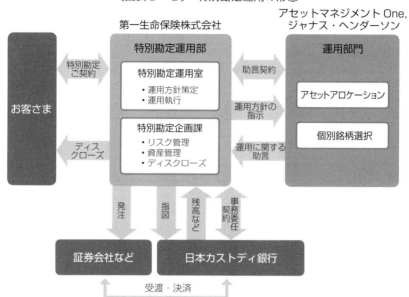

（出所）　第一生命HP（https://www.dai-ichi-life.co.jp/legal/dantai_tokubetsu/policy.html　最終
　　　　閲覧日2022年 2 月 1 日）より引用。

運用成果が当該資産にそのまま反映される。近時の特別勘定を対象にした団体
年金契約では，投資対象ごとに複数の運用商品を提供し，契約者側が投資対象
に応じて自由に運用商品を選択できるようにしている。

　一定の利回りを保証したうえに，解約控除なしに資金引出しが可能な一般勘
定は魅力的な年金商品のはずであった。しかし，保険会社による企業年金の受
託資金量は1995年を境に減少の一途を辿っている。また，各社の財務体力と運
用力に応じて一般勘定の運用利回り格差が拡大し選別化が進んでいる。そこで
保険各社は，運用利回りが低下傾向にあっても，年金資金の受託ができるよう
な競合性のある魅力的な団体年金商品を開発する必要に迫られている。系列の
投資顧問会社により，運用力を前面に押し出しながら受託を開拓することも 1
つの方策である。併せて，一般勘定における配当方式や内部留保を活用した運
用利回りの平準化方式を詳細に情報開示することで，受託先の信用を確固たる
ものとすることも要請されている。

　21世紀に入り日本版401（k）プランが導入されて以降，運用商品として
GIC（Guarantee Interst Contract）契約が注目されている。GIC契約は保険会
社が提供している保証利回り商品であり，通常３年から５年の間は一定の利回
りを保証する。保証利率は受託時点の実勢金利に応じて変化するものの，確定
された運用期間中，それは固定されることになる。また，契約期間中の資産評
価が簿価で行われるために中途引出しの場合にも簿価が保証されることになる。
解約手数料や解約控除なしで中途解約を認めることがほとんどで，契約者にと
り中途解約時も元本が保証されたうえに一定程度の高利回りが享受できる。利
率は満了時に保証されるものの，中途の資金移転であるスイング時には元本を
割るプランもある。米国の80年代の高金利時には401（k）プランの受け皿商
品として人気を誇ったが，その後の相場低迷や規制の影響を受け，破綻をきた
す契約もでてシェアは低下傾向にある。

　典型的なGIC契約は，一定金額の資金を保険会社に預託し満期まで複利での
高い金利を保証するものであり，その金利受取り方法は選択可能である。これ
が確定拠出型年金（401（k））プランと組み合わされると，退職時点での一時
払い金額の据置金利ないし割引率は保証される。これ以外のオプションとして，
金利が保証利率を割り込めば解約控除なしに解約可能なことや用途別に複数の
保証金利を設定できることが挙げられる。元本保証性があるとともに，満期ま
で金利が固定されることから，保険会社発行の債券（私募債）に性格が近い。
そのために，他の運用商品と比較しても，安全性と収益性を程好くバランスし
ている点が評価される。また，米国では加入者の就業不能，医療費・教育費の
支出そして住宅購入の頭金等の資金ニーズが発生した場合，解約手数料が掛か
らず簿価での解約が認められる点も特徴となっている。わが国でも一定の条件
下で中途解約が認められることになれば，流動性確保の観点からGIC契約が再
評価されることになろう。GIC契約は一定程度の高利回りを追求するために，
社債や外債そして証券化商品などを運用対象とする。他の運用商品との競合性
のなかで，運用リスクを管理しながら高めに予定利率を設定することが資金受
託の拡大につながることになる。

　生命保険大手４社（個人保険についてはかんぽを含む）を比較すると，個人
保険の伸長率をかなり上回って，団体年金保険の伸びは顕著である。今後の一

層の長寿化と公的年金の役割縮小は，この伸びに拍車を掛けるものと推察される（**図表 2 － 3，2 － 4** を参照のこと）。

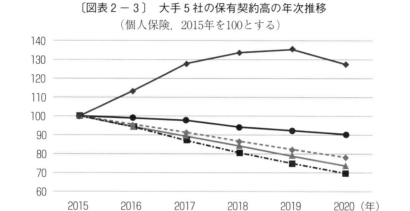

〔図表 2 － 3〕　大手 5 社の保有契約高の年次推移
（個人保険，2015年を100とする）

(出所)　生命保険協会（2021）『生命保険事業概況』より筆者作成。

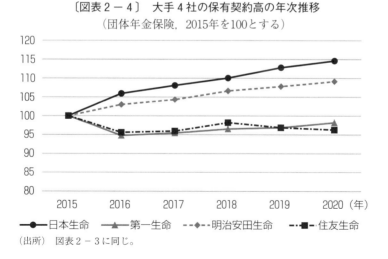

〔図表 2 － 4〕　大手 4 社の保有契約高の年次推移
（団体年金保険，2015年を100とする）

(出所)　図表 2 － 3 に同じ。

(2) 団体年金保険の種別と特徴

　さて，GIC契約は大きく，一般勘定GIC，分離勘定GIC，そして合成GICに分類することができる[2]。

一般勘定GIC

　団体年金保険の運用形態には，一般勘定によるものと特別勘定によるものがある。前者では，収入保険料とその運用収益は１つの勘定で一括して管理運用される。このような合同勘定のことを一般勘定と称している。前述したように，保険会社が委託先に約定する保証利率を上回る運用成果を確保するために，安定的な収益確保を目指しており国内債券や貸付けが中心となる。同時に，長期的に保証利率を維持するために，国内株式や外貨建ての有価証券を保有して内部留保を形成している。こうして，一定の予定利率（保証利率）を設定し元本を保証するとともに，運用が好調時には翌年度に配当を上乗せすることで一定程度の高金利を付与してきた。その仕組みは比較的簡単であり，〈運用利回り＞保証利率〉のケースでは発生した剰余金を配当として還元するとともに，その一部を将来のリスク・バッファーとして内部留保の積増しに回す。これと逆のケースでは，内部留保を取り崩して保証された収益分に回すことで，保証利率を確保するのである。

　確定拠出型年金（401（k））プランの受け皿商品として，米国においても一般勘定GICが存在していた。ただ80年代では，高い運用利回りを確保するために格付けが低い債券や商業用のモーゲージが中心であった。そのため，市場の暴落や低迷とともに保証利率の仕組みは崩壊してしまい急速に衰退していった。

分離勘定GIC

　米国でこの契約方式が急速に伸長したのは，一般勘定による保証利率の確保が困難をきたし，そのことが保険会社の財務全体にダメージを与え一般勘定GICへの信頼性が揺らいだことによる。証券化の手法と同様に，本体の信用に傷がついた場合には，当該事業の切り離しを行い，それを処理することが常である。分離勘定GICの生成過程は一般勘定が傷んだ保険会社が，別勘定（分離

勘定）によって年金資金の受託を目指したことにあった。このような事情があったために，利率保証を確実に確保できるように投資対象が過度に低リスク資産に限定され，実現される利回り自体も低位に抑えられてしまっていた。それでも，分離勘定を設定することで保険会社の経営破綻時にもGIC契約の債権保全が図られたことは，投資家や加入者に大きな安心感を与えた。また，破綻時には簿価での解約ができることや一定の利回り確保を分離勘定が保証するなどの特徴が見直され，GIC契約の立て直しにも寄与することになる。ただ分離勘定において稀に欠損が生じた場合には，一般勘定により保証される仕組みとなっており，この点に不透明性が付随している。

合成GIC

　分離勘定GIC契約の持ち直しを受けて，前述の不透明性を克服するために，90年代中葉以降に開発されたものが合成GIC契約である。最大の特徴は，金融技術を駆使して利率を保証する仕組みのために，簿価保証部分をその他の部分と分離した点に認められる。まず，この契約による資金受入れのために信託勘定を設定する。ここで保険会社破綻時のGIC契約による債権を保全する。そしてこの勘定の保有資産をもとに，他の金融機関との契約関係で利率の保証を目論むのである。たとえば相手方の金融機関がプット・オプションを発行し，それを通じて投資家や加入者に対して一定の価格でいつでも売却できる権利を付与する。または，信託保有資産に基づくスワップ契約を結びその実績利回りを固定金利と交換することで，一定の利回り保証をしながら簿価での解約を可能とする仕組みを構築した。ただ，こうしたオプション契約やスワップ契約の相手方である金融機関が破綻すると，こうした権利を行使できない危険性が生じてしまう。つまり，金融技術を活用してリスク分散を図るものの，取引相手の信用リスクを引き受ける結果として，GIC契約の利率保証を含む債権が保全されない事態が起こりうるのである。サブプライム問題によるノンバンクや事業会社の信用リスクが極度に高まった際には，こうした債権の保全にも問題が波及した。

　なおわが国では，1996年度決算から区分経理が導入されている。それは米国と同様に，他業態との資金獲得競争に打ち勝つためである。区分経理では生命

保険や年金商品の負債特性に応じて大きく３つのセグメント，一般資産，一時払い養老保険そして団体・年金保険に区分して勘定ごとに分別管理する[3]。各勘定の負債特性に合わせた資産運用を行い，各勘定内の運用収益に基づいて配当を還元する。このように分別管理された勘定ごとに，負債と資産を一体的に管理するためにALM（Asset Liability Management）が活用されている[4,5]。保険会社はALM管理を徹底することで，商品性の魅力を高め他業態との年金資金獲得にしのぎを削っている[6]。

４. 高齢社会での人的サービス対応商品：第三分野保険・傷害疾病保険

(1) 第三分野保険・傷害疾病保険の内容

保険分類上，人や身体に関わる保険でありながら，実損塡補性を有する保険が第三分野保険である。高齢社会にあって脚光を浴びる各種の医療保険，介護（費用）保険，傷害保険，所得補償保険そして特定疾病を対象としたガン保険，認知症保険などがこの範疇に含まれる。近時では，定期保険，終身保険，養老保険そして各種の年金保険などの従来型の生命保険を第一分野，海上保険，火災保険，自動車保険そして各種の責任保険などの損害保険を第二分野としている。

1996年の日米保険協議の合意事項により，国内の大手生損保各社が設立した業態別子会社では，外資系保険会社に配慮して第三分野の保険商品の販売取扱いは制限されてきた。その後，こうした先発保険会社への優遇措置は使命を終えたものと考えられ，制限が2001年１月から撤廃され，大手生命保険各社の本体での取扱いも解禁された。さらに，同年７月からは損害保険会社の生命保険子会社にも解禁されている。

高齢社会を迎え社会保険財政の逼迫化から，所得保障や医療保障分野における民間・私的保険へのニーズが高まっている。これに応じて，第三分野保険は従来のニッチ市場商品との扱いから脱却し，成長分野商品となることが見込まれている。そのため，クロス販売を行ってきた大手生損保の子会社戦略も見直

し機運にあり，その整理統合を軸に大手生損保の本体同士の提携強化や経営統合も進展している。第三分野保険の販売を契機とした競争と協力の構図は生損保の再編のうねりをもたらしたが，その経営動向や生損保兼営化はさらに生損保融合型の保険商品の開発競争に発展し，保険商品とその機能にもイノベーションを引き起こすことになった。

　従来は多くの保険会社は医療保険を主契約に対する特約としてきたが，現在は主契約そして主力商品として位置付け単品商品として販売している。典型的なガン保険では，ガンにかかった後，入院や通院そして手術などの事由に対して保険金が支払われる。その保障・補償内容の拡充と多様化も同時進行しており，医療保険における入院の保障日数を拡大し，また保障・補償の対象を軽度のガンにまで広げている。放射線治療や抗がん剤治療のために通院するケースで１日当たりの保険給付金を支払う契約もある。一方で，重篤の疾病による入院や手術に保障内容を限定したり，ガン保険で非喫煙者割引を設けて保険料を低く抑える商品も登場している。

　現在は，公的医療保険を補う役割が期待され，医療保険や特定疾病保険の需要が急拡大している。日帰り入院や１泊２日の入院にも給付金を支払うなどの保障内容もある。また，保険医療対象外である国内未承認薬を使った医療行為にかかる費用を補償したり，在宅でのホスピスケアにも入院給付金を支払う特約を工夫するなど，新商品の開発や新特約付加などの競争が激化している。さらに市場をセグメント化し，女性を対象にライフ・ステージごとの保障・補償ニーズに対応する保険もある。そこでは女性特有の病気を保障対象とする契約や，火傷や交通事故による顔や頭部の傷害の治療・手術と傷跡の後遺症対策に関する治療をも保障・補償対象とする契約が登場している。総合的・包括的に疾病・傷害を保障・補償対象とする商品や，特定の疾病に保障・補償対象を絞り保険料の低廉化を図った商品などもあり二極分化の傾向にある。毎年更新の掛捨て型が基本であるものの，積立特約を付加して満期時点で返戻金を受け取る商品もある。

(2) 保障・補償内容の多様化

　高齢化現象にともなう需要の拡大，公的医療保障の補完部分の拡充そして規

制緩和と新規参入効果による需要の掘り起こしの要因が重なり，第三分野保険の市場は急速に拡大しつつある。現在は，「保障・補償内容の拡充」と「保障・補償内容の絞込みによる低価格化」を軸に競争が激化している。しかし今後，保障・補償内容をある程度充実させながらも新規需要を開拓していくには，同時に低保険料を実現していくしかない。こうした価格（料率）競争が進展することは，短期保険として安定的収益源であった第三分野保険が保険会社の収益圧迫要因となるリスクもはらんでいる。また，公的介護保険の第三分野保険への影響や，家族形態の急速な変化にともなう新たな市場セグメント化の必要性など，保険会社がその動向を見極めるべき不確定要因も多く存在している。さらに，医療・介護保障分野での公私役割分担の見直し機運のなかで，現物給付の提供が求められる可能性もある。

　入院時やホスピスでの医療保障も重要になるが，保険会社はこれに対して生前給付型保険で対応している。その種類としてリビングニーズ特約と三大疾病（ガン，心筋梗塞，脳卒中）を対象とした特定疾病保障保険の2種類がある。リビングニーズ特約は定期保険や終身保険に付加される特約であり，理由如何にかかわらず余命6ヵ月以内と診断された場合に死亡保険金の全部または一部を請求することができる権利を付与する。リビングニーズ特約では，特別な費用負担をともなわずに，保険金受取りの選択肢を広げることができる。これに対して特定疾病保障保険では，指定された疾病での死亡だけでなく，ガンと診断された時点や心筋梗塞・脳卒中発病時点から60日以上後遺症が継続したときなどにも保険金が支払われる。これらに加えて，闘病中の生活費を保障する生存保障保険も存在する。従来，団体信用生命保険により死亡ないし高度障害のケースでのみ残高相当の保険金が支払われ，住宅ローンによる借入金は相殺されてきた。新型の住宅ローン保険では，ガンの告知段階で団体信用生命保険の保険金が支払われる特約も付けられている。

　高齢化にともなう就労不能への対応も大きな課題になる。就労不能に対する保険は，怪我や病気で入院ないし自宅療養を強いられ就業することが不可能になった際に，一定範囲内で保険金を支払うことで所得を保障する。単品ではなくセット商品であれば死亡時点では死亡保険金も支払われる。精神疾患を保障対象に含めるものもある。生命保険会社は「就業不能（保障）保険」として，

損害保険会社は「所得補償保険」の名称で保障・補償を提供している。コロナ
ウィルスのようなパンデミックリスクが発生する際には，その役割は確実に高
まることになる。

●注──────────────────────────────

1　英米ではユニバーサル・ライフないしはアジャスタブル・ライフとも呼ばれている。

2　杉野（1997），82-83頁における記述を中心にまとめている。

3　森平（2000），80頁。

4　モデルの詳細は，森平（2000），84-110頁を参照のこと。

5　浅谷（1992），50-53頁を参照のこと。

6　森平（2000），109頁。

第 | 3 | 章

保険技術革新による顧客価値創造型マーケティング

1. 保険技術革新と販売チャネル

　近年のITシステムやICTの技術革新により，インターネットの世界だけでなく世の中にある全ての実物や生身の人間から莫大なデータが収集され，それが組み合わされ大きな社会的資源となって，生産，流通そして消費の実態を変革しようとしている[1]。それは金融・保険という情報産業においても同様であり，革新的技術を適切に活用することによって，様々な便益を金融消費者や保険契約者にもたらすことが可能になる。

　保険技術革新であるインシュアテックの影響，とくに消費者・利用者である保険契約者にとっての功罪は３つの観点から整理することができる。まず，ビッグデータの収集とその解析を通じたオンディマンド保険などの新商品開発，新市場そして新事業の創出が挙げられる。つぎに，様々なディバイスを通じて（潜在的）契約者との接点は拡大し，そのなかで双方向の情報交換も可能になる。コンタクトポイントのオムニチャネル化やスマートフォンのAPIを通じた資産管理や投資助言といったサービス展開など，（潜在的）契約者の利便性が高まり新たな価値が創出される点である。新たな顧客価値創造の方法が出現したと言い換えることもできる。最後に，ICT，AI（Artificial Intelligence）そしてRPA（Robotic Process Automation）を活用することによって業務効率が向上し，また組織変革（保険業務のアンバンドリングとリバンドリング）によ

り取引費用が削減され，付加保険料の低下から保険契約者に還元される。本章ではとくに，インシュアテックのなかでもビッグデータを活用したデジタルマーケティングのもたらす影響を考察し，併せてその販売チャネルと販売組織の課題を取り上げる[2]。

　そもそも，フィンテック台頭のカギは既存の仕組みの創造的破壊にある。欧米では低所得者や個人事業主の一部は金融サービスへのアクセスを制限されている（金融排除の状態）。また，不透明な手数料体系や割高な手数料の金融サービスを提供している金融機関への批判もくすぶっていた。リーマンショック以降，公的支援を受けた大手金融機関による独占的なサービス提供に不満が募っていった背景もある。一方で，フィンテックが受け入れられたのは，デジタルネイティブのスマホ世代の存在であり，その多くは窓口や対面のサービスを望まず手数料が安く利便性の高いサービスを望んでいる。加えて，わが国とは異なりアジアの途上国では，地方になると銀行口座を作ることもままならない。ATMの整備も進んでおらず，またクレジット・カードの普及率も低い状況にある。こうした国々でも新富裕層は台頭しており，消費意欲も旺盛で新しい金融サービスへのニーズも高い[3]。

　わが国では，フィンテックが急展開している，もしくはフィンテック分野の投資が著しく増加している状況にはない。その理由はつぎのように整理されている[4]。

　①米国では新たに起業したベンチャー企業やIT，通販を主事業とする他業態からの進出が多いのに対して，わが国では既存の銀行，証券，保険の金融機関が中心的に新技術を摂取して既存業務を変革しようとしている。既存の金融機関が新たなビジネスを展開する場合には，本業や既存分野との調整が必要で破壊的な改革は生じない[5]。どうしても業務の効率化や取引費用の削減，そして組織改革に終始しがちである。また既存金融機関はスタートアップ企業との連携を目指すものの，改革の主導権の所在などについて不確定要因が強く改革のスピードが緩やかになる。

　②わが国のように金融インフラが整っていれば，一から社会システムとして構築するリスクを冒す必要性は低い。

　③わが国では金融業態の規制が厳しく，ベンチャー企業やスタートアップ企

業がライセンスを取得することは困難で，その後の成長には資金面の不安も残す。

　④欧米に比較して，専門人材の育成が決定的に遅れている事情もある[6]。米国銀行では約6割近いITへの新規投資が行われている。それに対してわが国では新規投資は2割程度であり，旧来のシステム保全などに8割が向けられている。日本の銀行は過去の巨大な金融ITシステムの維持経費への投資（レガシーシステムへの投資）が大部分である。また米国の大手金融機関ではITエンジニアが3割も在籍しているのに，わが国では自前で抱えているのはわずかに3％程度である。

　こうした状況にあるものの，国内外の競争環境からすれば改革が後戻りすることはありえない。具体的な方針を定め改革を進捗しなければならない。事実，ビッグデータの解析を通じた商品開発は多く試行され，また付随サービスも拡大傾向にある。ただ保険マーケティングでは，インターネットやモバイル・携帯端末を活用した販売促進や，オムニチャネル化による契約者接点の拡大も保険収益にあまり結びついていない。その理由の1つとして，デジタルマーケティングの効果や収益への影響が保険業において明確にされていないことが挙げられる。そこで本章では，デジタルマーケティングの効果をLTV（顧客生涯価値）を用いて明確化ないし可視化することを試み，契約者との長期的な関係構築が保険業にとっても利得となることを示す。併せて，こうした良好なリレーションシップを築くことに，保険契約者側のコミットメントが重要になることを指摘し，それを促進するマーケティング戦略について考える。

2．保険業をめぐるインシュアテックの現況

　広く金融業は経済の血流として，その循環を促すとともに決済サービスを通じて物流を支える役割もある。しかしときに金融の機能不全が経済の停滞をもたらすこともあり，とくにリーマンショック時の影響は甚大であった。その後の各国の金融政策への批判もあり，規制当局による大手金融機関への過度の配慮には懐疑的な状況もあった。これと軌を一にして，より民主的かつ分権的な金融市場のあり方を支援する様々な金融技術革新が生じた。こうした技術革新

の多くは，金融市場において弱い立場に立たされる金融消費者や保険契約者の地歩を向上させるものや，これまで十分なサービスが受けられなかった人々へ充実した金融サービスを提供する意図を持っていた（金融包摂の概念）。具体的な金融技術の革新領域として，①ディバイスの進化によるセンサー技術の進歩，②インターネットの進展による通信・ネットワークの拡張，③スマートフォンの爆発的な普及がもたらす分散型情報機器の浸透，④クラウド・ストレージ技術進歩による適切な情報格納技術の向上，⑤アルゴリズム取引とAIの登場，およびスマートコントラクトによる契約内容の自動化とデータ処理能力の進歩などがあり，それらはいずれも金融消費者・契約者利便性の向上，業務効率化・取引費用の軽減，顧客接点の拡充（＝オムニチャネル化），そして顧客データの統合化とその効率利用を目指すものであった[7]。

　とくに，最後の点は金融消費者や保険契約者にとって重要な意味を持つ[8]。それは，顧客データの統合化とその効率利用が今後の金融機関の死命を制すビジネスモデルとなりうるからである。ビッグデータの収集方法がより広範囲に及ぶようになり，リアルタイム情報，定量から定性までのデータ活用，そして情報収集の自動化が生じている。たとえば，コールセンターの会話内容，実店舗でのやりとり，PCやスマートフォンの取引履歴の活用である。こうして収集されたデータは深層学習の発展というAIの高度活用によってその有効性が高まることになる。高度利用の内容には，金融機関の利用者とのチャットボット，スマートコントラクトやアルゴリズム取引，ロボバイザーの利用が含まれる[9]。

　今後はリアルデータが主役になる可能性が高い。これまで金融機関にインプットされた情報は，消費者金融の場合，勤め先，年収，信用履歴程度であったが，それに購買履歴や生活習慣などの資金の流れに関する情報も加わることになれば，より精緻な与信が可能となる。また，デジタルにつながったモノの状態や使い方，使った結果のデータが送られ，蓄積されたデータを人工知能が分析することで，より良いユーザー体験（CX）を提供できる[10]。

　新技術を活用したイノベーションを生み出す源泉は，ユーザーが本当の意味で求める価値を探るユーザーインサイトの獲得能力である。たとえば，浪費か投資的消費か？　投資的消費の目的は何か？　大事にしている価値は何か？

地位か名誉か，お金か？　家族か友人か？　喧噪か静寂か？　それがどのように変化するのか？　といった本源的価値の発見である。ユーザーが本当に求めるものから，それを解決するイノベーションが発生する。つまり，デジタル・コ・クリエーションが発展すると，イノベーションの主体がユーザーに移り，協創からユーザー主導の価値創出となる[11]。

　さて，それではこうした技術環境変化のなかで，金融業全般でどのような事業革新が進展するのであろうか[12]。まず，モバイルやスマートフォン，携帯端末を通じたリテール金融向けサービスが挙げられる。そこでは低コストの海外送金，APIによる家計管理，ロボバイザーによる資産運用などが可能になる。とくに，オープンAPIの進展には目を見張るものがある。このときフィンテック企業は，消費者・契約者と金融機関の中間に立ってサービスを仲介する。つまり，消費者・契約者からの委託を受けて金融機関のシステムに接続して口座管理や電子送金のサービスを展開する。規制当局は金融機関に対してサービス促進のための体制整備を努力義務化する一方で，フィンテック企業には登録制を適用して適切な情報管理や業務管理体制の整備を要請することになる[13]。実務上は情報セキュリティと利用者保護の観点から金融機関とフィンテック企業の契約を促す。

　保険業に焦点を当てると，以下のような領域に期待が寄せられている[14]。

　①まず，技術革新に基づく新たな保険商品開発が考えられる。（ⅰ）ビッグデータとAIの活用による細分化された保険料の算出と事故発生後の事故認定，（ⅱ）ビッグデータに基づくテレマティクス保険，ウェアラブル健康増進型保険などのカスタマイズ商品の提供[15]，（ⅲ）P2P保険にみられる直接取引（ペット保険，ホームオーナー保険等），オンディマンド保険，ニッチな保険などのニーズへの対応である。

　②つぎに保険の付帯サービスを通じた付加価値・顧客経験の提供がある。たとえば，スマホ上のアプリでの保険加入や保険金請求，保険アプリ（API）を通じたわかり易い保険の提供がその例になる。また，オムニチャネルの展開，モバイルを通じた保険販売，保険比較サイトの運営，ロボバイザーやAIを通じた保険助言サービスなども想定される。

　③最後に，保険業務の効率化やアンバンドルとリバンドルを通じた取引費用

の軽減，それを低い付加保険料によって契約者へ還元することである。併せて，ビッグデータを活用した不正摘発ソフトや，スマートコントラクトによる契約・手続きの自動化も経費削減や手数料の引下げに寄与する。

　ただし，ビッグデータとAI活用によってデータ収集と解析に基づく保険料の決定などが業務改善と費用効率の向上につながると指摘されているものの，それが取引費用の軽減につながるかは市場の競争状況にも依存するので自明ではない。まして，保険市場の寡占化が進行してしまえば競争制限的に作用することになる。さらに，個別化ないしカスタマイズされたサービスの提供は契約者ニーズに沿うものの，その反面，過度の差別化により保険料（率）の比較可能性が低下するだけでなく，オーバーシュート現象（過剰な多様化）も発生しかねない。確かに，ビッグデータの有効活用により不正が未然防止され，また予防によるリスク軽減も可能になるものの，反面，逸脱した行動が高リスクとみなされ高い付加保険料に反映される危険性もある。オムニチャネル化に際しては，データ活用の承認と情報漏洩への対応が必要になり，とくに秘匿性が高いデータの扱いが問題視される。そこで，データ共有化の効果とデータの適切な管理とを両立させなければならない。

3. 保険販売の技術革新がもたらす新たな CRM

　デジタルマーケティングとは「データドリブンでターゲット消費者へ製品やサービスを認知させ，消費者の購買前行動データに基づいて興味・関心・欲求を醸成し購買データを取得する。購買データと購買後の消費者の評価データをもとに製品開発，サービス開発への示唆を得る。これらのデータをECチャネルとリアル店舗から取得し，同時に消費者に最適な購買体験を提供する一連の活動をいう。これらの活動の目標は，消費者との関係性を深め，最終的に消費者のエージェント（代理人）になることである」[16]と定義されている。

　その主な構成要素としては「データドリブン」と「オムニチャネル」が挙げられている。まず，データドリブンとは，消費者理解と消費者へのアプローチを勘や経験ではなくデータに基づいて行うことである。つまり，「デジタルマーケティングでは，ECチャネルを重要な販売チャネルとみなしており，EC

チャネルでは配送が行われることから消費者の名前，住所，電話番号，購買履歴が必ずデータ化される。場合によっては，誕生日，年齢，その他の消費者属性データを取得できる。これらのユーザー IDに紐づいた購買データを取得するのがデジタルマーケティングである。さらにデジタルマーケティングでは，ECチャネルにおける各ページの滞在時間，頁間移動の履歴からどう逡巡していたのかをAIを活用して分析する。また，消費者が製品やサービスを購入すると，それに満足したか，しなかったかという評価がFacebookやTwitter，Instagramなどの SNSによりシェアされる。それらの評価の集合体であるビッグデータをAIで分析し，製品開発，サービス開発に活かしていくことになる」[17]。

　一方でオムニチャネルとは「消費者と企業の接点であるECチャネルとリアル店舗をシームレスに統合し消費者へ購買の場を提供するとともに，消費者購買行動のデータ取得の場とすることである。オムニチャネルは消費者と企業の接点をシームレスに統合するものであり，ECチャネルでもリアル店舗でも消費者は同様の購買体験を享受できるようになる」[18]とされている。つまり，オムニチャネル化ではいかなる場所でいかなるディバイスを活用しても，情報は首尾一貫して共有され購入プロセスへ誘導が可能となる。対面型勧誘，コールセンター，インターネット，オンラインなどのチャネルがある。こうした首尾一貫したプロセスにおいては全てのディバイスがプラットフォームになる。個人の嗜好やその時の状況に合わせて適宜適切に選択できる環境を整備し，消費者をサポートすることが重要になる[19]。

　ここで，オムニチャネルの推進力はつぎのように整理されている[20]。

　①オムニチャネル化には顧客体験の充実のために，複数チャネル間で即時にリアルタイムの情報を集結し統合できる環境の整備，および消費者のデータをどのチャネルからでも引き出すことができる環境が必要になる。つまりデータガバナンスの確立が重要になる。具体的には，適度な更新を通じた当該データの質（適正性やトレーサビリティなど）の確保，その更なる活用を促すための管理体制と責任の所在の明確化である。そのうえで，データの更新と結合を通じて，将来の予見・予測システムを構築することが大事になる。

　②オムニチャネルを進めることは，リアル店舗，ECチャネルでの購買体験の提供に深く関わることになる。柔軟な出荷や配送の仕組みが必要になるため，

生産管理部門，ロジスティックス部門との連携も必要となる。デジタルマーケティングの担当領域は，マーケティング領域のみならず販売領域にまで深く入り込み，生産管理，出荷物流，研究開発，ITマネジメントまで幅広く対象領域となる[21]。

　③デジタルマーケティングによって，アンバンドリングやリバンドリングが生じるのであれば，こうした首尾一貫した価値創出が困難になる危険性がある。とくに顧客情報や価値創造業務の一部が，他のIT企業やプラットフォーマーに移譲されると一貫したサービス提供が難しくなる。この問題解決が新たなバリュー・チェーンにつながる。

　デジタルマーケティングに移行することで，消費者理解の仕方とセグメンテーションのやり方も変化する。従来のセグメンテーションでは，市場に存在する不特定多数の消費者を，同質のニーズや特徴的属性などの同質性で把握して区分していた。その区分要素（メルクマール）は地理的変数，人口動態変数，心理的変数，行動変数が主であった。これに対してデジタルマーケティングでは，消費者行動と消費者心理の双方をユーザー IDに紐づけて消費者像を捉える。それによってユーザー指向のターゲッティングが可能になるのである[22]。消費者理解の仕方を変える必要があるのは，市場の成熟化とともにICTなどを自在に操作するスマートな消費者が登場し，購買前後における消費者の情報収集力と情報発信力を高めているからである。それは，ネット上の口コミ情報やレコメンドなど，同じ消費者からの多様な情報収集源の広がりに起因している[23]。

　消費者が単に製品を購入したか否かの情報はインターネットやアプリの履歴がなくとも，対面のコンタクトでも把握できる。また，ネットショップで当該商品を迷った挙句に購入しなかったことや，その待機時間もインターネット取引ではわかる。実はそれらの履歴の統合がカギとなる。これらを比較して別の日にはネットショップで迷わずに類似商品を購入したのであれば，それが価格もしくは品質の相違であるかによって，消費者のこだわりが費用面にあるのか品質などの付加価値面にあるのかを理解することができる。つまり消費者の大切にしている価値を理解できるわけである。

　消費者理解が深まり，個人からセグメンテーションが行えることは，ワンツーワンプロモーションが可能となることを意味する。ワンツーワンプロモー

ションによって消費者とのリレーションシップは深まる。ただし，こうした関係をより確実なものとしていくにはマーケティング戦略上の工夫もいる。それには消費者側のコミットメントを如何に高めていくかが重要なポイントになる。デジタルマーケティングは，製品や価格ではなく，またプロモーションでもなく，消費者との絆や関係性で差別化を図ることになる。

　併せて，こうした一時点の深い消費者理解を異時点間で比較することで，将来の消費者行動を予測できるので長期的な関係性を構築できることになる。異なる時点で消費者行動が変化したことが，ライフステージ変化による家族環境が変化したものか，もしくは環境変化によって嗜好が変化したものかを判別することができれば，将来をより正確に予測してその変化を見越して消費に関する提案をすることが可能となる。つまり，一時点での深い消費者理解は，その良好な関係を継続することにもつながるのである。

　以上の点を踏まえて，次節以降で保険業における関係性マーケティングが，デジタルマーケティングによってどのように変化するのか検討したい。とくに以下の点に着目し，保険業に援用する際の課題に言及する。

　①保険商品の場合，反復購入は生じないために関係性の成熟化がもたらされる可能性は低いのか？　また解約返戻金が少なく解約手数料が高いことなどは関係性にどのような影響を及ぼすのか？

　②保険はライフサイクル財であり，ライフステージに応じてニーズも変化するので関係性構築は重要であるものの，その主な原動力は何か？　保険会社のブランド力なのか，営業職員との個人的なつながりであるのか？

　③最終的に，消費者・契約者との関係性はデジタルマーケティングなどのインシュアテックによってどのように変化するのか？

　デジタルマーケティングが想定する情報のやりとりについても保険契約では特殊性がある。まず保険商品ではリスクを認識する段階でしか，こうした情報検索は実施されないのでその有効性も極めて限定的になる。保険契約時の一時点においてのみ複数手段で情報検索が実施される。保険期間中には，営業職員ベースのコンタクト情報が重要になる。また，レビューサイトでも営業職員の態度などの限られた反響が中心となる。保険商品情報については無形財や将来効用財のために，レビューコメントはほぼ皆無といえる。そのために，デジタ

ルマーケティングの展開にも明確な限界があることになる。

4．デジタルマーケティングが実現する契約者利益

(1) コミットメントを通じた関係性強化 [24]

　関係性（リレーションシップ）マーケティングと呼ばれる手法では製品や
サービスといった交換対象ではなく，交換相手との関係性に着目する。製品や
サービスを生産する設備や施設にもまして，消費者との関係性を生み出す力を
持っていることが重要となる [25]。関係性を構築するために双方向のコミュニ
ケーションを増やせば，本来的な意味で関係継続に対する納得性が高まるわけ
ではない。関係性を重視し，それをより発展させる考え方に相互依存性理論が
あり，そのキーワードはコミットメント（参画性意識や参画性の意図）であ
る [26]。当該理論では，生産者や流通者である企業と消費者の関係性をつぎの3
段階で捉える。
　①　現在の関係から十分な成果を得ていないものの，他の関係に移ると成果
　　　がより低下するためにしぶしぶ留まっている状態（消極的選択状態）
　②　現在の関係から高い成果を得ているものの，他の関係に移っても同等の
　　　成果が得られる状態（選択可能状態）
　③　現在の関係から高い成果を得ており，他の関係に移ると同等の成果が得
　　　られない状態（拘束状態）
相互依存関係は「社会的交換型相互作用」，「不完備契約型相互作用」，「関係
特定的資源型相互作用」の3つに分類できる。とくに最後の「関係特定的資源
型相互作用」が消費者との関係性を捉えるうえでキー概念になる [27]。関係特定
的資源型相互作用により，相手のことを熟知したりその相手との取引に熟練す
ることで，無駄の少ない業務遂行が可能となる。このような知識やノウハウの
蓄積が，より質の高い製品やサービスの提供につながることになる。これらは
いずれもパフォーマンス効率の向上に寄与し，関係特定的資源は効率的かつ効
果的な交換を実現するのである。
　関係特定的資源は特定の相手に対して最適化されたものであるため，それ以

外の相手に対しては相対的に低い価値しかない。つまり，関係特定的資源は当該関係を離れると価値が低下したり消滅してしまうものである。すると関係特定的資源を保持することによって代替的取引相手が減少することになる。またその特殊性のために希少性が高いものである。したがって，関係特定的資源の恩恵を受けるものにとって移動を困難にする。このような理由から，関係特定的資源は関係終結コストとしての機能を果たす（歯止め効果を有する）。

　加えて，相互依存性ゆえに当事者間の信頼関係が基礎ともなる[28]。両者の信頼関係を構築するためには，取引相手双方の機会主義的な行動を抑制して，取引におけるホールドアップ問題を解決する必要がある[29]。取引における機会主義的な行動によって，明示的ないし暗黙の約束が破棄される危険性も生じる。これは当初は選択的関係ないし開放的状態にあったものが，その後の交換活動を通じて，取引を途中で終結すると埋没してしまう資源が発生することで，強制的関係もしくは拘束的状態に変化することを指す。こうした問題が「ホールドアップ問題」である[30]。「ホールドアップ問題」とは，関係特定的な投資がサンクコストとなることで，取引相手が好ましくない行動をとったとしてもそれを受け入れざるを得ない状況を指す。代替的な交換相手が実質的に減少し，これによって現在の取引相手への依存度が高まり，相手のパワーが高まって不利な条件を押し付けられることになる。

　ここで，継続的な取引関係から生じる信頼関係が大切になってくる。関係性（リレーションシップ）マーケティングは売り手と買い手の相互作用から生み出される友好的な関係を基盤としたマーケティング活動である。したがって営業職員や販売員など組織の境界者の個人的魅力に基づく，同一化の形成こそその望ましい姿である。しかし，デジタルマーケティングのみでは，こうした関係を深めるコミットメントを高めることはできない。そこで個人的な魅力ではなく，企業や組織の社会的魅力がより重きをなすことになる。ブランド力や投資成果，その企業の経営理念，倫理性・コンプライアンス，ファミリーフレンドリーやCSR（Corporate Social Responsibility）重視などが含まれる。また関係性では安定性や発展性への信頼，共感性なども大切になる。マーケティング手法の変革によって，企業イメージの創造がより大きな力を持ち重要な経営資源となる。リレーションシップにおいては買い手側の自己弁別性，自己高揚性

が大切になるが，高いブランド力はこうした欲求に応えることで関係を深めることにつながる[31]。

(2) 保険販売におけるデジタルマーケティングの効果

デジタルマーケティングが創る関係性

　それでは，保険販売におけるデジタルマーケティングはどのような効力を有し，契約者との関係性をどのように変化させるのか。デジタルマーケティングによる情報量の増大と利便性の向上，時間コストの節約，判断材料の増加による納得性の向上，全てのコンタクトポイントを通じた情報共有化は契約者満足の上昇から，リレーションの強化や継続率の上昇につながる。保険会社にとっても利便性の向上や時間コストの軽減は，契約高の拡大と収益の改善につながる可能性が高い。一方で，情報量の増大と契約の複雑化は契約者にオーバーシュート現象を引き起こし，契約内容や特約の取捨選択を迫る。それだけに，プロ意識と高い能力や資格を有する営業職員のコンシェルジェとしての役割は高まる。さらに長期的な関係性（協力的な関係）のなかで，保険期間中も危険の変動などについて正確な情報が得られることは当事者双方の利得となる[32]。

　関係性の深化のために，コミットメントが重要であることは既に指摘した通りである。コミットメント・アプローチの基本的な考え方では，コミットメントとは心理的触媒要素（知識や技能つまりコンサル能力への信頼，誠意ある態度への信頼・親身な態度）であり，それがマーケティング成果に結実する顧客行動（関係の継続，協力的活動，支援・推奨など）を誘発すると考える[33]。そこで保険販売における具体的な心理的媒介要素とそれがもたらす成果に着目する。

　保険販売における心理的状態は交換的側面・打算的意識と共同的側面・友好的意識に分けられる。後者には帰属的な意識（組織の価値観・文化・理念への共感），ブランドによる優越的な意識が内包される。その成果としては，保険金額の増額，追加的な保険商品の購入，情報提供の頻繁化，保険犯罪の未然抑止などがありうる。デジタルマーケティングおよびオムニチャネル化は契約者の友好的意識を高めることによってリレーションシップを強化できる。また継続的なコンタクトを通じて，WEBでの特典提供やポイント制を活用すること

は意識の高揚にもなる[34]。

　また，打算的意識にはホールドアップ問題を中心とした関係終結コストが影響を及ぼす。デジタルマーケティングはこうしたコストを引き下げ，ホールドアップ問題を抑制するとともに，ラインナップを充実できれば他社乗り換えを抑止できる。ただし一方で，これらの改善が不十分であれば他社への乗り換えを促してしまう危険性もある。そこで，保険会社による希少性向上のためのアイデンティティ確立が問われることになる。

　従来の営業職員ベースと異なり，デジタルマーケティングでは，契約者と組織境界者・営業職員との相互作用が希薄になるので，両者間のフレンドシップ形成に力を注ぐよりも，保険会社のアイデンティティ（経営理念・共有すべき価値観など）を強く訴求することが大切になる[35]。さらにデジタルマーケティングに営業職員とのコンタクトが組み合わされると，会社のアイデンティティに対して強い類似性や親和性を感じている契約者は，営業職員の行動にも類似性や共感性を抱きやすくなりフレンドシップの形成が促進される。このようなオムニチャネル化では，長期的な契約関係が継続することになる[36]。

デジタルマーケティングの課題

　通常，保険販売では営業職員による情緒販売が中心である。人間関係が重要なために契約のスイッチにはそれなりの納得がいる。また契約者個人の生活変遷を通じたつながりやイベントごとのコンタクトには，営業職員との関係特殊的な側面もある。ただし地域密着型の金融機関のような地域社会に特殊的な資源はないことが多い。また，営業職員との個人的なつながり，仕事上の付き合い，紹介などの情緒的な色彩が強くなるために，それを支援するブランド力がものをいうことになる。

　それでも，サービス業であるために時間コスト（手間などの実時間）やストレスコスト（心理的コスト）は大きく，それを軽減することは関係性を強化することにつながる。デジタルマーケティングがそれらを解消すれば関係性の強化につながる。また，契約者情報を的確に引き出すコミュニケーションは双方にとって利得をもたらすのであり，デジタルマーケティングはそれを高めることにもなる。また，ホールドアップ問題を回避するための営業職員と契約者の

信頼関係は重要であり，そのためにも契約者のコミットメントを高める戦略が有益になる。それには，積極策（利得としてのポイント制）と消極策（損失としての解約返戻金のペナルティ）によって，関係終結コストを上手くコントロールする必要がある。それらの施策によって，契約者による協力，支援，推奨を高める仕掛けが有効に機能する。

　つまり保険契約前の情報提供と継続的な情報のやりとりは，事後的なホールドアップ問題を解消するためにこそ重要になる。そしてそれは，多様で大量の情報が収集可能なデジタルマーケティングで変化する。データ処理・管理の正確性と適格性が営業職員の信頼性と組み合わさることで，契約者の納得性を高めることができれば契約者満足は向上する。一方で関係継続にともないホールドアップ問題が深刻化する事態は，高年齢時の解約・失効以外，保険業では想定しにくい。そのため双方向のコミュニケーションは友好的な関係構築に寄与する。単なるコミュニケーションの頻度よりも，相手の意思を重んじながら適切なベネフィットを与えることが有益である。この点，営業職員とのコンタクトによるポイントの付与などは有効な戦略になりうる。

　今後のデジタルマーケティングのカギは，①商品別・部門別に分散しているデータをセキュリティに配慮しながら組織全体で共有化すること，②更新のタイミングや入力内容のばらつきなどのデータの不均質性を回避してデータの質を維持すること（データ管理の重要性），③営業現場とマーケティング企画部門との連動の必要性，である。とくに③に関連して，営業現場に契約者データの使い方を任せるのでなく，マーケティング企画を担う部門と現場の連携が大切になる。それによりセグメント化した契約者に対して働きかけを強める具体的方法を考案し，それをビジネスモデルとして確立することが可能になる。その際には，具体的方法に説得力を与えるためにビッグデータを有効に活用するだけでなく，その効果を数値として可視化することが肝要である。

５．LTV に基づく顧客生涯価値の可視化と保険業の CRM

（1）LTV（顧客生涯価値）の概念と測定方法 [37]

LTV（顧客生涯価値）の考え方

　関係性マーケティングでは長期的に友好な関係を重視する。従来型の顧客満足を目指すマーケティング手法でも同様の目的を有するものの，その着眼点は大きく異なる。後者は交換対象に焦点を合わせる一方，前者は交換主体間の関係に焦点を合わせるのである。その際，長期的に最大化すべき利益を表す指標として顧客生涯価値が有効になる。顧客生涯価値は消費者との継続的な協調関係を意味するのであり，その向上により安定的に収益機会を確保するためには，静態的競争力（製品コストや品質）と動態的競争力（技術進歩や組織の柔軟性）および取引費用の節約が必要とされる[38]。この指標の意図するところは従来の手法のように，結果として関係が長期化していることや重ね売りが功を奏していることではなく，戦略的意思をもって継続的な関係を構築しようとすることである。そのためには，現在の関係性を正確に把握し，それを理想的な状況に引き上げていく手法や戦略を欠くことができない。現状の把握と理想的状態を具体的数値で把握することも大事になり[39]，LTVはこうした戦略を実現するツールである[40]。

　LTVは平均的な新規顧客が，ある一定期間にもたらすと思われる利益の正味現在価値（NPV）である[41]。デジタルマーケティングとの関係では「データベースをうまく活用すれば，顧客や見込み客に対するデータを収集し，適切に管理することによって顧客により良いサービスを提供し，長期的な関係を構築することができる（リレーションシップの構築）。つまり顧客の忠誠心の醸成，重ね売りと囲い込み，顧客の離反率の減少などによって顧客生涯価値（LTV）を高めることができる」[42]とされている。

LTV（顧客生涯価値）の測定

　この概念の特徴は，金銭的コスト以外にも時間コストやストレスコストなど

も含めている点である。その理由として「どんな取引にも発生する金銭的コストに，取引を完了するのにかかる時間コストを加えなければならない。もしもっと便利に時間をかけずに買ってもらうことができれば，その製品はより魅力的になる。多くの場合，購入の利便性を高める方が，製品に新たな付加価値をつけるよりも安く済む。つまり，流通手段を変えるだけで売り手も買い手もメリットを得るのである。利便性とサービスはもはや製品の一部である」[43]ということが挙げられる。併せてこうした指標から，デジタルマーケティングの特徴であるコンタクトポイントの向上による時間コストの軽減や，利便性向上によるストレスコストの削減を把握できる。

$$顧客価値（メリット）= a（製品の効用）- b（金銭的コスト）- c（手間・時間$$
$$コスト）- d（取引にかかるストレスコスト）$$

　こうした分析手法を活用することで，売り手と買い手との関係維持に費やすべき具体的な金額を把握できるようになり，望ましい関係を構築するための費用が明示できる[44]。LTVに影響を及ぼす要因について整理すると，顧客数，顧客維持率，顧客１人当たりの売上高，顧客１人当たりの費用（直接費と間接費）が挙げられる。データベースを用いた見込み客の選別とマーケティングの効果を高めるセグメンテーション，新規顧客の獲得手法と囲い込み・重ね売り，LTVの高い顧客への優遇策，顧客に対するロイヤリティ獲得策，不断の顧客情報の収集手段の確保と顧客情報の更新による顧客維持率の向上が重要になる。こうした要因に影響する間接要因を整理すれば，①世帯収入，所得の変化率，金利とその変化，ライフサイクルでのニーズの変化，②当該市場の飽和状況，他社のマーケティングの変化，③自社製品の市場訴求度合い，認知の程度，④アフターサービスのあり方，⑤囲い込みや重ね売りの程度，⑥インターネットや販売員によるコンタクト程度，である。

　さて，デジタルマーケティングやオムニチャネル化はどのようにLTVを高めるのであろうか。また双方向の情報やりとりをどう変化させ，どのような影響を及ぼすのであろうか[45]。デジタルマーケティングには，既存顧客のLTVの向上とターゲットとなる新規顧客の増大の大きく２つの目的がある。後者については，たとえばDMを活用して，そのレスポンス率が高いグループとそうで

ないグループを属性などにより分類してターゲットを絞り，マーケティングの費用削減と顧客獲得の効率性を高めることで費用対効果を引き上げる効果がある[46]。

　前者については，①関係性を強化することで，重ね売りを可能とするなど継続率を高める方策，②併せて，１人当たりの売上高を向上させることが目的になる。そして，③忠誠心が高い顧客からの口コミなどによる紹介率を高めることも重要である。最後に，継続関係の維持や１人当たりの売上高の向上は，マーケティング活動の費用対効果を高め，余剰の資金を新商品の開発や新サービスの展開に回すこともできる。これがさらに関係性を強化することにもなりスパイラル的にLTVを高める可能性がある。

LTV（顧客生涯価値）の運用上の課題

　ただし，既存顧客のLTVを向上させるためには顧客理解が前提になるものの，そこには，①効果的な情報提供問題，②価値観の認識問題，③最適アプローチ問題，④アイデンティティの確立問題，そして，⑤ハードウェアの設計問題が横たわる[47]。

　①競争が激烈な多くの市場では，売り手側だけでなく，消費者の側にも専門知識が要求される。消費者にとっての最大の問題は，当該市場に何が出回っているのか，それはどのような機能を発揮するのか，自分の利益とするにはどうしたらよいのか，そしてどう選択すべきかの情報があふれている。様々なディバイスから情報を収集できるだけにその取捨選択も大切である。そこで，消費者に必要な情報をどのように届けるかが重要である。

　②「顧客にとっての利益（価値）とは何か」を明確にしなければならない。割引か，配送手段か，各種サービスや継続的サポートか，ステータスの保証かなど，価値観に合わせて利益と考えるものが変わってくる。

　③消費者にとって最適なアプローチは何かが大事になる。

　④各企業は消費者が自ら差別化が図れるようなものを提供しなければならない。その方法は無数にあるが，顧客データベースを活用して企業活動についての意見に耳を傾ける機会の創出など，双方向コミュニケーションの機会が大切になる。

⑤ITシステム構築費用の効率化などの費用対効果の視点も不可欠である。

LTV（顧客生涯価値）を有益な指標として活用するためには，これらの問題解決を迫られることになる。そこで次項以降において，保険業に即してこの問題を考えていく。

(2) 保険業におけるLTVの考え方

ここでは，金融・保険業に限定してデジタルマーケティングの特徴と有効性を考えてみる[48]。その事業特性として，①顧客・契約者のデータ量が圧倒的に多い，②個人属性に関する豊富なデータが存在し，その解析を通じて金融・保険商品を推奨することに適したデータ構造になっている，③金融機関への信頼性が高くアンケートやDMのリスポンス率も高い，④多様な金融・保険商品と付随するデータの存在，である。

顧客データベースを構築する際には，その管理者を明確にすることで管理者が主導してその有効活用を図る必要がある。そのためには，データ活用の効果を見える化することが最大の課題である[49]。顧客データベース構築による具体的な成果として，口座管理部門では新規口座の拡大や既存口座の収益率拡大，ローンの申込み率の増加，顧客獲得費用や審査費用の軽減がある。顧客サービス部門では，顧客紹介率の向上，苦情率の低下，口座開設や審査にかかる時間の短縮，最終的には顧客継続率の向上とLTVの増加が想定される。デジタルマーケティングとの関連では顧客継続率の向上プログラムにより，経済的な利得と付帯サービスの向上，リレーションシップによる信頼度を向上させることが肝要になる。

財・サービスの購買行動において，ニーズをウォントにする重要性が指摘される。生命保険・損害保険においても同様であり，就職や結婚などの特定のライフイベントに直面したときに，外生的な要因として保険に関する情報に接することでニーズが生まれる。そのときに，将来にかかる費用支出をともなう「リスク」を認知し，将来への準備を意識することになる。ただ将来に関する意思決定であるために潜在的な需要を顕在化させるために保険への加入意思決定を後押ししなければならない。併せて，保険加入には合理的な経済計算と，安心感や安定感を得るという情緒的側面がある。目的貯蓄（予備貨幣）の一手

段として将来への余裕資金の保持と，財務的な均衡を確保しているという精神的な余裕を生むことになる。そこで，両側面に対する働きかけや背中を押す仕掛けが大切である。純粋な生命保険では利他と利己の感情が関連する。医療保険についても利己中心ではあるが，金銭的にも肉体的にも周囲に迷惑をかけたくないとの家族思いからの利他的要素もある。

　つまり生命保険に限定すれば「その消費者行動に関しては，経済的側面と同時に精神的・心理的要因が重視されている。また，フィナンシャル・プランニングから生命保険購入に至るまでの過程では，契約者の内面・精神的要素によって様々な現象が現れてくる」[50]とされている。生命保険は金銭面給付でありながらも価格・保険料の妥当性について，契約者には不透明なことが多くその適切な判断は困難である。絶対的な価格水準ではなく，契約内容（品質）との見合いの価格・保険料が重要になる。また，経済的・法律的・数理的要素が強く商品内容が理解しがたい側面もある。さらに，保険市場では行政による監督規制も強く，市場における需給関係が純粋に成立しているわけではない。それだけに，通常の財・サービスに比べて保険消費者である契約者による合理的判断のウェイトが小さいともいえる。

　よく保険会社の営業職員によるプッシュ型販売が悪しき慣行のように語られることがあるものの，保険需要ないし購入行動の特殊性から潜在需要を顕在化する重要な役目を担っている。それだけではなく，一般の財・サービスにも二面性があることは既に指摘した通りであり，あくまでもそれは程度問題である。このとき，保険会社やフロントの営業職員，保険募集人と保険消費者である契約者の関係性を考えるうえで，コミットメントや関係継続のための様々な仕組みがとくに有効となるのである。加えて，生命保険が生活設計において家計の合理化を果たす役割があるとすれば，営業職員には家計のコンシェルジェとして「必要な人に必要な保障・補償を届ける。それにより生活を支える，生活再建を手助けする。必要でない人の保障・補償はなるべく合理化して無駄をなくす」といった契約者の生活に寄り添った行動や言動が求められることになる。

　ここで契約者の保険加入プロセスを掘り下げてみよう。消費者行動に関して，〈問題の認知→情報探索と選択代替案の評価→意思決定と購入→消費と評価→将来の意思決定〉という一連のプロセスに即して生命保険のケースを考えると，

契約以後も取引当事者間の関係は極めて長期間に及び，また保険金という給付
を受ける機会が過少なこともあり，契約内容に関する満足感の事後評価が難し
い事情がある。そうでありながら，ライフサイクルに合わせて追加購入，中途
増額，失効・解約，払い済み，他社への乗り換えなど，様々な選択肢がある。
これは一般の財・サービスの継続購入や追加購入にあたる。生命保険では，事
後評価が困難で第三者評価もないことから，満足度の判断がつかないことが多
い。保険金額や保障内容の妥当性がライフステージに応じて事後的に検証され
るだけであり，また保険料の妥当性や支払い可能性も含めて合理的な判断は難
しい。加えて，精神的要素や情緒的要素もあるために，保険会社による継続的
なコンタクトや関係性の維持が重要になるのである[51]。

　生命保険のなかでも保険種目による相違があり，保険加入プロセスにおける
有効な働き掛けや契約継続に必要なコミットメントは両者によって異なってく
る。同様に，デジタルマーケティングの有効度も異なるとすれば，当初のアプ
ローチ方法だけでなく，オムニチャネルでの情報提供のあり方も個人属性に応
じた対応が必要とされる。そしてアプローチ手法に応じて，契約獲得と契約継
続の1人当たり費用も異なることが予期される。

　さて，わが国の保険業を取り巻く環境変化として，人口減少，とくに労働力
人口の減少や高齢化の進展が挙げられ，新規顧客獲得の量的拡大が困難になる
一方，老後資金や医療・介護保障へのニーズは増大している。また，（可処
分）所得の伸びの鈍化から，貯蓄率が高まることは期待できず，各種の年金貯
蓄が増加するだけで，高齢化にともなう金融資産の取崩しが進むことになる。
そこで，ライフステージにまたがる金融消費者や保険契約者との関係構築が大
切になり，これは「家計のメイン化」と称されている。その際には，つぎのよ
うな重点的な戦略を具体化していくことが望まれている[52]。それは，保険契約
者と縦（同一時点での深い関係性）と横（ライフステージを通じた関係性）の
リレーションを同時展開していくことである。

　まず，「家計のメイン化」の指標として，「資産残高・保険契約高」（ストッ
ク指標）と「資金取引量・保険料流入量」，「貸付残高・契約者貸付額」（フ
ロー指標）がある。両者の取引から得られたデータから金融消費者や保険契約
者をセグメント化し，個人属性を併せた顧客像をもとに的確な推進方法を検討

することになる。さらに，ライフステージごとに適切なコンタクトを取り情報を提供することで，フロー指標を増やし，結果的にストック指標も高めることが大事になってくる。とくに保険会社のCRMでは，顧客理解の向上の視点で，顧客データを集積しセグメント化し，ターゲットとなる顧客層やそのニーズを確認して組織一体的に推進活動を行うことが重要になる。ただし，個々の金融消費者や契約者へのアプローチや情報提供にも費用が掛かることになるので，こうした費用をデジタルマーケティングによって抑えることができれば収益性ないしLTVの増大にも寄与する[53]。

(3) LTV 活用を通じた家計のメイン化

　現在までに，金融機関や保険会社は家計のメイン化のための仕掛けや工夫を凝らしてきている。その具体的な取組みは顧客とのコンタクト方法の工夫，利便性の提供，コンサルティングの強化という３つの観点から整理できる。とくに，ライフイベント前後のコンタクトの拡充，時間や営業店舗にとらわれない金融・保険サービス利用のためのチャネル整備（オムニチャネル化），相談の場づくりと意思決定のサポート（コンシェルジェ機能），ポイント制の活用が有効である[54]。

　家計メイン化の具体的な工夫として，まずデジタルマーケティングを通じた顧客である契約者コンタクトの多様化と多角化がある[55]。家計のメイン化は給与振込みや年金受取りの獲得から始まる。法人取引が多い金融機関は職域を通じた推進を行っている。就職前の学生や大学生に対して，就職前のローンサービスの提供により認知度向上を図る。保険業でも，就職時や結婚時，そして出産時は大事なコンタクトポイントになる。住宅ローンの開始に際して，火災保険の他に住宅・家財関係の保険や賠償責任保険の購入促進も重要である。一方で人生後半の終活準備時点では医療・介護そして年金保険の加入を促すことも可能である。つぎに，デジタルマーケティングによる利便性向上である[56]。PCや携帯端末上のAPIを通じた保険口座では，インターネットでのやりとりにより深夜や土日などでも取引ができるメリットがある。保障内容の確認のほか，解約返戻金や契約者貸付けなどの利活用もできる。APIを通じた取引に対する手数料の優遇措置，ポイントの加算などが利便性だけでなく関係の継続に

も寄与する。

　第3に，コンサルティング機能の充実が重要な戦略となる[57]。ライフステージに応じた金融・保険商品の提供に加えて，消費者・契約者の生活設計やライフスタイルに応じた提案が満足度を高め関係継続に寄与する。住宅ローン（返済計画）や資産運用（リスク性資産の投資アドバイス），個人年金・変額年金保険の提供と税制のアドバイス，そして相続対策における相談業務が含まれる。相談の場として，機能特化型店舗（リアルとバーチャルの組合せ）や保険窓口（相談ブース），そして乗合型の代理店などが有望になる。加えて，IoTにより契約者のバイタルデータを活用して食事を含む生活習慣の改善提案ができれば，リレーションシップは強化される。

　これら3つの手法により顧客生涯価値を高め，長期的な関係性が構築できる。確かに，デジタルマーケティングは情報収集の可能性を広げ，時間コストも含めてより安価に情報収集できる利便性を高めることになる。これによって納得して契約することで解約行動を抑え，継続的な関係を構築できることになる。ただこうした情報収集の機会の拡充などによって，より利得を求める傾向が強まれば，欲求水準が高くなることで代替的な金融商品やより魅力的な保険商品に転換する可能性も同時に高まることになる。

　また，営業職員を通じた契約締結やインターネットを通じた契約であってもアフターケアが十分であれば，つまり属人的要素によって契約を継続することになり解約行動は抑えられる。これが不十分になれば，デジタルマーケティングの進展が，その分，解約率を高める危険性もある。つまり手軽な契約締結が手軽な解約行動につながるケースである。

　現実のストーリーはこのように簡単なものではなく，デジタルマーケティングが情報収集活動を促進し，情報量が増えたとしても，それを適切に処理できる力も必要になってくる。そのためにこそ金融や保険のリテラシー教育が大切になるものの，現状ではその程度の格差は大きく一律に引き上げることは容易ではない。そこで契約者個々の情報量とその処理能力に応じた個別対応が不可避になり，契約プロセスにおける適合性原則への配慮を欠くことはできない。それは心理面でも時間面でも，営業職員の負担になってくる。

　そこで契約プロセスのなかで，一方的な情報提供ではなく，ある種の学習機

会を提供する来店型の保険ショップのニーズも高まることになる。また専属の営業職員ベースでも，他者の保険商品や代替的な金融商品との比較機会を与えるなど，（潜在的）契約者の段階的な理解度を確かめながら，極力主体的な契約締結態度を促すことが大事になってくる。それが契約者の満足度と継続的な関係性につながる。併せて，来店型保険ショップの台頭を１つの契機として捉えて，デジタルマーケティングとどのように組み合わせるのか，明確な方針や販売戦略を打ち出さなければならない。

補論　LTV の効果に関する検証

４つの仮説

　従来から，契約者との関係性強化による事業収益への影響は明確ではなかった。今後はLTVの概念を活用してそれを可視化することが不可欠である。その際には，下記仮説１から４を契約者データから検証することによって，つまり保険業においてLTVを高める契約の継続率を規定する要因を考えることでより良い関係性を構築すべきである。そして，デジタルマーケティングの有効性を高め，契約者との関係性をさらに強化することでLTVを引き上げる発想が重要になる。

仮説１：事前にインターネットで資料を検索し，またクチコミなどで多くの情報を収集する契約者や，複数の保険商品・保険会社を比較することで加入した契約者はそれだけ納得して選択しているために，満足度も高く解約率や契約の転換率は低く保険会社と長期的な関係性を育んでいる。

仮説２：保険契約に積極的に利得を求める場合，たとえば安い掛金，高利回りや高い利便性を求める契約者は，明確なメリットを感じて契約しており，それだけ満足度も高く解約率や契約の転換率も低くなる。しかし一方で，それが実現できない場合には，満足度は低下し解約行動に至る危険性もある。

> **仮説3**：加入方法について，営業職員か保険代理店・来店型保険ショップ，そしてインターネットを通じた契約であるかによって，解約率や契約の転換率の相違がある。それは，加入チャネルごとに契約者属性が異なることにもよる。

> **仮説4**：生命保険に関する知識の程度によって契約締結プロセスにおける情報収集活動が異なり，その結果として契約者の満足度や解約行動に影響を及ぼす。

仮説の検証

　以下ではここで取り上げる4つの仮説を生命保険文化センター（2015）「生命保険に関する全国実態調査」により検証する（以下，「実態調査」）。この調査は世帯員2人以上の世帯を対象に，全国400ヵ所で行う大規模な生命保険等の加入実態を調査するものである。調査方法は調査員（日本リサーチセンター）が訪問して調査用紙を取り置いて後に回収する留置調査であり，1965（昭和40）年から3年ごとに実施されている。主な調査項目は，①民間生命保険，かんぽ生命，JA，県民共済・生協などの生命保険の世帯と世帯員の加入状況，②個人年金保険・年金型商品の加入状況，③特定保障機能や特約の加入状況，④直近加入の生命保険に関する加入目的や加入経路，⑤民間生命保険の解約・失効状況，⑥加入保障内容の充足感，⑦生活保障に関する考え方，⑧生命保険の今後の加入意向，である。ここでは，①，④，⑤そして⑥に注目する。

仮説1

　まず**仮説1**について，「実態調査」の問3にある民間の生命保険加入金額等のうち，（3−14）では加入時点の他の金融・保険商品との比較状況が質問されており，他の生命保険と比較した割合は24.7％，他の金融商品との比較割合は0.9％，そしてとくに比較はしなかった割合は69.6％となっている。これと問

13の（13−1）の過去3年間に解約をした契約者の割合11.2％（解約していない契約者割合87.2％）との関連性をみると，比較をした契約者の方が統計的有意に解約した割合が高くなっている（**分析結果1**）。これは残念ながら仮説に反する結果である。今回用いた調査が2015年度のものであり，2018年は比較しなかった割合は66.7％，2021年は67.7％と減少しているものの大きな変化はない。そのために調査年度を新しくしたとしても，加入時に比較検討したことが必ずしも納得性を高めることや契約の継続にはつながっていない。なお一元配置分散分析による平均値の差の検定を実施した結果は**分析結果1**に示されている。分析では，「比較した契約者は1」，「そうでない契約者は0」，「3年間の間に解約した契約者を1」，「そうでない契約者を0」としている。平均値比較から，比較検討を行った契約者の方が解約率が高く，有意確率（両側）が0に近いことから，その差は統計的に有意であることが示される。

　ただし，これには2つの解釈が可能である。1つは，比較検討する属性を持つ（潜在的）契約者は常に有利な契約（金融・保険商品）を求めており，解約のペナルティーを考えても，より魅力的な保険商品等に乗り換える積極的かつ能動的な属性を有すると考えることである。もう1つは，保険会社のHPや請求した資料などで検討は繰り返すものの，それが必ずしも最も望ましい商品選択に結実していない可能性である。その意味では保険商品が複雑であり，情報

分析結果1：契約者による解約行動の相違

	サンプル数	解約経験を1，未経験を0としたときの平均値	標準偏差	解約経験の平均値の差に関するt値と有意確率
生命保険商品間の比較をした契約者	316	0.28	0.452	5.866***
生命保険商品間の比較をしなかった契約者	856	0.14	0.346	0.000
金融商品間の比較をした契約者	1162	0.18	0.384	11.840***
金融商品間の比較をしなかった契約者	2661	0.06	0.236	0.000
何らかの比較をした契約者	1172	0.18	0.383	11.690***
全く比較をしなかった契約者	2651	0.06	0.237	0.000

＊分析結果1の有意確率（両側）の数値が0に近いほど，比較をする契約者とそうでない契約者の解約行動が相違することを示している。また＊の数が多いほど，その有意性が高いことを示す。以下同じ。

分析結果2：契約者による満足度の程度

	チャネル満足度との相関係数（有意確率）	商品満足度との相関係数	サービス満足度との相関係数
生命保険商品間の比較をした契約者	0.830（0.004）	1.000（0.001）	0.860（0.003）
金融商品間の比較をした契約者	△0.001（0.967）	0.002（0.959）	△0.004（0.903）

＊分析結果2の有意確率（両側）の数値が0に近いほど，比較をする契約者の満足度が高いことを示している。なお，問3の質問では，1．満足，2．やや満足，3．やや不満，4．不満，となっているが数値化では「1．満足，2．やや満足」を合わせて満足の意味で1，「3．やや不満，4．不満」を合わせて不満の意味で0としている。また△はマイナスの符号を表す。以下同じ。

があってもなおそれを上手く処理できないことが考えられる。ただこの点については，比較検討する契約者の保険に関する知識レベルが相対的に高いこともこの調査から確認できるので，前者の可能性の方が高いかもしれない。一方で**分析結果2**からもわかるように，金融商品との比較をした契約者が問3のうちのチャネル満足度（3－19），商品満足度（3－21），サービス満足度（3－22）などにある満足度が必ずしも高くないものの，保険商品比較をした契約者はいずれも統計的有意に満足度が高くなっている。こうしたことから，比較検討する契約者は保険会社との契約継続性にかかわらず，主体的に契約することで高い満足度を得ていることになる。

　併せて，問13の解約や失効について，（13－6）では「他の生命保険への切り替え」，「契約の転換」理由を聞いているが，生活環境やニーズ変化に合わせて合理的に選択していることがうかがわれる。

仮説2

　仮説2は保険契約に安い保険料，高利回りや高い利便性などの明確な利得を求める契約者は，より求める利得に沿った保険商品を選択しており，その分満足度も高く，解約率や契約の転換率も低くなることを想定するものである。ただし，それが実現できない場合には，満足度は低下し解約行動に至る危険性もある。

　分析結果3を参考にすれば，利得を求める契約者のなかで低コストを評価するものについてはそうでない契約者との解約行動に相違はない。一方で，高利回りや利便性を求める契約者は統計的有意に解約率が高くなっている。こうしたことから，積極的に利得を求める契約者が必ずしも商品内容などに納得して

加入しているわけでないことがわかる。それは，**分析結果4**にある満足度との関係からも見て取れる。一部に利得を求める契約者が高い満足度を示している項目もあるものの，必ずしも契約継続から高い満足度を得ているわけではないことが理解される。

分析結果3：利得を求める契約者による解約行動

	サンプル数	解約経験を1，未経験を0としたときの平均値	標準偏差	解約経験の平均値の差に関するt値と有意確率
低コストを加入時の評価ポイントとした契約者	50	0.14	0.351	△0.723
それ以外の契約者	1122	0.18	0.384	0.470
高利回りを評価ポイントとした契約者	32	0.31	0.471	2.012*
それ以外の契約者	1140	0.17	0.380	0.044
利便性を評価ポイントとした契約者	13	0.38	0.506	1.955*
それ以外の契約者	1159	0.18	0.381	0.051

分析結果4：契約者による満足度の程度

	チャネル満足度との相関係数（有意確率）	商品満足度との相関係数	サービス満足度との相関係数
低コストを加入時の評価ポイントとした契約者	0.550 (0.057)	0.080(0.793)	0.180 (0.529)
高利回りを評価ポイントとした契約者	0.400 (0.170)	0.340(0.242)	0.600 (0.039)
利便性を評価ポイントとした契約者	△0.140 (0.623)	△0.040(0.884)	0.001 (0.965)

仮説3

　仮説3では加入方法について，営業職員か保険代理店・来店型保険ショップ，そしてインターネットを通じた契約であるかによって，解約率や契約の転換率の相違があると想定した。この点について問3の（3－17）では加入ないし契約の締結方法が問われている。1から19までの選択肢があるものの，「1　家庭に来る生命保険会社の営業職員」と「2　職場に来る生命保険会社の営業職員」がそれぞれ47.5％と12.0％で1割を超えている。それ以外は，「3　通信販売（インターネットを通じて）」と「4　通信販売（テレビ・新聞・雑誌などを通じて）」がそれぞれ，2.2％と3.4％，「11　保険代理店（来店型保険ショッ

プなど）」，「12　保険代理店」が，4.7％と9.0％になっている。なお，2015年以降，2018年と2021年の調査では，1と2の合計値は59.5％から，53.7％，55.7％と減少傾向にある。これに対して，通信販売は5.6％から，6.5％，6.4％と微増で，保険代理店も13.7％から17.8％，15.3％とやはり微増である。このように販売チャネルには大きな変動はないといえる。なお，契約締結方法ごとの平均解約率は，営業職員で0.16，保険代理店で0.25，インターネット・通信販売で0.22となっている。

　分析結果５－１と５－２は販売チャネルごとの満足度を，保険商品，全般的サービス，そしてチャネルに分けて，その平均値を比較したものである。表をみるとわかるように，販売チャネルごとに満足度の大きな変化はない。それぞれが自らに適した販売チャネルを通じて契約している結果と思われる。

　ただ一方で，販売チャネルではなく，加入の際のポイントで比較すると満足度に大きな相違がみられる。まず各販売チャネルで，契約時の評価ポイントはどのように異なるのであろうか。**分析結果６**をみると，その平均値が大きいほ

分析結果５－１：契約締結方法ごとの満足度(1)

	契約締結方法	N	平均値	標準偏差	満足度の平均値の差に関するｔ値と有意確率
商品満足度	営業職員	508	3.08	0.568	1.055
	保険代理店	124	3.02	0.591	0.292
サービス満足度	営業職員	508	3.06	0.585	0.563
	保険代理店	124	3.02	0.577	0.574
チャネル満足度	営業職員	508	3.15	0.604	0.735
	保険代理店	124	3.10	0.586	0.463

分析結果５－２：契約締結方法ごとの満足度(2)

	契約締結方法	N	平均値	標準偏差	満足度の平均値の差に関するｔ値と有意確率
商品満足度	営業職員	508	3.08	0.568	△0.188
	インターネット	39	3.10	0.641	0.851
サービス満足度	営業職員	508	3.06	0.585	△0.729
	インターネット	39	3.13	0.615	0.466
チャネル満足度	営業職員	508	3.15	0.604	△0.043
	インターネット	39	3.15	0.670	0.966

分析結果６：締結方法ごとの評価ポイントの相違

		商品性評価	低コスト評価	高利回り評価	営業職員評価	サービス評価	利便性評価	会社評価	口コミ評価
営業職員	平均値	.33	.04	.02	.30	.03	.00	.02	.11
	度数	644	644	644	644	644	644	644	644
	標準偏差	.472	.190	.146	.459	.178	.039	.141	.317
来店型含む代理店	平均値	.55	.04	.04	.24	.07	.00	.05	.08
	度数	213	213	213	213	213	213	213	213
	標準偏差	.498	.191	.191	.428	.256	.069	.212	.279
インターネットなど	平均値	.44	.00	.01	.04	.01	.13	.21	.03
	度数	78	78	78	78	78	78	78	78
	標準偏差	.499	.000	.113	.194	.113	.336	.406	.159
その他	平均値	.40	.07	.04	.18	.03	.00	.02	.14
	度数	265	265	265	265	265	265	265	265
	標準偏差	.490	.252	.191	.389	.161	.061	.122	.347
合計	平均値	.39	.04	.03	.25	.04	.01	.04	.11
	度数	1200	1200	1200	1200	1200	1200	1200	1200
	標準偏差	.489	.200	.164	.432	.188	.104	.186	.311

ど，当該評価ポイントを重視していることになる。加入が営業職員や保険代理店を通じての場合には，商品性と口コミを重視している。これに対してインターネットなどを通じた通信販売では，商品性以外に，利便性や会社評価を重視しており，明らかな相違がみられる。このように，加入するチャネルによって重視するポイントが相違するのであり，販売チャネルの多様化により契約者個々に適した契約手段が選択されていることがわかる。

　しかし残念ながら，評価ポイントによって満足度は大きく異なる。「低コスト」，「高利回り」，「利便性」，「会社評価」そして「口コミ」を重視して加入しても，それ以外の契約者と満足度に差はない。これに対して，「商品性」や「サービス内容」をよく吟味して加入した契約者は，そうでない契約者に比べて満足度がかなり高い。もちろんこれには保険の基礎的な知識やリテラシーが関連すると思われるが，少なくとも契約内容を深く理解したうえで加入した契約者の満足度は高くなっている。

　さらに，調査内容にある加入動機の営業職員関連の質問項目には，「１．営業職員が親身になって説明してくれたので」，「２．営業職員が知り合いだった

分析結果7－1：「説明の丁寧さ」による満足度の相違

	営業職員の 評価ポイント（1）	N	平均値	標準偏差	満足度の平均値の差に 関するt値と有意確率
商品満足度	評価する	294	3.17	0.561	2.615**
	評価しない	881	3.07	0.559	0.009
サービス満足度	評価する	293	3.16	0.570	3.008**
	評価しない	880	3.04	0.573	0.003
チャネル満足度	評価する	294	3.26	0.581	3.334**
	評価しない	897	3.13	0.615	0.001

分析結果7－2：「旧知であること」による満足度の相違

	営業職員の 評価ポイント（2）	N	平均値	標準偏差	満足度の平均値の差に 関するt値と有意確率
商品満足度	評価する	167	3.07	0.612	△0.838
	評価しない	1021	3.11	0.552	0.402
サービス満足度	評価する	167	3.05	0.614	△0.389
	評価しない	1006	3.07	0.568	0.697
チャネル満足度	評価する	170	3.16	0.631	△0.120
	評価しない	1021	3.16	0.606	0.905

分析結果7－3：「以前の担当であること」による満足度の相違

	営業職員の 評価ポイント（3）	N	平均値	標準偏差	満足度の平均値の差に 関するt値と有意確率
商品満足度	評価する	174	3.01	0.499	△2.395*
	評価しない	1001	3.12	0.570	0.017
サービス満足度	評価する	174	2.98	0.526	△2.317*
	評価しない	999	3.09	0.581	0.021
チャネル満足度	評価する	174	3.04	0.583	△2.803*
	評価しない	1017	3.18	0.612	0.005

ので」，「3．以前加入したことのある営業職員だったので」とあるが，2や3では満足度が高くないのに対して，1では満足度が非常に高くなっている。とくに3のケースでは統計的有意に満足度は低下している。そこで，営業職員による契約者の実状に即した丁寧な説明が満足度につながることになる。逆に以前の担当者による重ね売りには満足していない（**分析結果7－1，7－2，7－3を参照のこと**）。

仮説4

　まず，アンケート対象全体のなかで，問15で生命保険の知識程度が問われており，「十分に知識がある」5.9％，「やや知識がある」24.9％，「ほとんど知識がない」38.9％，「知識がない」28.7％，となっている。こうした割合は直近でも大きく変化していない。

　また**分析結果8・9**から保険知識の有無による解約行動の相違が示されている。分析結果からわかるように，明らかに保険知識が豊富な方が解約率は高くなっている。情報量との相関と同様に，保険知識が高い方が機動的に，ないしはより有利な保険商品を購入することを目指している。

　つぎに，**分析結果10**は保険知識の豊富な契約者の個人属性や保険商品等の評価ポイントを示している。統計的な有意性がある重要な項目として，保険知識が豊富な層がより加入時点の比較を行っていることがわかる。また，営業職員による懇切丁寧な説明などに重きを置くことなく，利便性や保険会社の健全性やブランド，そして口コミも評価している。そのために，知識が豊富な契約者には営業職員が時間をかけて説明することもそれほど重要ではなく，対象に応じてその内容を変えることも大事になる。何より，保険知識が豊富な層は全

分析結果8：契約者の保険知識に応じた解約行動

	サンプル数	平均値	標準偏差
保険知識あり	224	0.14	0.346
やや保険知識あり	951	0.11	0.316
保険知識あまりなし	1486	0.10	0.294
保険知識なし	1099	0.07	0.261
不明	63	0.10	0.296
合計	3823	0.10	0.295

分析結果9：契約者の保険知識に応じた解約行動の相違

	サンプル数	解約経験を1，未経験を0としたときの平均値	標準偏差	解約経験の平均値の差に関するt値と有意確率
保険知識あり	1175	0.12	0.322	3.011***
保険知識なし	2585	0.09	0.281	0.003

分析結果10：保険知識の有無による満足度の相違

	保険知識の有無	N	平均値	標準偏差	保険知識の有無による平均値の差に関するt値と有意確率
生命保険の比較	保険知識あり	427	.33	.470	3.350**
	保険知識なし	752	.24	.426	0.001
金融商品との比較	保険知識あり	1215	.35	.478	4.529***
	保険知識なし	2654	.28	.449	0.000
商品性評価	保険知識あり	427	.48	.500	4.477***
	保険知識なし	752	.35	.477	0.000
低コスト評価	保険知識あり	427	.07	.264	4.205***
	保険知識なし	752	.02	.153	0.000
高利回り評価	保険知識あり	427	.03	.178	0.752
	保険知識なし	752	.03	.157	0.452
営業職員評価1	保険知識あり	427	.25	.433	0.136
	保険知識なし	752	.24	.430	0.892
営業職員評価2	保険知識あり	427	.12	.327	△1.592
	保険知識なし	752	.16	.363	0.112
営業職員評価3	保険知識あり	427	.12	.330	△1.770*
	保険知識なし	752	.16	.369	0.770
サービス評価	保険知識あり	427	.04	.184	△0.299
	保険知識なし	752	.04	.193	0.765
利便性評価	保険知識あり	427	.01	.084	△0.991
	保険知識なし	752	.01	.115	0.322
会社評価1 （契約者への対応）	保険知識あり	427	.03	.165	△1.155
	保険知識なし	752	.04	.199	0.248
会社評価2 （情報提供手段）	保険知識あり	427	.10	.295	1.124
	保険知識なし	752	.08	.267	0.261
会社評価3 （保険金支払能力）	保険知識あり	427	.05	.212	△1.028
	保険知識なし	752	.06	.240	0.304
口コミ評価	保険知識あり	427	.08	.278	△2.083*
	保険知識なし	752	.12	.329	0.037
チャネル満足度	保険知識あり	426	3.33	.578	7.155***
	保険知識なし	746	3.07	.601	0.000
商品満足度	保険知識あり	422	3.23	.564	6.114***
	保険知識なし	736	3.03	.545	0.000
サービス満足度	保険知識あり	421	3.19	.574	5.175***
	保険知識なし	736	3.01	.564	0.000

ての満足度が高く，それだけ自身の生活状況やニーズに即した意思決定をしていることになる。

●注───────────────────────────────

1　「ITが普及し始めてから現在までの約20年間にわたるデジタル革命は，ネット上のウェブデータが主役だった。ウェブ閲覧履歴，ウェブ購買履歴，画像・動画データ，SNSの個人関連データなどが情報爆発をもたらし，これらのウェブデータをうまく集めた企業が競争優位に立つことができた。」(森川（2019），1頁)。「しかしいま，リアルな世界からデータを集める動きが様々な領域で活発になりつつある。それを可能としたのが，情報通信技術（ICT）の進展だ。無線通信，センサー，クラウドなどの技術が成熟し，あらゆるモノが低コストでネットに接続されるようになった。つまり，アナログ情報をデジタル化するためのインフラが整ったということだ。そして，データの収集・活用を支える強力なツールとなっているのがIoTやAIである。」(森川（2019），2頁)。「データ・ドリブン・エコノミー（データ駆動型経済）とは，リアルな世界から集めたデータが新たな価値を生み出し，あらゆる企業・産業・社会を変革していく一連の経済活動を指す。収集したデータは，クラウドなどのデータベースに蓄積されてビッグデータになる。そのビッグデータを分析・解析し，現実世界へフィードバックするためのツールとなるのがAIだ。企業や自治体などの組織では，こうしてフィードバックされた知見をもとに意思決定を行い，組織にとって最適な活動につなげていく。」(森川（2019），2-3頁)。

2　一方で，インシュアテックが契約者利益を毀損する側面があるとし，その態様を見極めることで，保険規制や業界の自己規律を通じて負の影響を最小限に留めることも，また重要になってくる。つまり，インシュアテック時代に合わせた保険規制のあり方も重要な課題となる。

3　井上（2019），115-117頁，および，井上（2018），188頁。

4　井上（2019），121-122頁。

5　伊神（2018）の第2章に「共喰い」現象として整理されている。

6　井上（2018），189頁。

7　金融イノベーションの歴史，すなわち〈コンピュータ化→金融数理高度化・金融工学の隆盛→（リーマンショック）→フィンテック〉の潮流については，幸田（2018），83頁を参照のこと。

8　横手（2015），76頁。

9　三菱総合研究所編（2016），47-48頁。センサーや無線通信技術を使って，今まで取れなかった現場のデータがとれるようになったためであり，豊富なリアルデータを入手できる環境が整いつつある。現場の創意工夫によって，リアルな世界のあらゆるモノをデータ化し，経営改善や変革につなげることができるようになってきた。IoTによって，靴でい

えばサイズや色といったデータだけでなく，履き方や履き心地，靴底のすり減り具合といった情報も収集できることになる。

10　三菱総合研究所編（2016），10−11頁，24−26頁。CXはCustomer Experienceの略語。

11　三菱総合研究所編（2016），24−26頁。

12　井上（2018），221−234頁。

13　井上（2018），221−234頁。ただし，これらは金融商品取引法上の集団投資スキームにあたるとして規制がかけられている。別にはクラウド・ファンディング，ソーシャル・レンディング（P2Pレンディング）そしてICOにも期待がかかる。

14　井上（2018），221−234頁，および，IAIS（2017），p.35.

15　「ウェアラブルセンサーやネットワークにつながる各種測定機器・ディバイスの出現により，リアルタイムや日々の健康状態の測定が可能となり，それらを蓄積・分析できるウェブサービスが登場しています。これらは，センサーや測定機器ごとのプラットフォーム（クラウド）から，個人レベルにデータ統合することで，具体的には体重・体脂肪計，血圧・脈拍，活動量，睡眠時間などから，活動地域・領域（気温・湿度），食事やサプリまでをデータ化することで，総合的な健康診断ができるようになる。」（森川（2019），64頁）。「日常の身体状況を含めライフログなどのヘルスケアデータ・プラットフォームが構築されると，そのデータ分析により，個人別のリコメンデーション・メニューの作成が可能になり，そこから各種の財やサービスを適切に選択することができる。」（同68頁）。

16　牧田（2018），35−36頁。デジタルマーケティングでは，従来型マーケットのターゲッティング（デモグラフィック，ジオグラフィック，サイコグラフィックの複合アプローチ）から行動セグメントへ移行することになる。インターネット上で消費者（顧客・契約者）の行動は，その使用しているブラウザを疑似的に消費者と見做しながら，どのサイトを経由して，どう行動しているかを詳細に把握する。消費者を興味，関心の軸で絞り込もうとするのが行動セグメントであり，近時はこれにリアル行動プロモーションが加味されている（135−136頁）。ただし保険取引では，こうした行動は潜在的であり顕在化はしないので注意が必要である。なお，従来型のマーケティングの認知促進は，企業が新製品を出したタイミングで行われる企業勝手の方法である。デジタルマーケティングでは，消費者起点，消費者都合のプロモーションを行えるところに特徴がある（141頁）。この点についても，保険商品で当てはまる部分は少ないといえる。保険契約に至るプロセスはAISAS；Attention⇒Interest ⇒ Search ⇒ Action ⇒ Shareとされている（井上（2015），9頁）。

17　牧田（2018），37−38頁。

18　牧田（2018），35−36頁。

19　既存契約者のうち，保険会社や担当職員との継続的なコンタクトはほとんどみられない一方で，コンタクトを望んでいる契約者も存在している。そこで，オムニチャネル化⇒双方向コミュニケーションの向上⇒顧客満足度，ロイヤリティ，そしてエンゲイジメントの上昇，以上のリンクが生じることになる。また，身体に身に着けるディバイス（腕時計や

眼鏡など）による健康意識の向上や取引履歴に基づくレコメンドの推奨など，ICTやAIによりリレーションシップは向上する。それにより，より簡素でわかり易い約款の改定やカスタマイズされた商品・サービスを提供できることになる。併せて，ペーパーレス化によりウェブ上で申込みや認証も実現し，保険料の徴収や保険金の支払い請求もオンライン上で完結する。そのためにもチャットサービスやスマートコントラクトによる支援が重要になる。

20　マルチチャネルとは，消費者とチャネルの接点がリアル店舗やECチャネルなど複数のケースである。特徴として，それぞれのチャネルで分離，独立して顧客管理をしていたり，サービス内容が異なっていたりすることが挙げられる（牧田（2018），107頁）。これに対してクロスチャネルとは，マルチチャネルのサプライチェーンを統合して，在庫管理を一元化する一方で，ECチャネルで注文した製品をリアル店舗で受け取れるなど，利便性を高める仕組みである（109頁）。一方でオムニチャネルは，情報共有の範囲と深さの程度で，従来のマルチチャネルとは異なることになる。マルチチャネルは顧客接点を増やすにすぎない。オムニチャネルでは顧客データが統一されるだけでなく，どのチャネルであっても等しく同一消費者と認識され，シームレスの統合的なサービスが提供される。また，時系列でみてアクセスポイントが相違するとしても，消費者の嗜好変化や利便性を感じるサービス提供のあり方が変化したことを読み取ることができる。取引履歴や生活環境変化に応じてコミットメントを高めることも可能になる。

21　牧田（2018），173頁。デジタルマーケティングでは部門の壁を破り，セクショナリズムを排除する必要があるものの，部門間の連携が増えれば増えるほど，それぞれの部門の利害は対立する。その衝突を解決するために，デジタルマーケティングの根本目標や哲学を語ることが有効になる。それにより関係部署のメンバーに理解させ，価値観の部門間の共有化が大切になる。そのためには，こうした成果を可視化する仕組みが必要になってくる（184頁）。また，デジタルマーケティングは（従来型）マーケティング部門だけでなく，サプライチェーン部門，ロジスティックス部門，システム部門，研究開発部門，営業部門とが一体となって行う企業活動である。そのため，大企業であるほど，部門の壁，敷居が高く，それを取り払って協働することが難しいことになる。逆に，中小企業や新興企業にチャンスが生まれる。

22　牧田（2018），101頁。なお，39-40頁によれば「インターネット上の様々なサーバーに蓄積されるビッグデータや自社サイトのログインデータなどを一元管理し，そしてそれを分析して，広告配信を行う場をデータ・マネジメント・プラットフォーム（DMP）と呼ぶ。セグメンテーションやターゲティングをデータドリブンで行う特徴があるものの，顧客心理の理解から行うのではなく，ネット上の行動履歴から行うことに限界がある。顧客理解には行動と心理があり，デジタルデータは人間の心理を取り入れることができず行動にしか依存することができない」。とくに，センサーによって店舗内の動線や目線を追跡することで，特定商品を購入した場合とそうでない場合の行動の相違がわかる。こうした動線

の違いによってそのときの消費者の購買意欲の程度がわかれば，状況に応じてどの程度強く推奨することが消費者にとって不快でないかを判断することができる。つまり，デジタルマーケティングは消費者をより深く理解することを可能とするのである。

23　牧田（2018），80－81頁。

24　村上（2008），58－59頁では，市場の成熟化と消費者の成熟化があいまって，関係性を大切にするパラダイムシフトが生じたとする。マーケティング手法において，消費者との関係性強化が取り上げられる背景には，「市場の成熟化」と「消費者の成熟化」がある。一般の財・サービス市場では，市場の成熟化や飽和化は，新規消費者の減少や消費者の経験値の増大と捉えられる。耐久消費財では繰り返し購入を促すことが必要であるし，また関連する財やサービスを購入してもらうことで囲い込みを図ることも不可避になる。関係性のあり方が重視されるとともに，消費者の捉え方も単発的な取引相手ではなく，一人ひとりを企業の重要なステークホルダーとして位置付けることにもなる。

25　久保田（2012），139頁。経営理論におけるRBV（資源ベース・ビュー）と称される。魅力的な製品やサービスを生み出す力には，目にみえない知識やノウハウもあれば特殊な設備や装置もある。これらはいずれも経営資源の一種である。優れた資源について論じることでリレーションシップ・マーケティングに影響を与えた研究潮流に競争戦略論の一種である資源ベース・ビューがある。RBVでは企業の持つ資源や能力の異質性に着目することで，企業行動やその成果を説明しようとする。

26　久保田（2012），109頁。関係終結コスト＝現在の関係を終結することと，代替的パートナーが欠乏していると感じられることから発生する損失，関係の解消にともなう支出，実質的なスイッチング・コストなどである。

27　久保田（2012），130頁。たとえば，行きつけの理容室や美容室ではいちいち細かくオーダーする必要がない。担当の理容師や美容師が好みの髪型を理解しているからである。このような顧客の好みに関する知識は，理容師や美容師にとって資源といえる。関係特定的資源には，顧客学習によって形成される知識だけでなく，性向や属性など細部の個人情報がある。また，関係特定的資源は売り手だけでなく，買い手にも形成される。たとえば，予約の仕方や混雑しやすい日時など，その理容師や美容室に特有の知識を持つことで交換関係はより円滑になる。

28　久保田（2012），134－135頁。

29　機会主義的な行動の分類について，隠れて行われる行動とそうでない行動，事前的な機会主義と事後的な機会主義の分類が重要になる。ここでは，情報の非対称性が原因となる隠れて行われる行動のみを取り上げる。隠れて行われる事前的な機会主義は契約を締結する前に情報操作が行われることである。それは隠された情報とされ，保険取引では逆選択などがある。一方，隠れて行われる事後的な機会主義的行動は，モラル・ハザードの典型例である。

30　久保田（2012），150頁。

31　久保田（2012），181頁。

32　生命保険，損害保険を問わず，AIなどの先進技術により継続的な関係性が深まる可能性について，細田（2020）「第 1 章　危険データ連動型保険」にくわしい記述がある。

33　久保田（2012），194頁。

34　ポイント制とは年金払込自動受取りや公共料金の自動支払い・口座引落しなどの取引をポイント換算して，その合計ポイントに対して優遇措置や特典を付与するものである。それを通じて取引の拡大と継続化を目論む。特典としては，ATM時間外取引の手数料無料化や割引などがある。一度特典を失うとつぎにつなげるインセンティブが失せてしまうことが問題になる。またステージごとに特典を継続することや，フローの多い有望層へのサービス継続もありえる。こうした特典の有無によって当該金融機関との心理的距離に遠近が生じる。ポイント制の活用では，フローの多い層，ストックの多い層，ポイント還元に固執する層などのターゲットを絞り込み有効活用することが重要になる。また還元方法も対象別に工夫することも考えられる。ここでもデジタルマーケティングによる契約者の類型化が有効になる（渡部・田口（2010），180頁）。

35　久保田（2012），239頁。

36　久保田（2012），225頁。こうした会社のアイデンティティ確立には，ソーシャルマーケティングも役立つ。金融機関や保険会社のリレーションシップ・マーケティングは進化を遂げソーシャルマーケティングの形をとるものもある。たとえば，フィリップ・コトラーの提唱したコミュニティ形成プログラムの実践である。「コミュニティ形成プログラム」への誘いなどは，当初は時間や労力がかかるとしても関係性強化の有効性は高い。とくに，世帯単位で顧客データを整備し，世帯単位で関係性を構築できるイベントやセミナー開催などは世帯単位の家計メイン化につながる。保険会社は，近年，地方自治体と地域包括的連携協定を締結しているが，これも身近な地域におけるソーシャルマーケティングの一環である。経営戦略にSDGsを取り込むこともこの延長線上にある。

37　ジェフリー（2019）の第 6 章を参考にまとめている。

38　村上（2008），61頁。

39　LTVと同様の概念としてカスタマー・エクイティがある。それはつぎのように数値化される。［カスタマー・エクイティ＝顧客生涯価値＝顧客獲得×顧客維持（買換え，グレードアップ）×顧客への追加販売（クロス・セーリング）］。また単純ではあるものの顧客維持率も 1 つの指標である。

40　そのために個人に対する尊重や行き届いたサービスが前提条件である。

41　ヒューズ（1999），62頁。これ以外にも顧客生涯価値の定義はあるものの，いずれも顧客関係の継続を前提に，単年度の収益を合計したものを割引現在価値に引き戻して数値化している（村上（2008），66頁）。

42　ヒューズ（1999），11-13頁。

43　ヒューズ（1999），29頁。

44　ヒューズ（1999），36頁。なお，時間コストとストレスコストの軽減は満足度向上につ
　　ながる。

45　ヒューズ（1999），73頁。企業が売りに出されるとき，買い手は企業への好意に対価の
　　大部分を支払う。好意とはその企業が何年もかけて培ってきた顧客基盤の価値である。
　　LTVは既存顧客によって示される好意の価値を計量化する方法でもある（市場での投票行
　　動を誘引する基盤でもある）。顧客こそがビジネスを存続させるCFを提供する。ここで
　　LTVの計算手順を整理しておくと，まず，顧客データベースを活用して母集団ごとに顧客
　　維持率を算出する。つぎに，新規顧客の獲得と顧客の維持のために必要となった費用を見
　　積もるとともに年度ごとの売上げ（総利潤・利益）を求める。一定期間を決めて，売上げ
　　から費用を差し引いた純利潤・利益を年度ごとに算出しリスク要因を勘案して割引現在価
　　値（NPV）に引き戻す。この数値がLTVであり，その後にこの数値に影響を及ぼす要因を
　　用いて感応度を分析しシミュレーションを行うことになる。

46　ヒューズ（1999），82頁。

47　ヒューズ（1999），82-85頁。

48　ヒューズ（1999），296頁。「決済口座」，「預金口座」，「住宅ローン」，「自動車ローン」，
　　「金融・投資商品」，「税制優遇付き年金資産」，「保険資産」などの多種多様なデータがある。
　　ただし，データの統合とフォーマット化による個人および世帯単位管理，そして顧客・契
　　約者情報ファイルの作成には課題も残している。とくに，各商品は別々に管理されており
　　「住宅ローン」と「自動車ローン」の決済口座が別々のケースもある。そこで，口座・商
　　品ベースでない顧客個人のデータベースが必要になる。それが個人の場合も家族の場合も
　　ある。また，個人属性情報の更新やメンテナンスも大切である。それには，情報システム
　　部門とマーケティング部門間で，データ管理やその活用方法に関して対立や衝突，主導権
　　争いが起きるので，それを解消しなければならない。保険業では，営業職員や支店ベース
　　で契約者データが滞留している場合もある。

49　ヒューズ（1999），302-305頁。保険会社が利益を上げることで，それを契約者配当な
　　どで短期的に還元することも，イノベーション投資などによって長期的に還元することも
　　できる。

50　石田（1994），46-48頁。「生命保険ニーズの認識は，人によってその程度は異なるが，
　　大別してふたつのケースが考えられる。ひとつは，ニーズの認識が内部から自然に発生す
　　る場合で，結婚・出産・就職などの際に生命保険の必要性を強く感じるようなケースであ
　　る。他のひとつは，マスコミなどの情報により，外部的な刺激に反応し，環境要因によっ
　　て影響されて，徐々に認識が進み，生命保険の必要性を感じる場合である。」，「生命保険
　　における経済的保障欲求が，社会階層や会社，準拠団体などの社会的環境による影響を受
　　けた，もしくは教育水準が高い消費者の内部から発生し，これが何らかの誘因によって，
　　その後に，外部からの強力な誘因によって保険需要となる場合もある」。

51　石田（1994），54頁。たとえば，以下のように個人属性は区分される。①楽観タイプ（キ

リギリス派）と悲観タイプ（アリ派），②自己責任タイプ（アリ派）と他人依存タイプ（キリギリス派），③経済優先タイプ（アリ派）と精神重視タイプ（キリギリス派），④社交的タイプ（キリギリス派）と消極的タイプ（アリ派），⑤家庭的タイプ（アリ派）と自主独立タイプ・勝手気ままタイプ（キリギリス派），⑥主体的タイプ（アリ派）と受動的タイプ（キリギリス派），⑦進取タイプ（キリギリス派）と保守派タイプ（アリ派），である。

　ただしこうしたプロセスは個人属性によって大きく変化する。それは個人属性によってリスク認知度や時間選好率も異なるからである。

　（１）生活環境変化や事故発生などの理由でリスク認知が高まったときに，必要な情報を収集する（内発的動機）。［リスク認知→保険に関する情報収集，収集した情報の評価，情報への確信程度→相談もしくは保険加入（商品・選択肢の検討）］。この際の判断基準として，価格と品質の評価が困難ななか，保障を提供する保険会社のブランドや企業イメージと営業職員の評価が重視されるのである。このような個人にはデジタルマーケティングが有効と思われる。

　（２）生活環境変化などの理由でリスク認知が高まったときに，外部からの働きかけではじめて行動に移す（外からの動機付け）。［リスク認知→保険に関する情報収集→相談もしくは保険加入（勧められるままの加入）］。こうした個人には，デジタルマーケティングの効果が比較的希薄で，営業職員によるアプローチが有効になると考えられる。

52　渡部・田口（2010），170頁では金融機関によるリレーションシップ・マーケティングのために生活設計や生活コンサルの重要性を指摘している。

53　典型的なセグメント事例として，保険料・保険金額別の契約件数，資産残高別の契約件数によって契約者を類型化することがある。

①　マス層；低い資金取引額と資産残高＝保険料流入額が低く，保険金額・契約件数も少ない。このケースでは非対面，リモートチャネルと営業職員を組み合わせる。

②　ボリューム層；中程度の資金取引額と資産残高＝保険料流入額が中程度，保険金額・契約件数が複数。このケースでは営業職員によるコンサルティングを重視し重ね売りを推奨する。

③　上位層；高い資金取引額と資産残高＝保険料流入額が高く，保険金額・契約件数が多く，年金資金や運用にも関心を示す。このケースでは営業職員によるコンサルティングを通じてオーダーメイドの提案を準備する。

なおこうした階層は，年齢別，ライフステージ別に変化するので，時系列的な「囲い込み」や「生涯にわたる取引関係」（リレーションシップ）の構築を欠くことはできない。

54　渡部・田口（2010），172頁。
55　渡部・田口（2010），178頁。
56　渡部・田口（2010），179頁。
57　渡部・田口（2010），180頁。

第 | **4** | 章
「製販分離」による保険業の新たなビジネスモデル

1. 金融リテール分野における「製販分離」

　保険業を取り巻く環境のなかで，契約者ニーズに即応した商品開発や事業展開を可能とする経営組織のあり方も課題である。それは保険業において事業展開の「選択と集中」により新しいビジネスモデルを模索する動きでもある。金融機関のワンストップ・サービス化，市場のセグメント化，そして金融・保険商品のオーダーメイド化は，契約者ニーズの汲み上げとその充足に有効である。さらに，データベースを活用したマーケティング手法により，セグメントごとに幅広い金融・保険商品を提供して関係を強化する動きもある。

　保険契約者との継続的な関係性を考えるうえでは，セグメントごとのニーズに適切に対応した商品・サービス内容と販売・契約管理体制の「最適ミックス」の考え方も有益である。近時は保険商品の販売チャネルが多様化傾向にあり，経営戦略として販売チャネルを特化する会社がある一方で，規制緩和により実現したオムニチャネルを活用する会社もある。保険商品の対象を，リテール向けとホールセール向けに区分することや，国内と海外に分けそれぞれの契約者属性に見合う販売チャネル，販売組織網と組み合わせて，マトリックス経営を実施する会社も出現している。こうしたマトリックス経営において業務重複化のロスを回避し，また内部監理体制の効率化を図るには，機能分化による業務のアウト・ソーシングやその分社化も選択肢になる。

　本章では，機能分化による業務のアウト・ソーシングのうち「製販分離」として銀行による窓口販売を取り上げ，保険経営への影響を理論と実態の両面から考察する。そして，「製販分離」が進展している米国リテール金融の状況も一部参考にしながら，「製販分離」の成功の鍵を明示し，併せてわが国における今後のあり方を探る。

２．保険業における「製販分離」の現状

(1) 保険の機能分化と（異）業種間提携の事例

　少子化・高齢化現象はその財政制約を強めることで，社会保障の各種給付を抑制することになってしまう。公的な年金・医療保険の給付水準は将来にわたって低下していくことになり，その分，私的保障・民間保障による補完の役割を高めることになる。事実，民間の医療保険の契約件数は急増しており，またそのニーズも多様化している。生命保険に比べても身近で需要を喚起しやすい医療保険では，多様な販売手段やチャネルを用いたアプローチが可能になる。個人年金保険については，老後所得保障の一助としてその消費者・契約者への訴求力は強い。保険会社が直接，販売を手掛ける以外にも，他の金融機関との連携や提携により販路を拡張しやすい。このようにして，人口動態や家族形態の変化は，保険種目の変化を通じてその販売手段やチャネルにも影響を及ぼす。

　併せて，社会保障の補完である年金・医療保険が伸長することは，従来の営業職員や販売代理店を通じた販売手法自体にも変化をもたらす。元来こうした保障ニーズが喚起されるのは，社会保障の動向と密接に関係しているからであり，営業職員や販売代理人は社会保障に関する一定程度の理解を欠くことはできなくなる。また，個人年金保険が将来的な資産形成の一環であることから，従来以上に他の資産形成手段との比較欲求は強くなるのであり自社や自業界の商品だけでなく，他業界との比較優位について一通りの説明は必要になる。当然のことながら，税制上の扱いや受取り方法による有利不利についても状況に応じた説明が求められる。既存営業職員の専門化や高資格化の傾向がみられ，ライフ・コンサルティング能力の優劣が販売成績を左右する可能性が高くな

る[1]。

　さらにその傾向は，業際規制や参入規制の緩和にともなう外資系の保険会社や隣接金融業態からの異業種参入によって加速されている。多くの新規参入会社は，保険料が割安で比較的わかり易い，無配当保険や単品の医療保険などを武器に攻勢をかけることが多い。これらの保険商品が時流に即していることから，そのプレゼンスは無視しえないものとなっている。そこで国内の保険会社は激しく競う一方で，そのビジネスモデルを取り込むことにも注力することになる。割安で比較的分かり易い保険商品については，非対面型の通信販売（インターネット，DM）やダイレクト・ライン，テレ・マーケティングにのせやすい。従来の対面型販売チャネルに加えて，こうした販路を本体で，もしくは子会社などの別組織で扱うことは販売チャネルの多様化に直結する[2]。

　最後に，安定成長への移行にともなう稼得収入の停滞と経済のストック化現象が相俟って，資産形成市場も緩慢であるものの変化の兆しをみせている。預貯金や国債・社債に加えて，投資信託などの変動利付金融商品も少しずつ浸透している。それに応じて，年金基金や機関投資家のプレゼンスが大きくなるにつれて，製造業と金融機関とを問わず株式価値・企業価値重視の傾向を生んでいる。そこで会社形態にかかわらず，保険会社にとっても一層，業務を効率化することで企業価値や組織価値を高めざるをえない。そのために，営業職員を中心にした販売体制は一部に見直され，販売面のコスト効率が改善されている。

　とくに従来から，営業職員のターンオーバー現象（大量採用・大量脱落）による非効率とそれにともなう孤児契約の増加，そして解約・失効率の高止まりが指摘されてきた。これを解決するために，研修制度の充実などが行われてきたが十分な成果をあげるに至っていない。しかし一方，保険事業では，単なる収益性を重視した費用削減や販売の効率化は三重苦をきたす危険性がある。それは，①解約・失効率上昇にともなう費用増，とくに付加保険料部分の増加，②不十分な契約者情報の収集や危険の選択による不良危険の混入や逆選択現象による費用増，ここでは純保険料の増加，③不適切な販売過程を通じたトラブル増加とそれにともなう紛争処理費用の発生，である。③の要因はとくに重要であり，販売過程を通じたトラブル増加は，信用に基づく商品を扱い企業イメージを大事にする金融機関にとって，ブランド価値の毀損や風評被害をもた

らすことになる。そのために保険事業の効率化，とくに販売手段の効率化には
副作用や反作用が大きい。単なる販売の効率化や営業担当者へのやみくもな教
育や研修には，多くの効果が期待できないことになる。

(2) 業務のアンバンドリング

　保険業で製販分離を促す要因として，保険業務のアンバンドリングが挙げら
れる。「業務のアンバンドリング」とは，生産・製造から販売までの過程を分
解して，各過程の「分化」と「結合」により生産費用を引き下げる手法を指す。
保険業においても，従来は一連の業務として一体的に営まれていたものを，保
険引受業務，契約管理業務，資産運用業務，保険金支払業務に分解して，その
業務効率化のために一部業務の外部委託を行っている。そのために，「業務の
アンバンドリング」は業務組織の変革を必然的にともなっている。

　この背景には，今日の情報通信処理技術（ICT）の加速度的な発展があり，
保険業においても様々な変化が進展してきた。まず，保険取引における電子化
には，商品・サービス情報の提供のほか，保険契約締結，保険料決済・保険金
支払いへの応用，契約書類・保険証券のICカード化などの各種の局面が考え
られる。保険証券は証拠証券にすぎず，その意味では電子化に馴染みやすい。
そこでは従来の保険契約締結のルールは尊重することを前提に，対面販売によ
る逆選択やモラル・ハザードの抑止機能を再考し，保険商品の販売戦略自体の
見直しも必要とされる。

　さらに，ここにきて保険事業におけるアンバンリングも，ICTの進展により
急展開をみせている。個々の保険会社では，各業務の経営資源を再点検し，比
較優位を確立できる部門・業務にそれを集中投下し，特化することで経営効率
を高めることになる。こうして経営規模拡大，組織拡張などの内部的成長戦略
ではなく，コア業務の確立のうえで外部組織とのアウトソースを通じた提携な
どにより外部的成長を志向する傾向が生じている。外部的成長戦略にはICTの
有効活用により，経営情報の移転が迅速かつ双方向性をもって伝達される仕組
みが確立されていなければならない。また，外部から収集するリスク情報と金
融情報を，顧客である契約者に対し有益な情報として加工していく能力が家計
アドバイス業務の充実を可能にし，契約者利益を高めることにもなる。

〔図表4－1〕　チャネル・ミックスの事例（1）

商品内容（対象市場）	保障型	貯蓄・投資型
個人（国内）	営業職員中心	インターネットと来店型保険ショップ
法人（海外）	専門性の高い特化型営業職員，代理店	商品供給専門組織と銀行窓口販売

（出所）　筆者作成。

〔図表4－2〕　チャネル・ミックスの事例（2）

事業類型（対象市場）	フロー型ビジネス	ストック型ビジネス
個人（リテール）	個人保険販売	資産管理業務・富裕層向けの資産運用サービス
法人（ホールセール）	団体保険販売・企業福祉のコンサルティング	PE業務・証券化業務・M＆Aコンサルティング

（出所）　筆者作成。

　このように「選択と集中」戦略の構築に向けて，保険商品，保障・補償内容と販売チャネル・組織を有機的に結合する必要性が生じているのである。そして，商品ポートフォリオ（フルライン・単品，保障性・投資性商品，有配当・無配当契約），市場ポートフォリオ（個人・団体，セグメント・トータル市場，地域限定・国内・海外），事業ポートフォリオ（バンドル型・アンバンドル型，単独・連携，本体・子会社化）における選別と組合せを考慮しながら，セグメントごとの収益性を分析することが課題となる（図表4－1，4－2）。

3．販売チャネル多様化の現状とその要因

　保険経営を取り巻く環境変化に応じて，家計保険を中心にしてそのマーケティング手法も転換点を迎え，多くのインバウンド型の販売手法が展開されている。インバウンド型の販売手法には，対面型として店頭販売（来店型店舗，専門職員・募集代理人），銀行窓口販売，保険仲立人（保険ブローカー）があり，非対面型としてはダイレクト・ラインやテレ・マーケティング，インターネット販売がある[3]。

　夫婦共働きによる不在時間の長期化や職場募集の制約により，（潜在的）契約者側に出向いてのプッシュ型販売は困難になりつつある。また，契約者との関係性が重視され長期継続的な関係を築くためには，専属の営業職員・募集代理店チャネル（専属，乗合）には量よりも質が大事になる。こうしたチャネルが中核を担うことは不変としても，契約者とのインターフェイスは拡大しつつあり，その分，アクセシビリティをはじめとした利便性は高まっている。それだけに，各チャネル間の役割分担のあり方が大切で，たとえば来店型店舗は成約まで持ち込む中核チャネルなのか，それとも情報提供や相談窓口としての役割を担うのか，といった整理が必要とされている[4]。とくに，各チャネルでは継続率と解約率が相違し，またそれに影響する要因も異なることが想定されるので，その点を契約者属性の相違と合わせてチェックしておくべきである。また各チャネルでの成約獲得プロセスは異なり，それぞれに見合う適切な情報提供や説明責任のあり方も相違する[5]。これらの検討を踏まえて，チャネル投資の採算性やチャネル多様化の収益性への影響を明確にし，販売組織を自社で抱えるのか，アウトソースするかの組織選別を迫られる。別組織を選択し製販分離を志向していく際には，従来は補完的なチャネルであったものが完結した独立チャネルに転換することもある。そのうえで，チャネルごとにバリュー・チェーンを確実に構築しなければならない。そのためには，チャネルごとに対象とする契約者層を絞りながら，すなわちセグメント化を図りながら，適切な保険商品と販売手法を結合するチャネル・ミックスを実現することが肝要になる[6]。

　ここでは，家計保険を中心にその販売チャネル改革の推進力について整理しておきたい。まず販売チャネル改革は，長寿化にともなう老後保障ニーズ（貯蓄性・投資性商品など）の拡大により生じる。生存保障商品では，死亡保障商品以上に老後生活設計の全体像（必要生活費，税金や相続の問題）と公的保障のあり方への理解が必要になる。また保障に加えて資産を効果的に増やすことも大切で付随するリスクに関する知識も要る。その分だけ，営業・販売担当者にはライフ・コンサルティング能力が求められる。そのために，こうした能力の高い営業職員の養成，営業職員の専門化や高資格化，そして複線化した職域専門型職員の活用がポイントになる。一方で，人材育成のためのFP研修など

により育成費用が上昇することから，高コスト化した専属営業職員チャネルの見直しにもつながる。それには，採用基準の厳格化，契約継続への評価，そして定着率重視の給与体系が含まれる。

　加えて，販売チャネル改革は，外資系の保険会社や異業種参入の活発化とともに進展する。新規参入企業の武器は主にその商品性にある。保険料が割安で比較的分かり易い無配当保険や単品医療保険そして割安な自動車保険などであり，その多くは通信販売チャネルやネット販売にも適した商品である。既存会社は契約獲得を競う一方で，外資系保険会社や異業種のビジネスモデルを取り込もうとしている。

　最後に，家計保険市場の飽和化と余剰資金の縮小下で，規模重視から収益（性）重視への転換が図られ，それが販売チャネルの改革を促している。この方向転換は，経営効率化の成果を契約者に還元していく姿勢のあらわれでもある。それは業務の効率化を企図したIT化やICTを通じた組織変革，つまり業務のアンバンドルやアウトソースとともに進展する。保険事業の「製販分離」もこうした潮流のなかで理解することができる。

　ただ契約者利益向上のために，関係性を強め継続率を高める重要性が声高に叫ばれるものの，現在に至っても既存契約の乗換えは依然として多く，同様な保障・補償内容の商品で契約者を奪い合っている構図に大きな変化はない。また，各種の調査をみても通信販売やネット契約の解約率は高く手軽な加入姿勢が透けてみえる。

　保険会社も手をこまねいているわけではなく，契約確認・更新を通じた定期的なコンタクトを重視するだけでなく，営業職員の販売部隊とアフターケア部隊を分けるなどの試みにより関係性の強化を目指している。ただ現状では，これらの試みの成果は形となって現れていない。市場の飽和化のなかでは，既存の販売や契約維持手法を延長していては展望を開きづらい。そこで，商品・サービスの提供と販売・契約維持手法についてマトリックスを活用して，マトリックスごとの組織を構築し人材を育成していく発想が求められている。役割の分担方法や報酬体系に工夫が要ることは事実としても，「製販分離」を1つの契機として捉え，本社は商品企画と販売組織の管理，支店・支社は販売委託先の人材教育の役割を果たすことが考えられる。そのうえで，営業職員の所属

〔図表 4 － 3〕　内勤職員の労働生産性と事業費率の関係（2015～2019年の 5 年間の
　　　　　　　平均値）

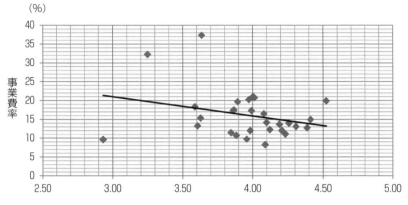

（出所）生命保険協会『生命保険事業概要』各年度版より筆者作成。

　も新規募集を担う部署と，銀行窓販，通販やネット販売のアフターケアを担当
する部署に分けて専門性を高め，継続率を向上させるべきである。
　現在までのところ，大手の生保・損保は，別会社や別組織との連携により手
探り状態で改革を進めようとしている。必ずしも既存の営業職員組織に大ナタ
を振るうことにはなっていない。以下に示すように内勤職員と営業職員の生産
性を高めることは，生産性向上とともに事業費率を抑制することになる（**図表
4 － 3 と 4 － 4 を参照のこと**）。営業組織・販売のネットワーク維持にはそれ
なりの費用がかかるものの，その投資効果が上手く発揮されれば事業自体の効
率性を高めることにつながる。保険会社としては，職員研修を充実することで
その生産性を高めることと，販売チャネルの多様化を図ることのバランスを取
りながら，事業費を適切に管理しなければならない。

〔図表4－4〕 営業職員の労働生産性と事業費率の関係（2015〜2019年の5年間の平均値）

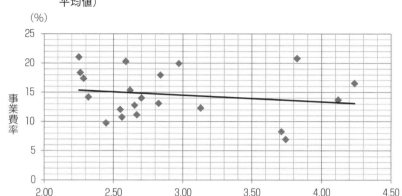

（出所）図表4－3に同じ。

4. 「製販分離」事例としての銀行の窓口販売

2007年12月以降に全面解禁された銀行の窓口販売は，順調な伸びをみせる一方で，様々な問題や課題も露呈している。銀行の窓口販売を通じた保険契約高は伸長しているものの，それは変額・定額の個人年金保険と2007年12月の全面解禁後に好調な一時払い終身保険が中心である[7]。それ以外の保障中心の保険商品はそれほどの伸びをみせていない。その主な理由は，銀行の販売担当者にとっての「わかり難さ」そして「ニーズを喚起する説明の難しさ」にある。また，銀行法施行規則や独占禁止法に加えて，事細かな弊害防止措置（融資先販売規制，担当者分離規制そしてタイミング規制）による事務の煩雑さやその負担感の大きさも一因である。コンプライアンスの遵守のために，「非公開情報保護措置」，「優越的地位の不当利用の禁止」，「法令遵守責任者の配置」，そして「募集指針の作成と公表」も要請されており販売促進の足枷になっている。こうした措置は，預貯金よりも煩雑な保険契約手続きに加えて，人材の採用や書面の作成に手間と費用がかかることになり銀行側の消極的な姿勢の原因となっている[8]。

　ここでは，利害関係者からみた銀行窓販の功罪を整理しよう[9]。まず，顧客である契約者にとって，銀行窓口による販売は乗合型の店舗における対面販売を意味する。乗合型の店舗であるので，当然のことながら，比較情報に基づいた最適な金融・保険商品が選択でき納得して購入できる機会が広がる。また，近隣の銀行・金融機関であればアクセスが良く，他の預金以外にもローン関連商品や投資信託などの金融商品を購入できる利便性がある。そして日頃から取引のある身近な銀行であれば，収支両面にわたる生活設計の全体像に基づいたアドバイスも期待できることになる。ただし，こうした利点ばかりでなく注意しなければならない留意点もある。銀行で日常的に取引する契約者には，自営業者に加えて高齢者層や主婦層も多い。カウンターにおいて保険商品内容や付随するリスクについて十分な説明を受けないまま，またはそれが十分理解できないままに，銀行の信用力やブランド力に応じて不必要，不適切な契約に至る危険性もある。また，自営業者や中小企業経営者であれば，明示的な融資との抱合せでないにしても，日頃の付き合いから購入するケースもありうる。もちろん制度的には，様々な弊害防止措置がとられているものの，その適正な運用は100％保証の限りではない。保険募集のコンプライアンスの徹底が求められるところである。

　これに対して，保険会社側にはどのような利点と課題があるのだろうか。まず，メリットとしては，契約者との接点の拡大や新たな顧客層の開拓が挙げられる[10]。また将来的には，都銀・地銀そして信金などの他の金融機関との新たな協力関係の構築に発展する可能性もある。それは新規の商品企画・開発や新サービス，アフターケアの充実につながるかもしれない。しかし半面，銀行との力関係や交渉力，そして企業文化の相違から，かえって障害や困難に直面する危険性も捨て切れない[11]。まず，窓口担当者が保険販売に不慣れなことを考えれば，他社の保険商品との比較のうえでも銀行顧客への高い訴求力が要請される。差別化され，かつわかり易い，売り易い商品を提供しなければならない[12]。銀行が立場の極めて強い委託販売業者であることから，保険会社の販売管理や監視が徹底しないこともありえる。銀行は売り切りの立場にあるために，契約時の不十分な説明などの影響が契約管理や保険金支払い時に響く危険性がある。とくに契約者の対面情報に基づく選別が十分に機能しないこともある。

こうした事態に対して，事前に責任関係を明確にできれば問題はないものの，将来発生する事象を完全に予測できない限り紛争の火種が残る。

　さらに，販売主体の影響力の強まりや交渉上の立場がより強固になると，販売手数料はますます高騰して窓口販売が薄利になりかねない。保険会社が販売計画や（潜在的）契約者の選択や選別に直接関与できないことからこの問題が複雑化，輻輳化してしまう[13]。経済的な利得を確保するには，相手方・委託先の行動を制御できることが大前提になる。

5．保険業における「製販分離」の課題

　ここでは，「製販統合」と「製販分離」を対置するビジネスモデルと考え両者を比較する。銀行窓販を例示として，保険会社と銀行などの金融機関の関係に着目して，両経済主体のコンフリクトとそれを克服する仕組みを考察する。そこでまず，両経済主体の実施体制とそれへの投資について確認しておきたい。

　バリュー・チェーンのなかで流通ないし販売を担当する銀行にとっては，保険窓口販売のために場所と人材を確保しなければならない。もちろん，従来の住宅や自動車ローンなどの各種相談窓口を活用することも可能であるが，加えて投資信託や保険・年金販売の専用ブースを作る場合もある。担当する人材についても，製造元の保険会社や関連するグループ会社からの出向で対応するケースがある一方，徐々に内部の専門の担当者を育成していく傾向にある。その場合には，販売資格の取得とそのための研修が必要になってくる。こうした人材を育成し，設備施設を整えたうえで，契約者を保険契約の締結へ誘導することになる[14]。

　保険販売の際には，将来的な生活設計や事業計画も踏まえて，その必要性を喚起することから始めることになる。そのために家計や事業の収支，将来イベントに付随する資金ニーズに関する情報を収集し，関連する生活リスクや事業リスクに対する認知を高めなければならない。こうした資金ニーズを充足する手段には，貯金や証券保有そして保険商品があり，家族・世帯そして事業経営の状況に応じたアドバイスを欠くことはできない。つまり，保険料の決定以外にも，保険商品や保険金額の選択について，契約者からの情報を収集しそれに

基づいて専門的な能力を活かして適切な助言（知識・知見）をアウトプットとして提供することになる。保険商品の販売では，他の金融商品の販売にも増して，「顧客情報」を適切にやりとりし，そこから付加価値（コンサルティング・サービス）を生んでいく発想が要る。顧客情報を適切に管理し，それを成約やつぎの契約（重ね売り）につなげていくために，情報管理システムが重きをなす。保険契約の銀行窓口販売では，こうしたシステム投資が必要で，なおかつ製造元の保険会社との互換性やフォーマットの統一も必要になる。システム投資はある意味で，サンクコストないしコミットメントコストになる。

　「顧客情報」の重要性は，プラスのベクトルにのみいえるものではない。コンプライアンスに抵触し，契約者保護にもとることがあった場合，紛争の発生により直接的な賠償責任が発生するばかりでなく，銀行のブランド・イメージも毀損するリスクがある。こうした顧客情報の重要性は，保険と銀行のビジネスモデルの相違から，販売を担当する行員には浸透しないこともある。保険では銀行と違い，資金（保険金）の払出しの段階で調査を要しており，ATMで預金を引き出すのとは決定的に異なっている。ただしその重要性とリスク認識を徹底させるのは，あくまでも製造元である保険会社の役割になる。売切り型の銀行とは異なり，保険会社には劣悪な不良契約の混入や支払い時点のトラブルによる損失が降りかかるのであり，「製販分離」における主要なリスクとして認識すべきである。

　これに対して保険商品の販売による利得は，販売手数料もしくは売上高に応じた利益配分になる。販売手数料が固定部分と変動部分により構成されているのであれば，手数料との名目であっても，実質的には利益配分に近いものがある。こうした利益配分は，販売を担当する銀行・金融機関の競争状況や，製造元の保険会社との交渉力によって左右される。一方で，銀行・金融機関の訴求力や保険会社とは異なる顧客（潜在的契約者）層へのアプローチによって増加する。顧客情報の活用にファイヤー・ウォールが敷かれている場合でも，銀行には家計や企業の財務状況に関するデータが既に存在しており，また日常的な取引関係もあるので，安心して家計状況や企業の財務状態を打ち明けることができるメリットがある。顧客からの「質の高い情報」を確保でき，より資金ニーズに即した保険商品の提供につながる。その意味では，提携先の金融機関

の契約者と営業職員・専門代理店を通じた契約者の属性が様々な面で相違する可能性がある[15]。保険会社にとって顧客基盤が広がることになる。

　一方，製造元である保険会社にも販売手数料以外に，目にみえない費用発生の可能性がある。営業職員チャネル以上に，対面で得られる顧客情報は販売先の銀行に滞留することになる。そのために，契約者との関係深化を通じた他商品の販売（重ね売り）には足枷になる。また，銀行窓口の担当者や提携するFPが売りやすい，もしくは推奨しやすい保険商品に取扱いが偏る弊害も指摘される。併せて，いくつかの実態調査が明らかにしているように，契約者のロイヤリティは銀行に向かってしまいブランド・イメージは浸透しづらい[16]。今後のリテール金融の展開において競合者になる銀行・金融機関が，当該領域での影響力を強める方向に向かうことになる。最後に，窓口販売による顧客トラブルは確実に増大しており，保険会社の支援や指導上の責任は免れることはない。保険会社に対応強化が迫られれば，より強いコミットメントを通じて負担増や逸失利益の発生は避けられない。

6．保険業における「製販分離」の展開

(1) 製販分離の問題点

　「情報財」としての保険では，製販分離によって契約者との距離が遠くなることにはマイナスの部分もある。それは商品設計だけでなく，サービス面でも妥当する。また取引内容が情報であるとすれば情報の滞留も生じることになろう。つまり保険における製販分離では，販売プロセスにおける情報が分断されることは大きな損失である。銀行のブランド力や信用力を生かした販売効率の向上は，保険商品の企画力を犠牲にし，また契約者との直接的な情報のやりとりの機会を喪失する。こうしたトレード・オフが存在することから，銀行窓販はなお両刃の剣といえよう。

　さらに，これは銀行窓口販売だけにいえることではないが，複数の保険商品の取扱いでは，その比較情報が上手く活かされるのか疑問が残る。併せて，保険会社の販売促進活動に「外部性」が存在することから，他社商品の販売促進

にもつながってしまう[17]。販売促進活動という場合，自動車や家電製品の分野ではメーカーが行う広告活動，フランチャイズ・システムでは本社の行う広告やブランドネーム投資が重要な役割を果たしている[18]。こうしたメーカー（本部）の販売促進活動によって小売店を訪れた顧客・消費者に対して，小売店（加盟店）が他のメーカーの製品（販売促進費をかけない分，低価格で出荷され小売マージンが大きな製品）を推奨すると，メーカーによる販売促進活動が，垂直的な関係にある小売業者の行動を通じて他のメーカーによってただ乗りされることになる。こうした状況では，メーカー（本部）による販売促進活動の効果は弱くなり，そのインセンティブが低下する[19]。そこで，インセンティブの弱体化を抑止する何らかの仕組みを要している。たとえば，販売組織における他社商品の推奨販売を抑止して，販売促進活動の効果を高める仕組みである。もちろん，究極的には販売店の系列化が考えられるものの，これでは専属の販売組織との区別は難しく，一方で品揃えによる選択肢の拡大や比較情報に基づく保険購入の利点は消滅してしまう。

(2) 製販分離に付随する課題の解決策

　製販業者間のコンフリクトを解消して，販売促進活動へのインセンティブを高める仕組みとして，双方がコミットメントを高める共同投資が考えられる[20]。従来から，顧客情報管理システムの共有化や共同での商品開発，商品の企画・設計が試みられてきた。とくに保険会社が持つ契約者のリスク情報と銀行などの金融機関が有する幅広い家計の資産・負債に関する情報を融合することで，情報結合による価値が生じる可能性がある[21]。こうした取組みが，保険商品開発につながった事例も散見される。実はこうした取組みは，保険会社の一連の業務を分割する機能分化ではなく，一度は外部委託した業務から一部を再結合することを意味している。さらに，再結合した業務を別組織として切り出すことも考えうる。

　流通論やマーケティング論では，こうした組織・主体をオーガナイザーと称している[22]。その主な役割は，製販経済主体が独自の目的関数を有してその利害をぶつけ合うところを調整して，対立にともなう無用な取引費用を排除して製販システム全体の効率化を図ることである。これはミクロ経済学でいうとこ

ろのコモン・エージェントである。ここに独占販売権を付与することで，複数の製品供給者・製造業者がいても，全ての製品から得られる利得を最大化するために，価格とサービス水準を同一化することで無用のブランド間競争を排除する役目を担う[23]。結果的に外部性を排除して，販売促進活動へのインセンティブを強化することになる。

　こうした組織・主体は，米国において保険会社と銀行などの金融機関の間に立つ「総代理店」ないし「ブローカー」にみられる[24]。保険会社に対しては，販売サポートや人材教育支援そして契約管理を請け負い代行するとともに，銀行に対しては市場ベースでこれらのサービスを提供している。そのために，各種手数料は競争水準に落ち着くことになり，製販間の力関係や交渉力に依存することはない。銀行に対する研修などは各社の意向に偏ることがない，客観的かつ定型的なマニュアルに従って実行される。もちろん，こうした組織・主体の維持にも費用がかかるのであり，その分の取引費用増加は否めない。しかしながらこうした機関が介在することで，保険会社による情報提供などの販売促進活動が活性化し，かつ各種手数料が市場ベースで決定されていくことにはそれだけで価値がある。もちろん米国では保険ブローカー制度が根付いているからこそ社会的認知を受けており，わが国とは土壌が異なることは事実である。それでも「製販分離」を１つの契機として，保険会社と銀行が協力して独立した主体を創設することは，個別経済主体を利するだけでなく，外部性などの弊害を取り除くことで経済厚生上も意義が認められよう。

●注────────────────────────────────────

1　可児（2006）では，FPの資格取得の必要性とそのための研修制度が詳細に説明されている。

2　こうした傾向に，異業種との広範囲にわたる業務提携が拍車をかけている。
　①　営業職員や提携先の募集代理店の活用
　　（対損害保険）生命保険の死亡保障と損害保険の傷害補償セット商品
　　（対金融機関）生命保険の定期保険や医療保険と銀行の定期預金とのセット商品（窓販解禁後は卸専門の子会社設立）
　②　店頭販売や通信販売・インターネットの活用
　　（対異業種Ⅰ）通信販売会社やカード会社の顧客・会員に対する保険商品の販売（セシー

ルなど）

（対異業種Ⅱ）小売りやコンビニ顧客に対するCD機やマルチ・メディア末端での各種金融商品や保険商品の販売（ローソンなど）

（対異業種Ⅲ）HPや携帯端末を通じた保険商品の紹介と販売（ソフトバンクなど，SBIアクサ生命によるネクスティア生命の創設へ）

なお，こうしたツールに対しては「通信販売ルール」が存在している。

3 蕎品（2009），51頁の図表10には主な来店型店舗の店舗名，展開する店舗数そして特長が整理されていて参考になる。なお，インターネット販売の事例として，SBIアクサ生命とライフネット生命が取り上げられ比較されている。前者は定期保険と医療保険を柱に，契約者と被保険者を同一として本人確認書面を省いたことで，原則1営業日の迅速な引受けが可能になったとしている。後者では，インターネット上で申込み手続きが完結せず，審査や本人確認のために日時を要しているとしている。

4 蕎品（2009），50頁にある（株）アドバンスクリエイトの事例では，郊外のSCに店舗展開する一方で，ネット上のモールで保険比較サイト「保険市場」を運営することで集客を目指している。一方，52頁にある日本生命の直営代理店では，営業職員の転出などの理由による孤児契約を持つ契約者に対して，苦情や相談を受け付けることを主なコンセプトに運営しているとする。

5 保険成約確率＝顧客のリスク認知度（銀行≧専属職員・代理店）×販売担当者の説明力・ニーズ喚起力（銀行＜専属職員・代理店）×販売担当者との相性（差別化の程度）×販売者の所属する会社の信用力・ブランド力（銀行≧専属職員・代理店）×アクセシビリティ（銀行＞専属職員・代理店）×リスク認知以外の個人属性（銀行＞専属職員・代理店）

＊こうした成約率が高いことはそれだけ販売費用が低く販売効率が高いことになる。

＊なおカッコ内は，窓販チャネルと専属チャネルを比較したものである。

6 蕎品（2009），51頁にある（株）リンク・トラストの事例では，来店型店舗「ライフサロン」を主に30代・40代の女性や主婦層に向けて運営している。

7 蕎品（2009），46-47頁。

8 なお，全面解禁までの段階的過程は以下の通りである。村上（2011），6-12頁には，各段階の販売動向などが詳細に記載され，またそれに及ぼす経済変数の影響も整理されている。

2001年4月；団体信用（生命）保険，長期火災保険などの住宅ローン関連商品の解禁

2002年10月；定額・変額年金，積立傷害保険の解禁

2005年12月；一時払い終身保険，養老保険の解禁

そして，2007年12月に全面解禁へ

9 井口（2008），124-126頁を参考にまとめたものである。

10 石田（2008），8頁。

11 石田（2008），9頁。

12　加えて，米国の事例では，銀行への販売支援のために，インターネット上の自動引受け査定システムを開発して提供している保険会社もある。佐々木（2011），43-45頁を参照のこと。

13　石田（2008），10頁。

14　銀行にとって，保険商品の販売は単なる品揃えの充実にとどまらない。こうした品揃えにより，金利動向の変動に応じても顧客をつなぎ止めることができ，また住宅ローン・自動車ローンそして投資信託の販売と合わせて，商品ポートフォリオだけでなく収益源の多様化が可能となる。それはリスク・ヘッジを意味している。保険会社のなかでも，とくに生命保険会社にとって一時払い型商品の急拡大は資金量の増大には直結するものの，予定利率・金利を保証する商品設計上，その運用とリスク管理に手を焼くことになりかねない。加えて，金利面での優位性を過度に強調されると，高い金利状況では解約も続発しかねない。なお，村上（2011），22-24頁では，金融危機後に変額年金のリスクが高まり販売休止された状況を整理し，併せてリスク管理の重要性を指摘する。

15　蕎品（2009），55頁によれば，銀行窓口を通じた契約者属性としては，自営業者・中小企業の経営者，高齢者・夫婦２人世帯，そして高金融資産者・富裕層の割合が，平均よりも高いとのことである。こうしたことから，専属の営業職員による販売との棲み分けも可能になる。

16　井上（2009），32-38頁における考察結果による。

17　丸山（2005），208頁。ここでいう「外部性」とは，メーカー・製造業者が販売促進活動を行うことの効果が，同じ販売店・小売店に相乗りしている他のメーカー・製造業者を利することを指す。保険業ではこうした広告活動に加えて，情報提供活動やライフ・コンサルティングが重要になる。保険会社による銀行に対する研修では，こうした外部性を排除するために一般的な保険商品の説明よりも自社商品の特徴に時間を割く傾向がある。これは銀行窓販だけでなく，乗合代理店にもいえる。清水・堀内（2003），292-296頁では，不完備契約理論の観点から，こうした外部性を排除するために「製販統合」を選択すべきことを簡単な数値例を活用して示している。

18　丸山（2005），208頁。

19　丸山（2005），209頁によれば，これを解消するために専売店制，直販制度，専属制度があり，家電製品の系列化やコンビニなどのフランチャイズ方式が事例として挙げられている。

20　崔・石井（2009），297頁。

21　崔・石井（2009），303-304頁では，製販間のコンフリクトを解消するために，相互補完的な経営資源や対象の異なる顧客資源に基づいて試行錯誤しながら双方向のコミットメントを強めることが，パートナーシップ確立に重要な信頼感を醸成しウィンウィン関係の構築に役立つとしている。ただし，なお共同投資からの成果配分には利害対立が残るのでドライな契約関係も不可避としている。

22 崔・石井（2009），312頁。

23 丸山（2005），213頁。

24 佐々木（2011），41 – 42頁。沼田（2006）65 – 68頁では，米国の金融機関における製販
　 分離の現状を説明しながら，製販の中間に位置する預金ブローカーや住宅ローンブロー
　 カーの役割を説明している。そして結論として，こうした独立したブローカーの多くは規
　 模が小さく収益基盤が弱いものの，中立的な比較情報提供の役割だけでなく複数の金融商
　 品を融合することで付加価値を生むことに存立意義を認めている。

第 5 章
保険市場の特殊性と契約者利益

1．保険事業における生産概念

(1) 情報財としての保険商品

　個別経済主体は，不時の支出への準備，取引目的のための予備的保有，そして多期間にわたる消費（目的貯蓄）により貨幣需要の動機を持つ。生命保険への需要も，世帯主の稼得能力の喪失や家族の傷害・疾病などへの備えから説明される。さらに，学資などの貯蓄や利殖目的でも需要され，そのオプション性の高まりに応じて短期流動性目的でも活用されている。このように生命保険の商品性の変化とともにその利用目的も多様化している。

　さて，保険を財・サービスと捉えた場合，無形財，将来効用財，弱（潜在的）需要財，価値財（メリット財），そして情報財としての特徴がある。これらの特徴は保険種目によっても相違するものの，その生産要素と生産物が「情報」に関わることは全てに共通する。保険契約者もしくは被保険者の持ち込む保険事故にかかるリスクに関する情報を，保険料に変換することが保険生産の技術とされる。つまり，保険市場で取り引きされる対象は「情報」になる。

　そのために，保険市場が適正に機能するためには，他の財・サービス市場にもまして情報の適切なやりとりが重要である。にもかかわらず，保険市場では，二重の情報の非対称性が指摘されてきた。理論上は，告知義務などを通じても

保険契約者・被保険者の私的情報が完全に明らかにされることはないために，保険事故発生確率が正確に保険料率に反映されずそれが保険市場の失敗を引き起こすことが問題視される。保険者・保険会社をプリンシパルとし，保険契約者・被保険者をエージェントとするエージェンシー関係が成立していると想定するのである。別には企業経営のガバナンスの視点から，保険契約者・被保険者をプリンシパルとし保険者・保険会社をエージェントとして保険経営の効率性を問う分析も試みられている。1990年代後半には保険会社の倒産ないし破産が現実のものとなっており，契約者保護の包括的スキームが構築され現在に至っている。本来，条件付き請求権証券としての保険契約の構造を理解し，また金融商品の1つとしての保険価格やその品質を十分に把握することは難しい。そこでまず，一般製品の市場取引にともなう不確実性問題を概観し，それを保険商品に援用する形で保険取引に内在する課題に触れる。

　一般の財・サービスの品質について「生産者・供給者は消費者・需要者よりも，取引時点において豊富な知識・情報を有しており，こうした情報の非対称性は情報優位者が情報の歪曲や選別化による機会主義的な行動により，不正に利得する危険性を孕む」という指摘がなされている[1]。一方で，生産者・供給者の観察可能な行為により正確な情報を入手できる可能性もありうる。とくに「消費者・需要者が同意する最低価格，留保価格の水準は良い手掛かりとなる。高い品質の財・サービスの生産費用は相対的に高く，品質と留保価格の間には正の相関が見られるから」である[2]。こうしたことから，当該財の価格が品質の代理変数とされるのであれば，次式が成立していることになる。ただし，品質指標をh，価格をpとする。

$$h = h(p), h'(p) > 0$$

　また，当該財に対する需要（D）は，価格と品質に依存する。

$$D = D(p,h)$$

「通常，価格の上昇は需要を減少させ，品質の向上は需要を増大させることになる。しかし，価格自身が財・サービスの代理変数とされるのであれば，その上昇による複合効果のために，必ずしも需要が減少しないこともありえる」

とされ，これはビブレン効果と称される。価格上昇が財・サービスの需要増につながるのである[3]。このとき，「たとえ市場が超過供給にあり価格が下落しても，消費者・需要者がそれを品質低下と捉えるのであれば，需給の均衡は回復されることはない」のである[4]。

　一般の財・サービスにみられるビブレン効果に加えて，金融・保険などの条件付き財貨では，価格・品質以外にも契約の解約率・継続率などの情報や会社の財務情報により当該財・サービスの内容を窺い知ることができる。そのため，供給者によるディスクローズと需要者によるサーチ活動が重要となる。池尾氏の言説に従えば，以下のような説明がなされる[5]。

・個々の経済主体が金融取引に参加しようとするのは，第一次的には，それを通じて現在所得と将来所得の交換を実現し，所得―支出のタイム・プロファイルを変更するためである。
・金融取引は，通常の現在財同士の交換取引とは異なった側面を持っている。すなわち，将来の所得は現存するものではないという理由で，将来所得そのものは直ちに交換対象とはなりえないために，実際上の金融取引は現在所得と「債務証書」の形式をとった将来所得に対する請求権の交換でしかありえない（条件付き請求権証券）。たとえば，将来所得に対する請求権を表章する債務証書自体は素材的には全く価値を持つものでないから，その発行者が債務証書に記載された契約を履行しなければ容易に減価ないし無価値化する。そして，債務証券発行者（借り手）の契約不履行によって，約定された将来所得が実際に提供されないことになれば，その購入者（貸し手）の現在の厚生水準は金融取引を行わない場合に比べて低下する。
・ただし，債務不履行の危険性が存在する場合でも，個々の借り手が債務不履行を起こす可能性についての正確な情報が全ての取引参加者にゆきわたっているならば比較的困難は少ない。このとき，貸し手は「確実な約束」にかわって「確率的な約束」を，リスク負担込みで購入するからである。すなわち，金融取引の成立にとって真に問題なのは，債務不履行危険そのものでなく，むしろそうした危険性に関する情報の希少性である。
・こうしたデフォルト・リスクの程度は，その借り手の発行する金融商品（債

務証書）のいわば品質を規定する要因である。金融取引の場合には，将来に
関する不確実性が現時点での商品品質の不確実性をもたらす。また，将来所
得と現在所得の交換のためには，現在から将来までの通時的な相対価格の構
造を知る必要があるが，この変動経路を正確には知りえない。このように，
金融取引は異時点間の所得の交換を目的とするので，それをめぐる市場情報
は，品質と価格の両面で希少になる。

池尾氏はこうした主張の延長線上に，金融仲介の機能を明らかにしようとし
ている。本章では，条件付き財貨の取引において仲介者がどのような役割を果
たすのかという視点ではなく，個々の金融消費者・保険契約者の立場から，金
融・保険取引にともなう不確実性を克服する仕組みについて考えてみたい。す
なわち，「特定の金融商品が十全な譲渡性をもっている場合には，新規にその
金融商品が発行される市場とは別に，既発行分に関する取引の市場が成立しう
ることになる。前者は発行市場と呼ばれ，いわば中古品市場である後者は流通
市場と呼ばれている。流通市場は限られた金融商品について成立するにすぎな
い。」[6]，「金融商品が譲渡性をもつためには，転売が許可されていることが必
要条件となる。しかし，ある金融商品のデフォルト・リスクの程度がその発行
者と特別な関係を結んでいる主体にしか判定しえないような場合には，実質的
に譲渡可能ではありえない。そうした情報面からみた実質的な譲渡性のための
追加的な必要条件は，その金融商品に体化された権利内容が発行者（借り手）
と当初の購入者（貸し手）の個別的な関係から独立して理解でき有効であるこ
とである」とされる[7]。これらの指摘は，保険証券の流動化を考える際に重要
な視点となろう。

(2) 保険商品における価格と品質

保険事業の業務分解

　保険の本質的機能が，個別経済主体の財務均衡を通じた「予備貨幣の効率的
蓄積」であれば，その生産効果そして付加価値の指標としては，保険が存在す
ることによる消費・貯蓄（将来消費）の増加程度に求められるべきである。一
方，従来からその手段は，「将来的な不確実な損失の費用を，確定した保険料

に置き換える」こととされていたが，必ずしも純・付加保険料ともに事前に確
定されることはない。それは３利源に基づく社員・契約者配当により，保険料
の事後補整が行われ事後的にのみ正味・実質保険料が確定されることだけを意
味しない。すなわち，事業経営を通じて決定される保険料は，契約者の個人属
性や競争環境に依るだけでなく，保険会社の財務状況などの保険契約の品質や，
経営者の戦略変数にも依存することになる。そして，保険価格は保険会社の
マーケティング・ミックスの一環であり，また市場構造や契約当事者間の交渉
力にも依存して上下することになる[8]。このとき，保険契約の品質を同一とす
れば，事業経営の効率化は供給曲線の左上方移動を通じて均衡保険料を引き下
げる。しかしそれが，保険契約の品質低下をもたらすものであれば，均衡保険
料の平均的低下は必ずしも契約者利益（消費者余剰）の向上には結びつかない
ことになる。そこで，保険契約の価格と品質の関係を再考する必要があり，ま
た保険生産における生産高，アウトプットの再定義も望まれる。

　まず，ディアコーンによれば，「収入保険料（資金フロー）には，保険者に
より提供されるサービスとは無関係な要素が含まれる。純保険料・危険保険料
部分は契約者間の相互資金交流（内部金融）にすぎないので保険者の生産高に
は含まれない。ただし，保険資金からの投資収益は，外部金融における金融情
報収集活動に対する対価となりアウトプットに含めることができる」と指摘さ
れている[9]。さらに，「収入保険料は，保険単価である保険料率と保険金額（保
険需要量）の積である。保険需要が価格に対して非弾力的であれば，収入保険
料と保険需要量の相関は弱くなる。保険がそれだけ多く提供され，取引費用が
増えているにもかかわらず，収入保険料は伸張せず保険生産が伸び悩んでいる
ことになる。このため，収入保険料のアウトプット指標としての妥当性に疑問
がもたれる。」[10]

　そこで，つぎのような提案がなされている。「保険会社が弾力性一定の需要
曲線に直面しているのであれば，保険料率の高い低いにかかわらず保険料収入
は一定になる。保険料率を引き下げ，生産高を拡大することでサービス量が増
加しているにもかかわらず保険料収入は不変である。そこで，適切な保険生産
高を示す指標を考案し，それと費用との関連性を分析することが望まれ
る。」[11]，「保険者が提供するサービスの内容を分解して，サービス・ユニット

とし，ユニットごとのインプットに対応したアウトプットを確定しそれを積み上げることが望ましい。各ユニットについては，中間・間接的な事業活動ではなく，対契約者への最終サービス量を分析対象とすることが肝要である（オプション・パッケージ性）。具体的なサービス内容としては，保障（補償）業務それに付随した取引費用を要する保険（危険）団体の組織化業務，損害情報伝達業務，そしてリスク資産を取り扱う投資業務（外部金融）が挙げられる。」[12]。

そして，保障業務は「ソルベンシー制約のもとで，保険金を給付することを指す。その対象となるのは，損失の頻度と程度，そして発生タイミングを付保することである。ただし，保障業務・組織化業務は既存契約の保全と新規契約の確保に区分される。また，更新業務や解約業務も付随して生じる」。同時に，「外部金融となる投資業務による生産高・量は，投資収益を指標とすることができる」[13]。結論として，生産高としては，保険商品間・保険会社間で比較可能なことが望ましいので，「危険引受高と資本蓄積高，そして情報生産量」にあるとする[14]。保険商品を純粋に有形・無形の諸資源と捉え，それに流通価値を認めることはできないのであり，保険者の保険団体の組織化（＝危険分散機能）と危険評価機能を合成してはじめて価値を生むことになる。サービスは受け手がいてそれを認識することではじめてその存在が確認されることから，保険商品が有する機能にこそ付加価値が発生しうる。そして，こうした付加価値を最大化しているか否かが，経営成果の良し悪しの判断基準にもなりうる。

保険事業が実現する付加価値

食品のような経験財や医薬品のような信用財はストック概念であり，消費者にとって品質不確実性があるといっても取引時点での品質はある水準に定まっている。それに対して，「サービス（機能）」はフロー概念であり，消費者にとって品質に不確実性があるとともに，取引契約がなされた後にサービスが実際に提供されていく過程において品質（保険契約ではソルベンシー確保）は可変的である。このために，品質の事前確定の困難性と相俟って，生産者・供給者の機会主義的行動を誘発し，サービスそれ自体の取引の困難性を惹起している[15]。そこで，医療・教育・運輸・金融・保険をはじめとするサービス分野に

おいては免許制や許認可制がとられ，それに基づいてサービスの取引そして市場が成立しているともいえる。一方，消費者側の自衛策として継続的な取引関係も重視される。サービスの質の事前確定の困難性は，取引相手の選択にあたって生産者・供給者の評判を重視する傾向を生む。こうした評判メカニズム（ブランド・メカニズム）が働く場合，長期的な視野に立ち取引継続による将来利得を重視する生産者・供給者は，短期的な利得を求めた機会主義的行動（怠慢・不正行為・過度の利潤追求行為など）によって自己の評判が劣化し，ブランドに傷つくことを回避しようとする[16]。とくに，保険事業の場合，保険商品のブランド価値は契約価値にも直結するのでこのプロセスがとくに妥当する。

　それでは，バリュー・チェーン内でサービス（機能）の量をどのように計測すればよいのだろうか[17]。まず，各種のサービスの水準を示す指標を考案する必要があり，保険業務をアンバンドリングして，保険団体の組織化と保険契約の管理・保全，そして保険資金の管理・保全などによる付加価値を定義するのである。つまり，保険事業が生み出す様々な付加価値を想定して，保険事業における生産額から投入額を差し引くことで，サービス（機能）の量を推定するのである。この際には，解約・失効などを考慮した保険契約ポートフォリオの構成変化，保険資金ポートフォリオとその変化などを基準に，サービス量の変化を資本形成の機能変化と捉えて，それに保険事業に固有の変換機能（危険情報からの純保険料を算出する過程）を加えることで，フローとしての付加価値金額を導出すべきである。事業主体の視点からすれば契約価値の増加程度ともいえる[18]。このように，保険生産のアウトプットや保険商品の品質を明確にすることではじめて，保険経営者の経営成果を判断する具体的指標が与えられ，契約者と経営者の利害対立点も明示されよう。こうした点を明らかにすることなく，保険会社のガバナンス問題を論じたとしても，会社制度をいじることばかりで具体的解決策が見出せないことにもなる。ミクロ理論を基礎とするエージェンシー概念を通じたガバナンスの適正化が，保険生産が生み出す付加価値への影響を考察することが重要になる。

2．保険市場における価格差別とサーチ活動

　保険市場の特殊性として，保険需要と保険供給ともに価格弾力的でなく，保険価格機能の不全が指摘される。保険価格として純保険料のなかの危険保険料を取り上げれば，それは保険契約者ないし被保険者の保険事故に関する危険度（保険事故の予測発生確率）を示している。そのために保険会社間で共通の基礎資料が用いられるケースでは，その数値は全社均一，横並びのカルテル価格となって価格競争は排除されてしまう。機能面からみれば，同一危険分類要素・メルクマールが採用される限り，保険契約者ないし被保険者の危険度は市場においてほぼ等しく評価される。取引費用である付加保険料は，経営戦略を反映した各社ごとの予定事業費率をもとに算出されるはずであるが，現状では大きな格差はみられない。

　保険契約時点の保険価格・保険料は１つの指標としての意味しか持たない。それは，社員配当・契約者配当により事後的に（正味）保険料が決まることによる。また，将来的な保険料は予定利率を用いて現在価値に割り引かれている。割引率でもある予定利率の設定根拠が十分に開示されなければ，複雑な保険数理計算過程は保険会社側の裁量範囲内となり契約者には不透明な部分が残る。さらに営業保険料全体としても，保険商品に代替財が存在しない限りそれが適正価格である保証はなくなる。そのために保険価格の絶対評価は困難になり，その可処分所得比が重要な判断材料となることから保険需要は価格に対して非弾力的になる。ただ，簡易保険と各種共済は生命保険の疑似代替財とされており，事実，同一保険種目の保険・共済価格は同様な推移変動をみせている。

　独占的立場にある財・サービスの供給者が，何らかの形で市場をセグメント化し，各セグメントで生産物の各単位を異なった価格で販売し独占利潤を挙げることを価格差別化といい，いくつかの異なった形態が想定されている[19]。完全価格差別化は，いわば社会保険における応能負担であり，消費者ごとに完全に価格が差別化され，すべての余剰が生産者に向かうものの，完全市場同様，社会的損失（死荷重）はまったく発生しない。非線形の価格設定方式として知られる差別化は，消費者を選別するものではなく購入単位によって価格を変化

させる方式であり，公益事業などにみられる大量購入に対する単価の値引きである。最後に，市場をセグメント化したうえで，そのセグメントごとに価格を設定し，利潤を最大化する方法がある[20]。最大化条件はセグメントごとに与えられ，そこでの限界収入は限界費用に等しくなる。全市場での総利潤の最大化は，セグメントごとの価格の変化の仕方にかかっており，価格弾性値が高いセグメントでは価格を抑え，その弾性値が低いところで価格をつり上げることが提要になる[21]。

　さて金融・保険商品は無形の情報財なので，その品質理解のためには情報収集活動が不可避になる。保険会社による十分な情報開示を前提とすれば，契約者による情報収集のためのサーチ活動により，品質に対する理解は深まることになる[22]。保険商品の品質理解を深めるために対価を支払い，保険販売のエージェントやブローカー（保険仲立人）を活用することは可能である。しかしこうした手助けにもかかわらず，適合性原則が貫徹されることは難しく，エージェントやブローカー（保険仲立人）の所属によっては提供される情報にバイアスがかかることもある。また，契約者自身の経験に基づく学習効果により，逐次，情報が追加され修正される可能性はある。ただ長期契約である生命保険であっても，解約や契約転換に明示的・暗黙のペナルティーが課されるのでは学習効果は期待薄である[23]。そのため現実的には，一定の情報探索費用をかけ部分情報をえて，価格と品質に許容レベルを設定しながら会社そして商品を選択するのである。品質情報の内容には，財務健全度や資金運用の巧稚，そして負債状況を示す商品ポートフォリオとその保障内容も含まれる。

　契約者側にも情報獲得への一定の誘因はある。個々の契約者の能力がある程度均質であれば，契約者の保険契約に関する知識そして理解度は獲得情報量，すなわち金額表示の情報探索費用，情報探索時間に比例すると考えられる。こうした形で学習効果を積むことで，保険需要の価格弾性値が上昇し平均的な品質の向上が期待される[24]。この際の情報獲得への誘因は，平均的な品質の向上による間接的利得として与えられる。また，保険会社の営業フロント，営業職員や募集代理人が保険契約者の能力をスクリーニングする役目を果たしているとすれば，より有利な条件での契約締結には自らの獲得情報量に基づく知識を誇示しておくことも必要になる。こうした自己防衛のためのサーチ活動がもた

らす利得も情報獲得への誘因となりうる。

３．保険市場における契約者利益の向上

(1) サーチ活動の影響

　マシューソンの論議によれば，保険契約者側のサーチ活動とその費用の程度により，保険価格・保険料の平均値と分散，保険需要の価格弾性値，そして保険商品の市場平均での品質とそのバラツキが規定されることになる[25]。サーチ活動の大きさは，その限界便益・利得と限界費用との均衡点で与えられる。サーチ活動によってもなお残存する不明確さの程度には，保険会社数だけでなく，契約・保障内容の複雑さ，経営内容に関する理解度などが影響を及ぼす。以下では，保険価格・保険料の平均値と平均的品質に論議を絞り比較静学を展開する。

　比較静学モデルを以下に図示しながら説明しよう（**図表５－１と５－２を参照のこと**）。本来であれば契約者が支払う価格は，契約者が評価する価値である。しかし保険商品の特徴から，それは保険事故率により決められる。ここで，事故率が低い状況では，事前・事後のサービス水準は高く，また支払い余力も

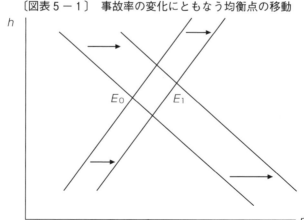

〔図表５－１〕　事故率の変化にともなう均衡点の移動

〔図表 5 − 2〕　予防一体型保険の効果

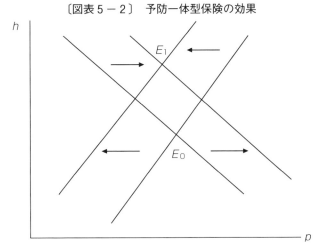

*なお，両図でpは保険価格，hは平均的品質，E_0は初期均衡点，そしてE_1は移行後の均衡点を示す。
（出所）　筆者作成。

十分とする。事故率が悪化するとこれらの水準が低く低品質とみなされる。結果的に需要曲線は右下がりになる。一方で高品質ほど生産単価も上がるので，供給曲線は右上がりである。なお，契約者側のサーチ活動は保険事故率の変化によって誘引されるとする。このように，右下がりの需要関数と右上がり供給関数ともに，保険価格と平均的品質に依存するとする。

　図表 5 − 1 では，外生的な死亡率（事故率）の変化が均衡に及ぼす影響を示している。保険価格が所与としても，死亡率が平均的に上昇することで（平均的）情報探索機会が高まり，保険会社に要求する平均的品質水準が高まることになる。保険会社にとり知識量が増えた（潜在的）契約者に対して，より詳細な説明に時間をかけるなどして保険引受費用（生産単価）が平均的に増加する。こうして，需要曲線と供給曲線がともに右移動する結果として，平均的品質が高まるとしても，保険価格も上昇してしまう（図表 5 − 1 ）。しかし，契約者の知識量の増加にともない需要の価格弾性値が高まることになれば，保険引受費用の増加分の一部は保険会社側で吸収する必要もある。さらに予防一体型の保険商品の登場は，死亡率（事故率）の引下げから保険価格を引下げることに

なる。結果的にICTやRPAを活用した経営効率化と事故率低下により供給曲線が左へシフトすることも起こりうる。そうなれば平均的品質の向上のみが期待される（図表5－2）。

　これまで概念図（図表5－1，5－2）を用いて，保険商品の価格や平均的品質について，契約者の主体的行動とそれにともなう需要曲線，供給曲線の変化を中心に分析した。保険取引や保険契約をミクロ理論から考察するためにはその特殊性を踏まえた分析枠組みが重要であり，それによりはじめて現実を踏まえた保険市場の考察ができる。

(2) 情報格差の解消

　図解の考察から明らかなように，情報探索に価値を見出しそれにより多くの時間コストを含む費用を費やす賢い消費者・契約者の登場は，他の条件を等しくして平均的な品質を向上させることになる。情報探索価値に影響を及ぼす要因には様々なものが考えられる。たとえば，長寿化の傾向は平均的な消費者・契約者の老後所得保障への関心を高めるので平均的な探索費用は上昇する。それがここでの分析枠組みを通じて望ましい変化をもたらすのである。加えて経営側でも，情報探索費用をかける消費者・契約者の台頭やその割合増加は，比較優位を追求するために，経営効率化に努め取引費用の削減につながることになる。併せて，医療・介護保険の予防との一体型保険商品が効力を発揮することも考えられる。この場合，保険価格は据え置かれたままで，品質のみが高まる事態も予期される。同様に，保険教育を通じて平均的に情報量の多い消費者・契約者が増えることは，情報格差を改善し消費者・契約者にメリットをもたらす。

　本章の分析枠組みから，現在進行形のインシュアテックの有用性も評価できる。保険に関する情報をより便利に，簡便に検索できれば，消費者・契約者の情報量を容易に増やすことができる。デジタルマーケティングは，その利便性を通じて消費者・契約者の情報獲得行動を誘発することになる。ウェアラブルデバイスを活用した危険連動型保険は，予防活動が保険料の軽減につながることを通じて保険の仕組みを知る機会を提供する。さらに，インシュアテックを通じた取引費用の軽減は，情報量の増加から生じる平均的な品質の向上に加え

て，保険価格の上昇を押し留める効果が期待される。このように，インシュアテックは保険取引条件を好転させる可能性を秘めているといえる。

●注─────────────────────────────

1　池尾（1985），18頁。
2　池尾（1985），18頁。
3　池尾（1985），19頁。
4　池尾（1985），19頁。
5　以下の記述は，池尾（1985），31頁による。
6　池尾（1985），62頁。ただし，保険商品と他の金融商品との相違点として，譲渡性・流通性の有無，さらには二次流通市場の存在有無が挙げられており参考となる。
7　池尾（1985），64頁。
8　Karten（1990），pp.196-197.
9　Diacon（1990），p.163.
10　ibid. , p.166.
11　ibid. , p.159.
12　ibid. , pp.159-162.
13　ibid. , p.160.
14　ibid. , p.166.
15　丸山（1992），79頁。保険に関しては，事業経営に付随する固有の公共性からも規制の必要性が認められ，「統制的保護」という文言が用いられることがある。
16　丸山（1992），80頁。
17　丸山（1992），80－87頁を参照のこと。
18　1990年代以降，欧州の保険会社を中心にこのような指標として，エンベディド・バリュー（EV:Embedded Value）が定着し発展している。EVは保険会社の純資産価値と契約価値（保有契約価値と新契約価値の合計値）を加えた指標であり，わが国でも法定会計を補完するものとして開示する会社が増えている。とくに契約価値は，将来的な見込み収益を現時点で評価したものであり保険会社の収益性を測る業績指標である。将来推計値であるために，保険事故発生率，解約・失効率，諸経費，運用利回り・割引率の前提条件に基づいて推計される。これらの前提条件が変化することによる感応度分析も行われている。ただし，必ずしも保険事業に固有の機能発揮の程度を捉えたものではない。
19　バリアン（1992），352頁。
20　バリアン（1992），354－356頁。
21　なお，2階条件については，ヘンダーソン&クォント（1984），268頁を参照のこと。
22　茶野（2002），115頁において「（「新しい金融の流れに関する懇談会」による1998年6月

の「論点整理では」）保障性の強い保険商品については，保険数理の複雑さ等から，一般
の契約者が契約内容を十分に理解して契約することは容易でないこと，生命保険のような
長期保険の場合，保険期間中の状況変化を予測するのが困難であり，中途解約をして新た
な契約を締結することが難しいこと等から，利用者にとってのリスク評価やリスク管理面
での情報の非対称性が他の金融商品に比べて大きく，市場メカニズムが十分に機能しづら
いという外部性が存在する」としている。

23　小田切（2001），151頁。

24　ただしそれが平均値であることに注意が要る。情報量が一定としても，それを処理する
能力には個人差がある。

25　以下の論議は，Mathewson（1982），pp.45-58 に拠っている。

第 6 章

保険経営形態と契約者利益

1. 経営形態をめぐる議論

　これまで，保険会社に特有な相互会社形態について様々な論議がなされてきた。本章では，そのガバナンスの功罪を理論モデルの枠組みを活用して契約者利益の視点から考察する。とくに，経営形態と関連する経営主義理論や費用選好仮説を検討したうえで，相互会社組織という1つのコーポレート・ガバナンスの形態が経営効率性に及ぼす影響を取り上げる。併せて，エージェンシー理論を援用しながら，相互会社の経営効率化のための制度的仕組みを包括的に論じる。

　保険相互会社のガバナンスは，通常のコーポレート・ガバナンス理論に従えば，①市場による審判，②財務による規律づけ，そして，③制度的監視に分類できる[1]。最後の制度的監視については，さらに「内部監査：従業員監視」，「準内部監査：自主規制，外部役員制」，「外部監査と監督官庁による規制」に分けて考えられる。「市場による審判」は経営者行動に対する生産物市場からの規律づけであり，当該市場の競争が激烈であるほど，無駄を省いた効率的な生産機構を構成し費用最小化への圧力は強まるので，この規律づけが効果を持つとされる。

　つぎに，財務による規律づけについてである。これまで保険会社の経営形態を論じる際には，エージェンシー理論に依って立つ「財務による規律づけ」が

強調されてきた。ただしこの理論の起源は，会社所有者である株主が自らの意に即した経営を実行させるための手段であった。そして，所有と経営の分離の状況下で，経営者利得と株主利得を一致させることは株価最大化もしくは企業価値最大化を導く意味で効率的とされる[2]。保険相互会社にこうした分析を適用するには，経営者利得と所有者である社員（契約者）利得が明示されていなければならない。併せて，両者を一致させることが，経営効率化に直接結びつくことを証明する必要もある。これに対して，保険相互会社では経営効率化によりある特定の価値が最大化されているわけではなく，それに応じて相互会社の経営者を制御する仕組みも難しい。

　保険株式会社であれば，経営者と株主の利害対立を抑止するための仕組みを検討することが重要になる。多角化する事業領域の選定や投資プロジェクト選択で，株主と経営者の利害が対立することがある。それには，両者の時間的視野やリスク回避態度の相違も影響し時に対立は先鋭化する[3]。経営者の選択肢は往々にして長期的な利潤を最大化するものや，より安定的な成果をもたらすものに落ち着きやすい。一方株主は短期的な利得の最大化を目論むことが多い。そこで，たとえば企業の期間利潤と経営者の報酬とが連動するような報酬体系を設計することが合理的になり，経営者の利害と株主の利害は一致することになる。それには経営者による自社株式の所有やストック・オプションが含まれる。

　保険自由化など保険行政の転換により，経営の自由度は増大している。どのような保険商品を開発し，どのような事業へ進出するのか，新たな戦略に応じたどのような組織再編が有益であるのか，経営者の選択肢は広がることになる。その一方で，経営戦略の失敗が契約者に降りかかる危険性も排除できない。保険規制緩和の影響で規模の経済性追求による自然独占が生じうる。現状でも，業際を跨いだ規模拡大や業界内のM＆Aが進展している。株価による判断基準がない分，こうした判断の良否は経営内部の監査に限定され，また市場審判などが作用する余地は少ない。

　次節で展開するガバナンスモデルは，経営者による費用選好行動を定式化したものである。費用選好仮説の基本的枠組みは，ウィリアムソン（1982）によって提示され，その後はRees（1974）や青木（1986）によって精力的に展

開された[4]。費用選好仮説をわが国の金融・保険相互会社に援用したのは，西脇廣治氏と茶野努氏である。とくに茶野氏はこうしたモデルがわが国の保険相互会社に妥当する理由を述べたうえで，実証結果によるいくつかの知見を得ている。まず，費用選好行動を生む基礎的条件として，保険市場が不完全競争であること，保険業の所有権が希薄化していること，そして経営者に機会主義的行動の余地があること，以上3点を挙げる。そのうえで会社形態を比較した実証結果として，相互会社の経営者は株式会社の経営者よりも裁量範囲が広く，平均的な報酬金額が高いことと，その金額が事業業績により感応的であることを明らかにしている。ただ，相互会社の経営者による裁量的な行動は，必ずしも保険相互会社の非効率の源泉になってはいないと指摘する。それよりも会社形態によりステークホルダーとの関係性が異なり，そのことが経営者間の時間的視野の相違を生んでいると指摘する。実はこうした視野の相違が経営指標や経営成果の違いをもたらしている可能性がある。つまり，「株式会社では短視眼的に収益性が追求される傾向が強い一方で，相互会社では長期的な安定性を重視した行動が選択される」のであり，短期的に劣る成果が長期的に契約者の不利益につながるわけではないとしている。

2．費用選好仮説の定式化とその含意

　相互会社における費用選好仮説に立脚して，経営者の裁量的行動が経営効率と契約者利益に及ぼす影響を考える。そしてエージェンシー理論を援用しながら，相互会社の経営効率化のための制度的仕組みを包括的に論じる。この仮説では経営者が超過利潤（剰余金）を特定の費用項目へ配分することで，資源配分を歪める状況を問題にする。保険相互会社における費用選好行動は，経営者の裁量性のもとに過剰な宣伝・広告費用，過大な営業組織網の構築などに表出される[5]。そこで過大な営業網の構築が大量契約の確保につながることを前提に費用選好仮説をモデル化する。

　保険会社の貸借対照表によれば，単純化されたバランス・シート制約は次式で与えられる。

$$A = L + S \tag{6-1}$$

ただし，Aは保険資産，Lは責任準備金，Sは自己資本である。

保険生産には契約管理システム（設備施設）と内外の労働力（内勤職員・営業職員）の投入が必要である。そこで，生産設備などの当期の資本ストックをK，金額表示の当期労働力（マンアワー単位）をNとするニーハンス流の技術的生産関数を想定する[6]。

$$f(K, N, A, L) = 0$$
$$f_K > 0, f_N > 0, f_A < 0, f_L < 0 \tag{6-2}$$

ここで保険会社の利潤・剰余金（π）を，保険資産（資産ポートフォリオ）の運用収益と，危険引受けによる保険収益（負債ポートフォリオからの収益）の合計値と捉える[7]。後に定義する費用をCとする。

$$\pi = R - C = R_a A + R_u P - C \tag{6-3}$$

ただし，R_aは資産ポートフォリオによる運用収益率，R_uは負債ポートフォリオからの保険収益率，そしてPは保険料収入とする。

ここで当面費用を無視すると，自己資本利益率（R_s）を表す式に変形可能である。

$$R_S = \pi / S = R_a (A/S) + R_u (P/S) \tag{6-4}$$

さらに，$A = L + S$であるので，（6-5）に変形される。

$$R_S = R_a \{(L/S) + 1\} + R_u (P/S) = (ks + 1)R_a + sR_u \tag{6-5}$$

ただし，$s (= P/S)$は保険料収入の自己資本である内部留保・蓄積剰余金に対する比率，$k (= L/P)$は負債性資産・責任準備金の保険料収入に対する比率とする。1項と2項ともにレバレッジ要因の作用を受ける。前者の運用収益については保険料収入の自己資本に対する比率に加えて，保険証券の発行と保険金支払いとの平均的間隔時間（負債性資産・責任準備金の保険料収入に対する比率）にも影響を受ける。これに対して，後者の比率については詳細な検

討が必要とされる。保険資金が自己資本と負債性資産である責任準備金により構成されるとしても，責任準備金と保険料収入には一定の関係が理論的にも数理上も成立している。また，長期保険や特定保険契約と他の保険種目ではその関係性はかなり異なる。そのため会計上，バランス・シート上は意味があるとしても，経済理論上は収益の二分法は意義が乏しい。この点に注意を払いながらその含意を考察する必要がある。また，保険料収入は保険価格（r）と品質（h）により決定されるとする。なお，rには社員配当金，hには財務健全度と契約価値などの保険需要に影響する諸要因を含めて考える。また，便宜的にPは価格感応的であるとする。

$$P = P(r, h), \partial P/\partial r < 0, \partial P/\partial h > 0, \partial^2 P/\partial h^2 < 0 \tag{6-6}$$

他方，費用関数はつぎのように定義されるとする。

$$C = g(A, P, N, B) \tag{6-7}$$

$$C = C_1(A) + C_2(L, h) + \gamma N + B(K, N) \tag{6-8}$$

ただし，Bは生産要素費用，C_1，C_2は資産管理費用と契約管理・維持費用，hは保険契約の品質を示す指標である。ここでγNは営業職員の規模に応じた販売ネットワーク維持費用とする。

（6-8）を用いて運用収益と保険収益の合計値としての保険利潤を再定義する。

$$\begin{aligned}\pi &= R - C_1 - C_2 - B - \gamma N \\ &= \{R_a A - C_1(A)\} + \{R_u P - C_2(L, h)\} - B(K, N) - \gamma N \end{aligned} \tag{6-9}$$

さて，費用選好仮説ではいくつかの費用支出項目を選別して，それが経営者の効用関数の変数になるので，経営者はその最大化を目的とする。費用選好仮説のもとでは，直接的利得である経営者報酬，間接的利得となる組織拡張のための必要項目，たとえば内部留保の拡大や販売ネットワークへの（過剰）投資がその構成要素となる。ここでは後に取り上げる経営者報酬は無視して，内部留保・蓄積剰余金（S）と販売ネットワーク維持のための投資的費用（γN）を特定項目として取り上げ経営者効用を定式化する。ただし，aは投資金額が

組織拡張に結びつく有効度を示す。

$$U = U(S, \alpha\gamma N), \ U_s > 0, \ U_{\gamma N} > 0 \qquad (6-10)$$

そこで $\pi = \beta S$（制約条件式）として，ラグランジュ未定乗数法より効用最大化のための条件を導出する。ただし，λ は未定乗数とする。

$$R_a - \partial C_1/\partial A - 1 = 0$$
$$R_u - \partial C_2/\partial L \times \partial L/\partial P - \partial C_2/\partial h \times \partial h/\partial P + \partial L/\partial P = 0$$
$$U_s + (\lambda/\beta)R_a = 0$$
$$U_{\gamma N} + (\lambda/\beta)(B_N + 1) = 0 \qquad (6-11)$$

$$R_a = \partial C_1/\partial A + 1$$
$$R_u = \partial C_2/\partial L \times \partial L/\partial P + \partial C_2/\partial h \times \partial h/\partial P - \partial L/\partial P$$
$$U_s = -(\lambda/\beta)R_a$$
$$U_{\gamma N} = -(\lambda/\beta)(B_N + 1) \qquad (6-12)$$

$(6-12)$ の各式を整理して，$(6-13)$ $(6-14)$ $(6-15)$ をえる。

$$U_s/U_{\gamma N} = R_a/(B_N + 1) = \frac{1}{k} \qquad (6-13)$$

$$S = \pi/\beta = -(N/\beta) + (1/\beta)(X_1 + X_2 - B)$$
$$X_1 = R_a A - C_1(A)$$
$$X_2 = R_u P - C_2(L, h) \qquad (6-14)$$

$$kR_a = B_N + 1 \qquad (6-15)$$

$(6-15)$ によれば，均衡状態において R_a を一定とすれば，高い B_N 値は高い k 値に跳ね返る。k 値が高いことは，均衡状態において，U_s よりも $U_{\gamma N}$ が大きく，配当原資となる S の増加よりも販売ネットワークのための投資的費用（γN）を増やすことが，より経営者利得を高めることになる。販売ネットワークのための過剰投資が経営者利得を高めてしまう典型的な費用選好行動を呈している。経営者に対する規律づけが十分でなく，特定の費用項目への偏向があることを前提とすれば，こうした行動は経営主義理論が想定する限りなき組織拡

張主義（過剰生産）に陥る危険性を示唆している。そして，成長・組織拡張と経営効率がトレード・オフ関係に立つのであれば，非効率経営の結果として著しく契約価値を損なってしまうのである。

3．相互会社の健全性と経営効率化

(1) 保険市場における制度的監視

　相互会社の所有者・出資者は社員としての契約者であるが，会社制度上の問題と契約者の経営に対する無関心から，社員に経営行動の監視を期待することは現実的ではない。このとき，保険監督官庁による規制・監視にその役割が委託されることになるが，それは本来的な意味でのエージェンシー関係ではありえない。逆に，一般納税者との新たなエージェンシー問題の発生可能性もある。これに対して，株式会社の所有者・出資者である株主と会社経営者の間には，明確なエージェンシー関係が成立する。もちろん，こうした関係が成立していることが，保険株式会社の契約者利益に直接的に結びつく保証はどこにもない。会社経営陣と個人・法人株主の間にも利害対立が存在するだけでなく，株主と保険契約者の間に利益相反が生じる危険性もある。しかしながら，保険事業の経営効率化を通した経営成果の契約者への還元が重視されるなかでは，株式会社制度の経営監視機能の優位性が強調される。

　相互会社についても，従来型の規律とは異なる新たな発想のもとで事業の効率化を図る必要がある。そこで，相互会社の経営効率化が直接的に契約価値の増加に結びつくことを前提に，経営効率化への誘因体系を総合的に考える。とくに，相互会社と株式会社の経営者行動に相違があるとすれば，その点を明示してみたい。ただしこの問題にアプローチするには，わが国相互会社の（非）効率性に関するファクト・ファインディングを行わなければならない。そうでなければ，「相互会社組織の経営は，外部評価に晒されることなく経営チェックが欠如しているから，おしなべて経営非効率に陥っている」とする独断的ないし独善的論議がまかり通ってしまう。また「経営形態の変革ありき」では，代替案の検討にもはじめからバイアスがかかってしまう。それは当該事業の運

営に携わる真摯な執行者・経営者に対しても，いわれなき誹謗・中傷の類でし
かない。

　残念ながら，わが国で両会社形態の効率性格差を明示した文献は極めて過少
である。わが国の保険会社数が少ないだけでなく，少数存在する保険株式会社
との比較を，イコール・フッティングに行うには会社規模が違いすぎるし，ま
た保険商品ポートフォリオにも若干の相違がみられる。諸外国，とくに英米で
の実証研究から効率性の違いを類推するには，市場を取り巻く競争環境があま
りに異なる。後述するように，市場での競争状況や監督・規制のあり方は経営
効率に決定的影響を及ぼす。こうしたなかで，生命保険相互会社を取り上げそ
の生産関数と費用関数を用いて経営効率性を推定し，その非効率性の原因を追
求した論文はいくつか散見される[8]。

　ここでは，実証分析について過去の文献を挙げるにとどめ，コーポレート・
ガバナンスの規範論から相互会社問題に接近する[9]。前述したようにコーポ
レート・ガバナンスのあり方は，その形態により区分すればつぎのように列挙
できよう。

① 　市場による審判
② 　財務による規律づけ
③ 　制度的監視
　　内部監査：内部監査室監査，従業員監視，監査委員会制度
　　準内部監査：内部統制・自己規制，外部役員制，業界団体による自主規制
　　外部監査：外部機関監査，監督官庁による規制

　まず，経営者行動に対する生産物市場からの規律づけは「市場の審判」と称
される。当該市場の競争が激烈であるほど，無駄を省いた効率的な生産工程を
促すなど費用最小化への圧力は強まるので，この規律づけが有効とされる。し
かし，保険とくに生命保険は遠い約束であり，契約締結時点すなわち保険購入
時点で保険取引が終結するわけではなく，保険期間終了時点までそれは継続す
る。このとき，保険契約が確実に履行されるためには，保険金支払い能力が継
続的に確保されなければならない。保険金支払い能力は保険という財・サービ
スの品質でもある。本来，相互会社であれば，保険金支払い能力確保のために，
適正な責任準備金の保持や資産運用行動を監視することは，社員である保険契

約者個々と社員総（代）会の責務と考えられるが，こうした監視体制は現実的ではなく実効力に乏しい。契約当初に低価格の保険契約が，インソルベントな状況をきたすことを，合理的に予測することは契約者の能力を超えている。複数の支払い能力指標を監視して保険金支払い能力を維持させるためには，専門能力を有するエージェントに役割を委譲することが妥当であり，ここに監督官庁や自主規制団体などの規制者の役割がある。

　つぎに，「財務による規律づけ」としては，テイク・オーバーの脅威に経営者がさらされることや負債の再組織化機能が挙げられる。マクミランによれば，「テイク・オーバーの可能性があるということは，実質的には，株主が競い合う経営陣すなわち現職チームと乗っ取り屋のチームの選択を求められていることを意味している。このような金融・資本市場での競争は，現職経営者に株主の利潤最大化の目的を進めるインセンティブを与えてくれる」。しかし米国の事例を参照すれば，テイク・オーバーの脅威がもたらす誘因効果を希薄化させ，既存の経営陣の地位を保全する法的・制度的対抗策がとられることが多い[10]。

　株主主権を前提としたガバナンス論では，エージェントである経営者の行動を効果的に監視，監督して，株主利益との一体化を図ることで最大限することが論点となる[11]。ここではエージェンシー理論に則り，所有と経営が分離している状況下で，経営者利益を株主利益と一致させる方策として経営者報酬のあり方を取り上げる[12]。

（2）経営者報酬のあり方

　まず，一般的に株主と経営者間の利害の不一致は避けられないことであるとされる[13]。具体的には，「経営者は，企業が利潤最大化と矛盾しないペースよりも高い成長率で成長すれば，彼らの出世をより確かなものとし，彼らの名声を高めることができると考えるかもしれない。このため経営者は勢力拡張に熱中し，利潤が配当金として支払われそれらを他の企業に投資する場合に株主がえるリターンよりも低いリターンしかもたらさないような，成長志向のプロジェクトに企業利潤を再投資するかもしれない」。また，「経営者はどんな投資プロジェクトの失敗も非難される傾向があるので，慎重な意思決定を行って，リスキーだが潜在的利益の高いプロジェクトを避けてしまうかもしれない」。

これらの結果，企業は最も効率的な水準以下でしか操業されない危険性が生じ，それは費用選好行動の結果とも軌を一にする事態が生じる。そこで，経営者の利己的ないし機会主義的行動を制御できるように，報酬体系を設計することが合理的な対応となる。「株主の利益を追求するような経営者のインセンティブを生みだすために，…株主は企業の利潤と経営者の報酬とが連動するような契約を経営者に提示することによって，直接プリンシパル・エージェント問題に対処することができる。そのような契約は，経営者の利害を株主の利害と一致させるという効果をもつ」ことが指摘される[14]。さらにこうした利害の一致は，自社株式の所有やストック・オプションにより強化される。

　こうした経営者報酬の仕組み方の効果は，経営者による業績改善能力に依存することは事実である。しかし，「株主は企業の生産能力について（最高）経営者ほどの知識がないので，情報上不利な立場にいる。株主は経営政策の変更でどの程度企業の利潤が変化するかについての知識をもっていない。経営者は，どのような投資機会が存在し，どのくらい収益が多いかについて株主よりも多くの情報を保有しているのである」[15]。よって，経営者報酬の仕組み方は，情報偏在にともなう歪みをもたらさないという意味で，最も効率的なエージェンシー問題の解決策の１つとなる。

　相互会社に即していえば，名目上の主権者・所有者である契約者利益との一体化を図ることで，契約者利益を最大化できることになる。当該契約者のアセット・シェアを認めるのであれば，そのポートフォリオと同一のポートフォリオを経営者の報酬として与えることなどが考えられてもよい。経営者の報酬システムを再構築することで契約者利益との一体化を図ることは，経営者行動に規制をかけディストーションを生じさせるよりもより有益と思われる。もちろん，経営者報酬は組織内部の報酬に関する委員会などが決定するところであり，契約者の直接的関与は困難かもしれないが，誘因両立的であれば経営者自身の利得向上にもつながりうる[16]。保険商品の特殊性を鑑みれば，経営情報の不透明性に対してどの程度払拭ないし解消の努力をしているのか，および経営環境の不確実性を考慮しながら契約価値をどの程度増加させたかを経営者報酬とリンクさせる工夫も考案されてしかるべきである。解約にある種のペナルティー（解約控除）が課され，転換・乗換えにより契約者は不利になるので，

こうした報酬設計は妥当なものである[17]。

　保険契約者には，所有者・出資者の権利として自益権と共益権が認められている。しかし，株式会社の所有者である株主とは異なり，彼らの利益を示す明確かつ単一の指標は存在しない。契約者は保険者・保険会社とリスクを共有する点で株主と同じ立場にある。しかし，利得・利益評価の明確さから株主にコントロール権限を与えることに合理性があるとすれば，保険契約者がこの立場にないことは明らかである。それは一部に相互会社の利潤概念の不明確さにも起因する。しかし，契約者は個人として所有者であるだけでなく，集団としてみれば顧客集団として製品・生産物取引市場で審判する権限を併せ持っている。そのため，株主よりもより強力なコントロール権限を有するはずである。その意味で，相互会社は単に関係者間の利害対立を回避する存在ではなく，保険契約者に強い権限を付与する機構となっている。しかしこうした権限の結合により，契約者利益の向上のための判断基準がわかりにくい。保険取引では価格と品質が同時に提示されるという特性を踏まえたうえで，実現すべき実質的な契約者利益の指標を目にみえる形にすることが求められている。その指標は，保険契約者と経営者双方にとり明示的なことが望ましく，それによりはじめて経営者の逸脱と努力の評価が可能となる。市場機構を前提とする限り，それは経営効率性と財務健全性とを踏まえた，契約価値（ないしLTV）をベースにした保険生産の付加価値を定義した指標となるべきである。

4．相互会社における組織改革：持株会社の可能性

　保険自由化が産業集中度を高め寡占の傾向を強めるとき，市場の審判はますます作用しにくくなる。こうした現状を鑑みるに，保険規制の緩和は必ずしも競争による契約者利益の向上に結実しているわけではない。また，従来から指摘されていた販売組織の非効率性や大企業にみられるX非効率性が解消されているわけでもない。そこで，事業経営の効率化と外部規律の観点からからみて，株式会社化や持株会社化も1つの有力な選択肢になる。また米国の事例では，株式会社化の技術的問題を回避しつつ，両組織形態のメリットを生かす持株相互会社形態もある。この組織では，相互会社の保険契約者である社員の持つ権

利のうち保険関係上の権利（保険契約に関する請求権）は保険株式会社が，社員関係上の権利（投票権や残余財産分配請求権など）は持株相互会社が引き継ぐ。保険関係上の権利を引き継ぐ株式会社が保険事業を行う。社員関係上の権利を引き継ぐ持株相互会社は，持株会社として保険株式会社などの子会社で形成されるグループ全体の管理運営にあたることになる。組織変更後の新たな保険契約者は持株相互会社の社員となるので，相互会社のメリットである契約者（社員）による自治を残すことができる。また，持株相互会社は川下（中間）持株会社の株式の過半数を保有して，実質的な支配権を握り他社からの買収を防止することができる。なお移行の際に，既存契約者の資産の一部は，「閉鎖資産」（closed block）として株式会社内に保有され将来の保険金支払いに充てられるケースが多い。

　持株相互会社にはつぎのようなメリットが存在している。まず，規模の大小を問わず保険会社の資金調達手段の多様化から自己資本の増強に結びつく。これは経営体力を強めることで，経営戦略上有利になるだけでなく，契約者保護の徹底にもなる。中間に位置する保険株式会社では，発行株数の半数は持株相互会社に握られるものの，それ以外は外部の投資家から資金調達することができる。そのためにIRの一環として経営情報の開示が強化され，経営全般の透明性が高まることになる。移行に際しても，多くの先行事例が示すように，株式会社化ほどに技術的困難はなく移行もスムーズに進む。また既存契約者（の一部）への補償も必要ないために剰余金の流出もなく，従来の経営成果を引き継いだまま船出することができる。持株相互会社への移行後には担保資本も充実することから，事業リスクや運用リスクをとった多角化戦略を実行できる。また，川下の子会社の採算性を明確にしながら，出資コントロールによって事業ポートフォリオの柔軟な（再）構築が可能となる。将来的には，こうした子会社の戦略的な活用により「成長段階」，「安定収益段階」などの事業成熟度に合わせた事業展開ができ，事業特性に合わせた人事・処遇を実現できる。人事施策としては，ストック・オプションのようなインセンティブ報酬も活用できるので労働生産性向上への期待も生じる。

　今後は株式会社化や持株会社化が進展する可能性もある。1つには，海外事業展開や販売チャネルの多様化に対する設備投資，そしてフィンテック投資の

活発化など旺盛な資金需要に応える狙いがある。同時に，ソルベンシー・マージン比率規制，自己資本比率規制の強化への対応も要している。とくに，相互会社における資金調達は限定されており，実質的に基金と負債性資本の積増し，もしくは内部留保金の活用しかない。劣後債の発行も考えられるが，剰余金の一定割合に制限されるうえに将来的な返済義務をともなう。さらに，国内の市場が飽和化傾向にあるなかで，つぎの成長機会を窺わなければならない事情もある。

　ただし一方で，脱相互・株式会社化の選択には以下のような克服すべき戦略上の課題が残る。

　①　保有できる子会社の制限，および子会社・関連会社への投融資はリスクが高いと評価される危険性

　②　金融機関や他業種との資本提携・再編への対応，シナジー効果への期待と「法人分離」に基づくリスク遮断の必要性

　③　企業統治（ガバナンス）変革を通じた経営の効率化，経営の透明性確保を通じた保険契約者利益の向上

　加えて，持株相互会社にも以下のような課題や問題点が指摘され，それを運用によって克服しなければならない。内部組織構造上は，川下（中間）持株会社の株主と社員である保険契約者との間で利益相反が全く生じないとはいえない。たとえば，持株会社からの配当原資の程度やその事業戦略・プロジェクトの選択に際してなお利害対立の余地は残される。そのために相互会社組織のように経営成果が全て契約者に還元されるわけではない。一方，株式市場・資金調達市場からは株式会社化ほど歓迎されない。株式会社化と比較すると，組織変更に際して，消滅する社員権に対する補償として既存の契約者に株式や現金が割り当てられることはないので，株価押上げ効果は限定的である。また，発行株数の半数を持株相互会社が有するために，市中では少数株主持分のみとなり株価ディスカウントが生じ不安定化しやすい。さらに，持株相互会社が資金調達を多様化すると，「構造的劣後性」により信用力評価が低下することも懸念されている。

5. 相互会社における制度的監視の重要性

　会社形態の転換を回避するのであれば，それに代替するような管理体制の強化も重要になる。その場合には，内部統制を徹底することや各種委員会を設置し外部監視の目を自ら厳正に求めるなど，これまで以上に自己規律が要請されることになる。同時に，保険行政の基本姿勢は事前監視型から事後チェック型へ転換が図られているが，こうした転換の裏では個別経済主体に結果責任が求められる。消費者である保険契約者は適切に情報を収集し，それを判断する力を身につけたうえで，自らに最も相応しい保険商品やサービスを選択することになる。それにもかかわらず不利益を被った場合には，自身の選択の正当性を主張することで，損失の金銭的な賠償を自ら勝ち取らなければならない。逆にいえば，保険会社にも募集代理人や代理店の過失などを含めて，保険契約者への賠償に備え説明責任を果たすことが要請される。以前にもまして，内部リスク管理体制を強化して，業際間やグローバルな競争下での財務健全性を確保する必要に迫られている。これには，保険会社の内部統制が確立されていることが前提となる。

　しかしながら，保険会社が相互会社形態をとっている場合にはこうした内部統制・自己規律が確立されていたとしても，それが経営者による管理体制を強めることだけに終始するとしたら当初の目的からはずれてしまう。株主による規律が存在しないことから，所有者である社員（保険契約者）の権限を強化するか，委員会制度導入により経営者を対象に含めた規律の強化を模索するか，真剣に議論すべきであろう。とくに委員会設置会社への移行を含めた自己規律に期待したい。事実，大手の生命保険相互会社のなかには委員会制度を取り入れている会社もある。以前の保険金支払い漏れの問題も組織内にセクショナリズムの壁があり，契約者指向が徹底しなかった点が指摘される。こうした問題も含めて，会社内のコンプライアンス体制強化には強力なリーダーシップが要請されている。またこうした体制の是非を客観的に評価できる外部の目も重要である。そして何より，契約者懇談会の活性化などを通じて保険契約者とのコミュニケーションを強め，それを経営改善に的確に反映していく市場対話型の

経営姿勢を強く望みたい。

　併せて，フィンテックやインシュアテックの隆盛のなかでリテール金融分野における製販分離や業態間相互参入が進展しており，保険契約者保護のために新しい枠組みが求められている。金融サービス法そして市場法が制定されたイギリスの事例では，従来型の自主規制機関の見直し，そして統合が進められ，金融サービス機構（FSA; Financial Services Authority）が発足した経緯がある。保険販売に関するルールは，個人投資協会（PIA; Personal Investment Authority）により規定されており，その中心は販売行為規制と罰則規定にある[18]。

　その特徴としてはまず，保険販売に際して募集人自身の身分と手数料体系を明らかにする点である。これにより（潜在的）保険契約者は，推奨する保険商品に偏向がないかどうかを合理的に判断できる。つぎに，契約者の個人情報・私的情報を質問票によって収集し，それに基づいて最適な保険商品を推薦するプロセスをたどる。その際の行為規制のポイントは以下の点にある。

・独立仲介者は保険商品の比較情報と販売する保険会社の経営情報をも提示すること。
・また，過去のリスク・リターンに関する指標や，会社の財務力や経営成果指標が将来においても保証される数値でないことを示し，（潜在的）保険契約者にその判断を任せること（自己責任原則の徹底）。
・一方で，提示された各種の情報をどれだけ理解しているかを確認しフィードバックを行うこと。

　ただ，行為規制は罰則やトラブル時の仲裁機関が整備されてはじめて有効に機能するものである。保険契約者に過度に期待することは，保険商品の複雑性と特殊性から困難である。わが国でも保険会社の倒産が続いたとはいえ，セーフティ・ネットもありその影響については喉元過ぎればの感がある。また，保険商品にしても保障性の強いものであれば，そのリスク・リターンにも保険会社の各種パフォーマンスにも強い関心を示すことはないはずである。一方で，貯蓄性・利殖性そして投資性の強い保険商品であれば，他の金融商品との比較も重要になるので，付随するリスクとその影響も適切に説明しなければならない。

　併せて，誘因両立的な仕組みを保険取引にビルト・インすることは有益である。すなわち，対面販売（コンタクト）からえた個人情報やみえない私的情報を分析し，それに基づく当該契約者の危険回避度や時間選好率，そして説明理解度などをランク付けし，それを類別しながら最適なアプローチ手法を確立することである。これにはAIなどのインシュアテック最新技術も活用できる。これにより，契約者に最適合の保険商品を提示できるだけでなく，保険販売を効率的なものとし販売にともなう事業費を引き下げることで，その成果を契約者に還元することができる。組織的に分離していても情報共有を徹底することで，製販一体的に保険商品を提供していくためにこそ，契約者データベースが効率的に活用されるべきである。

　なおその他の行為規制には，保険商品に関するミクロ・データである「キー・フィーチャー」と，剰余金や配当に影響を及ぼす会社情報である「ウィズ・プロフィット・ガイド」の提示が求められている[19]。

・インフレ率，保険・年金税制などのマクロ・データや剰余金・経費率・解約率などの経営情報のうち，継続契約者への特別配当に影響を及ぼす要因。

・最新の配当政策に関する情報。

・直近5年間の，新契約費・維持費，ソルベンシー・マージン比率などの支払い能力指標，そして資産運用パフォーマンスなど。

　こうした情報の提示は，保険契約者の経営チェック機能の向上にも結びつくので，契約締結後も継続的な提供が望まれる。こうした情報提供が，解約率の低減などの経営指標と結びつくことが望ましい。さらに踏み込んで，契約転換時のメリットやデメリットも含めるのであれば，契約継続などの自己判断ができ契約者利益に資する。ただし，これらの情報の多くは将来情報で不確実性があり，それを最終的に判断するのは保険契約者自身である。根拠や論拠となる情報の収集は各自の努力に委ねられる。関連情報を効果的に提供する責務は保険会社にあるものの，保険契約者も何らかの形で費用負担しているのであり，専門的知識に基づく情報提供に対価が必要であることを理解しなければならない。

補論　費用選好仮説の検証

　ここで費用選好仮説を検証するため，（6-15）を実証可能な式に変換し，生命保険協会『生命保険事業概況』による2011年度から2019年度までの保険会社ごとのプール・データ（サンプル数420）を活用して分析した。分析においては，費用選好仮説を以下2つの仮説に置き換えている。

> **仮説1**：単年度の販売ネットワーク維持のための事業費（γN，ここではデータとして事業費率をとる。なお，事業費実数のログ関数をとってもほぼ同様の結果が得られる）と生産性指標である営業職員1人当たり保険料収入（P）は負の相関関係にある。

> **仮説2**：単年度の販売ネットワーク維持のための事業費（γN）は新契約の拡大には寄与するが，各年度の剰余金を総資産で除した値である（利益率＝S/A）には負の影響を及ぼす。

　以下の分析結果から，全社データでは費用選好仮説の成立が示唆される。

〔図表6-1〕　変数の記述統計（1）

	平均値	標準偏差	サンプル数
事業費率	21.558	15.8261	420
販売効率1	431.008	769.7197	211
販売効率2	590.887	1283.8048	420

〔図表6-2〕　変数間の相関関係（1）

		事業費率	販売効率1	販売効率2
事業費率	Pearsonの相関係数	1	−0.152	−0.325**
	有意確率（両側）		0.363	0.003
	サンプル数	420	211	420

　図表6－2からわかるように，事業費率と販売効率1（＝保険料収入/営業職員数）と販売効率2（＝保険料収入/（営業職員数＋代理店数））はともに負の相関関係にあるものの，後者の関係のみ統計的に有意な負の相関関係がある。

〔図表6－3〕　変数の記述統計（2）

	平均値	標準偏差	サンプル数
事業費率	21.558	15.8261	420
新契約率	12.144	11.0303	420

〔図表6－4〕　変数間の相関関係（2）

		事業費率	新契約率
事業費率	Pearsonの相関係数	1	0.302**
	有意確率（両側）		0.007
	サンプル数	420	420

〔図表6－5〕　変数の記述統計（3）

	平均値	標準偏差	サンプル数
事業費率	21.558	15.8261	420
剰余金比率	2.1638	6.92727	385
純利益比率	0.3407	1.72338	338

〔図表6－6〕　変数間の相関関係（3）

		事業費率	剰余金比率	純利益比率
事業費率	Pearsonの相関係数	1	−0.376**	−0.070
	有意確率（両側）		0.001	0.565
	サンプル数	420	385	338

　図表6－4からわかるように，事業費率は統計的有意に新契約率を押し上げており，規模拡大に寄与している。一方で図表6－6から，事業費率は剰余金比率（剰余金/総資産）と純利益比率（当期純利益/総資産）の双方と負の相関関係にあるが，前者の剰余金比率（文字式におけるS/A）とのみ統計的有意に

負の相関関係にある。そのために，事業費を高め販売ネットワークを維持することが，契約者配当の原資となる剰余金を増やすことにはなっていない。ただし，パネルデータではないために厳密な会社間比較ではない。また，会社形態も区分していないが，区分しても大差はない。両者を区分すると，販売効率は株式会社で高いものの，剰余金比率や純利益比率について相違はない。

●注

1　茶野（2002），84-91頁を参照のこと。そこでは，コーポレート・ガバナンスの7つの構成要素，「コントロール権市場としての資本市場」，「法的・行政的・規制的システム」，「生産物および生産要素市場」，「内部コントロール」，「負債のもつ企業の再組織化機能」，「労働者管理型企業としてのコントロール」，「株価による経営チェック機能」を順次検討している。そのうえで，つぎのようなコントロール環境の変化を指摘している。「団体年金に代表される生命保険市場からの規律づけ，あるいは劣後債務の取り入れなど負債による再組織化機能が，部分的にではあるが期待できるようになってきた。さらに，監督当局自身によるモニタリングのみならず，会計監査やアクチュアリー（保険計理人）によるコントロール機能を強化するという方向も指向される。外部取締役の導入など内部コントロールの効率性向上に関する方策は相対的に容易に導入可能で，コーポレート・ガバナンスへの改善効果も期待できる。」

2　疋（1995），23-25頁。

3　以下の論旨は，マクミラン（1999），第10章に拠っている。

4　ウィリアムソン（1982），47-97頁，および，青木（1986），68-83頁，Rees（1974），pp.295-307.さらに，費用選好仮説を金融機関に援用した文献として，つぎが挙げられる。西脇（1993），155-190頁，および，茶野（2002），70-72頁。

5　相互会社における経営者の費用選好行動は，茶野（2002），70-72頁においてサーベイされている。別には米国保険会社の経営形態問題をサーベイした論文に，三隅（2000），87-108頁がある。そこでは，「所有者による経営者行動への規律づけが制度的に困難であるため，相互会社の経営者は，株式会社の経営者に比べて機会主義的な行動をとる可能性が高い。それゆえ相互会社の経営者に効率的な行動をとる動機づけを与えることが必要となる」（97頁）としたうえで，「別の見解は，市場を通じた経営者の規律づけが相互会社においては株式会社ほど実効的でないという考えにもとづいている。この場合には，経営者報酬の設定によって相互会社の経営者に努力の誘因を与えねばならない」（98頁）としている。さらに，一部の実証結果は，相互会社の経営者による費用選好仮説を明らかに支持するものである。ただし同一市場で競争していることもあり，両会社形態の経営者行動が均質化することもある。

6 ニーハンス（1982），223-230頁。なお以下の数式では保険価格を r とする。

7 橘木・中馬（1993），209頁でも同様の観点から，保険会社の利潤を把握している。なお，ここでは運用資産のリスクや含み益は明示的に取り扱われていない。また，保険商品の品質，特約などの各種のオプションも捨象されている。「生命保険会社の生産物としては，従来の研究では収入保険料，新契約数（高），総資産の増加などの指標が用いられてきた。ここではより正確に，付加価値として生産物を定義しよう。付加価値＝（収入保険料－支払保険金－支払配当金）＋（資産運用収益－資産運用費用）ここで第一項は保険契約・負債ポートフォリオによる収益を，第二項は資産運用による収益を表している。」

8 茶野（2002），149-192頁，北坂（2002），1-23頁，中馬・橘木・高田（1993），197-230頁。中馬・橘木・高田（1993），198頁では「小宮氏の分析では，…相互会社形態をとっている生命保険会社では，（広義の）剰余は従業員の報酬となるか契約者への配当となるはずである。生保会社の剰余が当局の規制のために配当として消費者（契約者）に還元されないならば，それは当然従業員へ向かうしかない」がしかし，「規制のために企業が非効率的な経営を行なったり，本来ならば契約者に還元されるべき利潤が生保従業員のものになってしまうという点に対しては論証が不十分である」としている。そして，生産関数の推計を活用してえられた，内国生命保険会社の効率性と各社の事業費率との相関を確認しているが，会社形態による効率性の有意な格差は認めていない（225頁）。一方，北坂氏の論文では，クロス・セクション・データを活用して，一般化トランスログ型の費用関数を推計して，両会社形態の費用構造の相違を検証している。一部の年次で，相互会社の費用効率上の優位性を認めているが，それは年次によっても異なっており，市場環境が経営効率に強く影響することを確認する結果となっている。なお，損害保険株式会社については山沖・茶野（2019）の265頁において最新の実証分析結果が示されている。

9 茶野（2002），84-91頁を参照のこと。

10 この点につき，宍戸（1993），218-225頁が大変参考になる。なお，保険業に限定すれば，非効率性をある程度抑止できれば，その商品特性から事業の継続性が望ましいこともありうる。また，相互会社の経営者のほうが時間的視野長く経営することができるのであれば，長期的にみた商品改革や経営イノベーションにも適することになろう。さらに，相互会社の経営者に費用選好行動がみられたとしても，具体的な利害対立点が明示されることがなければ，また両者に明確な信託関係がない限り，そうした行動の契約者利益への影響は不明である。併せて，マクミラン（1999），176頁を参照のこと。

11 疋（1995），25頁において「コーポレート・ガバナンスの分析を貫くキーワードはインセンティブである。効率的経営を達成するために工夫された企業経営を行い，もしくは分配可能なパイをできるだけ大きくするために，どの主体にどのような権限と責任を配分すればどのようなインセンティブが生じるかが念頭に置かれて，コーポレート・ガバナンスの効率性が分析されている。そのなかで，中心的な分析対象のひとつとして経営者インセンティブが挙げられている」。また，27頁において「エージェンシー理論の主な内容は，

企業の所有者が経営者に契約を通じて企業利潤を最大化するようにいかにインセンティブ
を与え，経営者のモラル・ハザードをいかに防ぐかということにある。…しかし，経営者
の努力水準が立証できないため，株主は経営者に支払う報酬が立証可能な企業利潤に依存
するような契約を結ぶことによって経営者にインセンティブを与えなければならない」。

　一方，経営者と株式所有者の利害対立については，倉澤（1989），94-97頁に簡潔に整
理されている。とくに，費用選好行動との関連ではつぎの指摘が重要である。「経営者に
とって最適な活動水準は，活動水準の引き上げによってもたらされる企業業績の向上から
の限界的な便益と，活動水準の引上げの限界的な費用とが一致する点である。一方，株式
所有者は，経営者の活動水準の引上げにともなう費用を一切負担しないから，企業業績が
上昇しなくなるまで活動水準を引き上げることが望ましい。一般に，その水準は，経営者
にとっての最適な水準を上回る。」，「経営者にとっては望ましいが，当該企業の業績を拡
大するうえでは，何らの貢献もないような支出（非生産的支出）についての利害対立も，
同様の理論構造をもっている。定義によって，非生産的支出の増加は経営者に帰属する便
益を増やす一方，企業価値の下落をもたらす。…利害の不一致が発生するのは，活動水準
の引下げに伴うコストはすべて経営者が負担するのに対して，それがもたらす便益の少な
くとも一部は株式所有者に帰属するからであり，非生産的支出からの便益はすべて経営者
に帰属するのに対して，それによって生ずる費用の少なくとも一部は株式所有者によって
負担されるからである」。

　しかし，より掘り下げて考えてみれば，経営者を株主のエージェントとしてのみ把握す
ることには無理もあり，そこに「費用選好行動」や「従業員管理型」などの理念が生まれ
る土壌がある。詳しくは宍戸（1993），217-232頁を参照のこと。

12　以下の論旨は，マクミラン（1999）の「第10章　経営者インセンティブを設定する」に
　　拠っている。

13　マクミラン（1999），169頁。

14　マクミラン（1999），170頁。

15　マクミラン（1999），174頁。

16　疋（1995），32頁において「エージェンシー理論に基づいたインセンティブがなんらか
　　の形で日本企業の経営システムに組み込まれている。ただし，強調しておきたいのは，こ
　　れは株主が経営者に提示した契約というより経営者自らの株主に対するコミットメントと
　　して理解すべきである」。米国でも状況は同じのようである。マクミラン（1999），177頁
　　において，「経営者の俸給はプリンシパルである株主によってではなく，エージェントで
　　ある企業の報酬委員会によって決定される。この委員会は社外取締役で構成されており，
　　すでに指摘されたように取締役は株主の意向を完全に反映するという点で信頼できない。
　　報酬委員会が株主の利害よりも経営者の利害を反映させる限りは，株主が望む水準よりも
　　高く，しかも株主が望むほどには企業の業績にあまり反応しない報酬を設定してしまうだ
　　ろう」。

17 茶野（2002），86頁において「（生産物・生産要素市場からの審判として，）生命保険市場における価格競争を促進して「加入時点」での経営チェック機能を高めることも考えられよう。しかしながら，契約の長期性によって，生命保険の実質的な価格は仮定計算に基づく不確実性の高いものとなる。また，保険会社と保険契約者間の情報の非対称性によって，価格情報を適切に提供するにはコストがかかりすぎる」。

18 詳しくはつぎの文献を参照されたい。木村・柴垣（1998），48-52頁。

19 金融サービス市場法制定の経緯については，つぎの文献を参照されたい。小西（1999），145-166頁。

第｜7｜章

特定保険契約における
説明義務と賠償責任のあり方

1. 金融消費者保護法制における保険者の説明義務

　保険商品を含む金融商品の取引においても，金融消費者・保険契約者の自己責任を貫徹することは大原則である。ただし保険商品には他の財・サービスや他の金融商品と比較しても特殊性があり，闇雲に原則を押し立てて自己責任を言い立てることはできない。とくに，保険商品の内容や仕組みが難解なことから，保険会社やその販売代理人・代理店がある程度の説明を行っても，なお十分な理解が覚束ないことも多い。こうした点が「保険取引における情報格差」として指摘されるところであり，トラブルの原因や保険不信の遠因ともなっている。そこで行政側に，適正な自己決定ができる環境整備が要請される。また同じ保険である損害保険と比較しても，生命保険は「遠い約束」である。そのために，保険金支払いの確実性を担保することが重要になり，そのことが「保険の品質」を構成すると考えられる。つまり保険市場では，価格や数量と同時に，その品質を選択しているのである。多くの場合，こうした品質の確保は，取引当事者間でやりとりされる情報の絶対量と金融消費者・保険契約者側の判断能力のあり方に依存することになる。この両者の水準を引き上げるために，一般的な商品広告や会社情報の開示，および個別保険契約に臨んでの情報提供や「助言」が効力を発揮する。そこで本章では，こうした情報格差を埋めるために，保険会社側が果たすべき説明義務のあり方と，その違反時の対応につい

て経済学的な視点から検討する。とくに，説明義務とその立証責任の配分が，取引当事者間でやりとりされる情報の絶対量と金融消費者・保険契約者側の判断能力に及ぼす影響を考える。

　行政側は情報格差を是正して保険市場の適正なワーキングを保証し，併せて保険契約者の利益を保護するために，保険商品の提供者に対して行為規制を行う。この行為規制は，保険業法とともに金融商品取引法や改正された金融商品販売法に基づいて実施される。金融商品販売法（「金融商品の販売等に関する法律」）は「金融商品販売業者等の顧客に対する説明義務違反について，損害賠償責任（無過失責任かつ直接責任）および損害額の推定規定（立証責任の転換）等を設ける法律として，平成12年5月に制定されたもの」であり[1]，制定当時は「民法上の不法行為責任規定の特則を設けることにより，業者の説明義務違反により損害を被った顧客の民事救済に資すること」が想定されていた[2]。そしてその後の裁判例の動向も踏まえたうえで，2006年（平成18年）になって改正されたものである。

　ここで民法の特則とされるのは，民法709条に規定される損害賠償の責任追及にあたって「権利侵害という違法性」，「相手方の故意・過失」，「権利侵害と損害との間の因果関係」，そして「損害額」の主張・立証が必要となるのに対して，金融商品販売法では無過失責任原則のもと「相手方の故意・過失」の主張・立証が不要なだけでなく，「権利侵害と損害との間の因果関係」および「損害額」も推定され，金融消費者・保険契約者側ではなく業者側が立証責任を負うことにある[3]。もちろん違法性については金融消費者・保険契約者側に立証責任が残るものの，その内容は「説明義務違反」に限定されている。その具体的な規程については，以下の3点にまとめられている[4]。

① 説明義務の対象事項を類型化して明示することで，説明義務の内容を明文化している。

② 説明義務の違反に対して，顧客（消費者・契約者）に対して無過失責任かつ直接責任である損害賠償責任を負うものとしている。

③ 当該責任に基づく損害額を推定規定の対象として，元本欠損額を損害額と推定している。

つぎに，2006年における改正内容について概観する[5]。金融商品販売法に

よって業者の説明義務違反により損害を被った金融消費者・保険契約者の救済を図ったものの，現実の裁判ではこうした義務違反があったケースでも民法上の不法行為責任に基づくものが多かった[6]。それは説明義務違反があっても，それが金融商品販売法に規定された金融商品のリスク等に係るものではなく，当該金融商品の仕組み自体の説明不足を認めたものだからである。そこで，その説明義務の対象事項に「取引の仕組み」を追加するよう改正が行われ，その使い勝手の向上が企図された。つまり，当該金融商品にこれこれのリスクが付随していると説明するだけでは足らず，そのリスクが具体的にどのような形で発現するのかを理解してもらうには，金融商品の仕組みに沿った各種リスクの説明が必要となるのである。

　金融商品販売法の改正においては，とくに説明義務の充実が焦点となった。そのために，その対象を「金融商品の販売に係る取引の仕組みのうち重要な部分」に広げるとともに，その内容についても適合性原則を踏まえてより充実したものとした[7]。前者については，取引のプロセスにおける権利・義務にどのようなリスクが付随しているのか，それこそ仕組みに根差したリスク等の説明であり，ここを理解したうえで契約ないし購入に至ることが望ましいと考えられるコアの部分を指す。併せて型通りの説明をしただけでは不十分のそしりを免れず，「理解を確認する」ところまで至らなければならない。すると金融消費者・保険契約者の理解のレベルは，知識，経験，これまでの取引状況に応じて異なるのであり，後者の適合性原則が必然的に浮上してくる。ただし，どこまで金融消費者・保険契約者に応じて，噛み砕いた説明を尽くせば義務を果たしたことになり，どこからが義務違反になるかの線引きは依然として難しい問題である。双方がやりとりを書面にして残していればともかく，理解の程度にかかわらず説明不足との主張を突きつけられる危険性は残存する。このことから，条文には「説明は，顧客の知識，経験，財産の状況及び金融商品の販売に係る契約を締結する目的に照らして，当該顧客に理解されるために必要な方法及び程度によるものでなければならない」とあり，説明の妥当性ないし十分性を客観的に説明できる体制作りを要することになる[8]。こうした体制作りは何も業者側の防衛策としてではなく，金融消費者・保険契約者との良好な関係を築き無用なトラブルを防ぐためにも意義があると考えられる。

2．保険における情報格差を埋める施策

　保険・銀行業を営む業者・組織は金融商品取引法に規定される金融商品取引業者には含まれないものの，保険会社およびその代理店・代理人も金融商品販売業者であり金融商品販売に際して法律に規定された説明義務を負っている。そのために，保険会社は保険商品の仕組みからそれに付随するリスクまでを，適切に契約者に説明しなければならない。以下では，主に変額保険等の特定保険契約を例にとって，販売時や勧誘時における保険会社の説明義務について整理してみたい。投資性の強い金融商品や保険商品については，各業法によって金融商品取引法の規制が準用されることになり，それには変額保険・年金，外貨建保険・年金そして解約金変動型の保険・年金などの特定保険契約が含まれるからである[9]。こうした特定保険契約ではその仕組みに根差して価格変動リスクや為替リスクが生じるとともに，特別勘定の運用費用や為替手数料などの別途費用がかかる事情もある。ここで金融商品取引法が準用される対象と内容について，以下の事項が挙げられている[10]。

① 　広告等の規制
② 　契約締結前・締結時の書面交付義務
③ 　一定の条件下の不招請勧誘・再勧誘の禁止[11]
④ 　損失補填等の禁止
⑤ 　適合性原則の適用

　こうした準用規程に応じて，個別の保険契約における情報格差を解消するように，そして説明義務を果たすために，保険契約の勧誘時にも工夫が施されている。取引の仕組みについては契約の概要や契約のしおりなどによって，またリスクとの係わりでは注意喚起情報の書面交付によって説明が尽くされることになる。また，取引の目的については意向確認書面によって対応がなされるとともに，勧誘時点で知りえた金融消費者・保険契約者のニーズに照らし合わせることで，それを汲み取った契約内容になっていることも確認できるのである。

　ただし意向確認書面では，契約者のニーズとして遺族保障，医療・介護保障，そして年金保障・老後所得保障の区分や貯蓄部分の必要性，そして保証を求め

る期間等，最小限の情報を確認することが目的とされている。そのため，契約以前から契約者が思い描いていたものにすぎず，たとえば営業職員からの情報提供によってあらたなニーズが喚起されたことや，新たな保障・補償の必要性を感じたことを確認することはできない。ある意味で潜在的なニーズを顕在化したにすぎないのである。情報格差を解消するためにどのようなやりとりが行われ，それがどの程度有効であったかを確認する方法たりえない。

　とくに投資性商品である特定保険契約では，通常の項目に加えて投資目的や投資意向に関する確認も行われるが，必ずしも投資行為に慣れていない保険契約者にこの点を確認するだけではやはり不十分であろう。契約内容や注意喚起情報を受けて，それをどのように咀嚼しているかの程度についても再度の確認機会を要している。投資性商品については，金融消費者・保険契約者の知識・経験，収入状況やその目的に加えて，当該商品に付随する解約時点や契約更新時点のリスクについても十分な理解のうえで契約締結に至ることが望ましい。また，保険会社の信用リスクや破綻時の対応についても然りである。「理解の確認」までを説明義務に含めないとしても，「保障」目的で投資性商品を購入する場合には，一般的な保険商品・保険種目とは異なる扱いをしなければ，とても説明義務を果たしたとはいえないと考える。

3．特定保険契約としての変額保険の商品内容とリスク

　特定保険契約の1つである変額保険はエクイティ（エクイティ・リンク）型商品の一種である。エクイティ（エクイティ・リンク）型商品とは，一般投資家から投資された資金をプールしてファンドを形成し，その運用成果が投資家個々の持分に応じて還元される仕組みである。契約者の支払い保険料のうち純保険料部分から危険保険料を控除した金額を分離勘定（特別勘定）に繰り入れ，そこでの投資運用実績により保険金額が増減するものである[12]。こうした特徴から，投資信託の類似商品にみられがちであるものの，あくまでも生活保障が目的であり最低死亡保険金額に保証があるものがほとんどである（**図表7-1**を参照のこと）。

〔図表 7 - 1〕 変額保険・年金と投資信託の相違

	変額保険・年金	投資信託
運用期間中の収益に対する課税	運用収益は再投資資金に回されるため,年金受取り時まで課税繰延べ	分配金に対する20%の源泉分離課税
解約時の課税	一時所得扱い	収益に対する20%の源泉分離課税
所得控除	保険料は所得控除の対象(生命保険料控除)	なし
相続税上の取扱い	(500万円＊相続人数)までは非課税財産	時価で評価し課税
中途解約時の手数料	短期解約に対する高率のペナルティー	投信の種類により相違するものの比較的低率
ファンドの選択	保険会社による特別勘定数に制約	多数のファンドから自由選択
受給権保証	保険会社の破綻時には,保険・年金額の減額の危険性	運用手法に応じて変化し元本保証はない
手数料	購入時に手数料は不要 運用・管理費用は年率 1 ％程度 保険関係費用は年率 1 ～ 2 ％程度 早期解約に対しては解約控除(ペナルティーは10％前後)	購入時に1.5％程度の手数料

(出所) 石田・庭田(2004),104-105頁から作成。

　具体的な保険金額は以下のように決定される。まず,分離勘定において予定利率を上回る運用成果が出ると,積立金は当初予期された責任準備金を上回ることになり,差額分の超過資産(責任準備金割当て部分と契約者ごとの持分との差額)が生じる。この超過資産を一時払い保険料として保険金額を買い増していく。運用実績がマイナスに振れても,約定された最低保険金額(基本保険金額)は保証されることになる。ただし,解約返戻金に関しては最低保証はなく,個人持分から解約控除を差し引いた金額になる。

　こうした保険金額決定の仕組みはユニット方式と称され,日々変動していく契約者持分をユニット数とユニット価格で捉える。分離勘定に繰り入れられる純保険料部分により購入可能なユニット数は,購入日のユニット価格に応じて変化する。そこで運用実績に基づいてユニット価格を決め,それをユニット数

と掛けることで評価日における責任準備金を決めるのである。

購入可能ユニット数　　　＝純保険料/購入日のユニット価格

ユニット価格　　　　　　＝評価日直前のユニット価格＊
　　　　　　　　　　　　　（１＋正味投資・運用利回り）

正味投資・運用利回り　　＝（利息・配当（インカム・ゲイン）＋
　　　　　　　　　　　　　資産損益（キャピタル損益）－税金－経費）／
　　　　　　　　　　　　　（期始の総ユニット価格）

評価日における責任準備金＝ユニット価格＊ユニット数

　変額保険では，保険会社の資産運用の結果が直接，保険金額や解約返戻金に
反映される。つまり，定額保険では予定利率が保証されているのに対して，変
額保険では予定利率が保証されておらず，保険金は投資運用実績に応じて変動
する（ただし，計算基礎率としては予定利率が活用されている。なお，予定死
亡率や予定事業費率は保証されている）。その運用成果を契約者に直接帰属さ
せるために，資産特性が異なる一般勘定資産とは区分して分離勘定により変額
保険の積立金を管理する。変額保険のキャッシュ・フローとして，その営業保
険料全体を分離勘定に繰り入れ，利差損益だけでなく死差損益や費差損益を分
離勘定でのトータル損益と考え保険金額に反映させる方式もある。しかし通常
は，分離勘定を純粋な投資勘定として機能させるために，付加保険料は一般勘
定に振り向け，分離勘定で生じた死差損益や費差損益なども一般勘定に振り替
える形で管理するケースが多い。営業職員への手数料その他の事業費は一般勘
定から支出される。分離勘定における運用では，有価証券の売却・実現損益そ
して株式の評価損益も積立金そして保険金額に反映されるために，トータル・
リターンの確保，長期安定的な総合利回りの追求が重要である。このことから，
単年度での利回り変動はある程度容認されるべきである一方，損益配分の基準
となる契約者持分の評価を適正にするためには当然のことながら時価評価が前
提となる。

　こうした商品特性から，資産価格変動リスク等の投資リスクは契約者に転嫁
されるのである。そのために，投資リスクを負担する金融消費者・保険契約者

へ各種情報の提供を充実し，契約者保護を徹底しなければならない。とくに，保険契約時点における情報提供を通じた説明責任，および保険期間中の情報開示のあり方がポイントになる[13]。変額保険の特性に鑑みれば，運用実績がマイナスになり不利益を被るリスクは，保険金額や解約返戻金が運用実績により変動するという仕組みから招来されるのであり，詳細な取引の仕組みを説明することが保険会社，代理店ないし営業職員側の責務になる。この説明のために，仮想的な実現金利の想定を置いて，具体例に即した説明をすることも重要になってくる。さらに，適合性原則を満たすためには，契約者の知識や過去の取引経験だけでなく，投資信託等の投資経験についても判断材料に加えるべきであろう。

　発売当初の契約目的が多く相続税対策であったことからもわかるように，自営業者や一部の資産家層にニーズが高かった事情がある。収入が不安定なこともあり，資産価格の下落が家計の逼迫につながりかねない。そのために一時点での収入や資産状況では，必ずしも適切な判断ができないこともある。とくに，一時払いの保険料を銀行融資で賄ったケースに妥当する。本来であれば，変額保険により実質購買力が維持される利点と同時に，将来的に家計を圧迫するリスクも説明しなければならない。ただ，こうしたコンサルティングやアドバイスの役割までも保険会社の責務とは言い切れない。あくまでも信義則上の説明義務とされる内容であり，義務違反により不法行為責任が成立するわけではない[14]。そのために，投資性・投機性の強い保険商品，特定保険契約に関する説明責任については，他の保険商品に増して約款や法律の条文では言い尽くせない部分が多いと考えられる[15]。

4．特定保険契約における立証責任配分の考え方

　保険商品の販売業者（金融機関，保険会社の代理店等）に対する説明義務の強化は，契約者保護に資することは間違いない。ただし，実際の説明義務は立証責任のあり方と表裏をなすのであり，両者を一体的に捉えることではじめて保護の度合いを確定することができる。そこでこの点をモデル分析することで説明責任義務の効果を経済学的に把握しよう[16]。

　金融商品販売法では，元本割れのリスクについてその説明義務を販売業者に課し，それが不十分なケースでは実際の損失程度や業者の過失について問うことなく賠償の責任を認めている。ただ，依然として元本割れのリスクに関して十分な説明が行われたか否かについては，顧客である契約者側にその立証が求められており訴訟においてもこの点が論争になる。契約者に立証責任が問われてしまうと，事実認否を重視する訴訟では契約者の意に沿った解決になることは少ないであろう。同時に，適合性原則が厳格に適用される場合は問題にならないとしても，型通りのないし杓子定規の説明で事足りるとすると，一部の契約者に救いの手は届かない。多様なニーズと多様な生活背景を持つ契約者に一律の画一化された対応では納得感は得られない。つまり，法律に則ったマニュアル化された杓子定規の販売体制をとればとるほど，そこからこぼれ落ちる契約者が増え不平不満が募ることになる。こうした法律を補うためにも，木目細やかな販売姿勢を欠くことはできず，個別業者の裁量に基づく工夫があってこそ契約者保護法制が生きることになる。

　ここでは説明責任義務のあり方を考察するために，保険商品として投資リスクが付随する変額保険・年金を取り上げる。まず，モデルの記号と基本構造をつぎのように記述する。

・取引当事者である金融消費者・保険契約者と販売業者はともに簡単化のためにリスク中立的とする。

・0時点において，金融消費者・保険契約者は販売業者から，元本割れのリスクのある保険商品を購入する。購入金額を I，販売手数料を F とする。

・将来のある時点1におけるキャッシュ・フローを確率変数の $\tilde{R}$ で示す。この値は，運用が成功すれば $[\tilde{R} > I + F]$ であり失敗すれば，$[\tilde{R} < I + F]$ になるとする。

・販売業者の優劣を運用能力の相違で示す。それにより，2つの保険商品，θg と θb に分かれるとする。ここで，優良な金融商品・運用主体では $\tilde{R}$ の確率は Pg であり，劣悪な運用主体では Pb になるとする。なお，$1 > Pg > Pb > 0$ が成立している。

・取引当事者間に情報の非対称性が存在し，販売業者は自身の運用能力を知っているものの，金融消費者・保険契約者にはその判別がつかないものとする。

ただ，後者は市場における優良な運用主体の割合（γ）のみは知っているとする。

・販売業者に説明義務が課されており，保険商品の販売プロセスにおいて説明の機会があるものとする。すなわち，2つの保険商品（θg, θb）を区分する説明の状況を θ_1（販売業者のみ既知）で示すと，これと事後的な結果の θ_2 との乖離が説明責任を問う際に重要になる。説明義務違反はこうした θ_1 と θ_2 の相違として表現されることになる。なお，このような義務違反は販売プロセスにおいてのみ発生するものであり，結果責任ではないことに注意を要する。

・ここでは取引当事者の参加条件を明示しておきたい。代替的な投資機会の収益率を ρ としたときに，次式が成立するケースでのみ金融消費者・保険契約者は当該商品を購入する。

$$PgR > (1+\rho)(I+F) > PbR$$

・同様にして，販売業者が市場に参入するのは，当該商品の手数料が期待損害賠償金額を上回っているときのみであり，そうでなければ市場から退出することになる[17]。

・最後に，社会全体でみた当該保険商品の有用性は次式で示される。

$$\gamma PgR + (1-\gamma)PbR > (1+\rho)(I+F)$$

さて以下では，保険商品タイプの説明に関する3つの状況を想定する。

① 立証責任が金融消費者・保険契約者に課されているケース

② 立証責任が販売業者に課されているケース

③ 金融消費者・保険契約者が一定の蓋然性をもって販売業者側の説明義務違反を証明できれば，販売業者側の説明義務違反を認めるケース

こうしたケースに分けて，取引の帰結とそれに影響する要因について，ゲーム理論に基づいて考察する[18]。

① 立証責任が金融消費者・保険契約者に課されているケース

θ_1 と θ_2 の判別が不可能であると，金融消費者・保険契約者は説明義務違

反を立証することはできない。そうすると保険商品の種別にかかわらず，販売業者はgタイプ（θg）と説明することが得策になる。これに対して，金融消費者・保険契約者は，外生的に与えられる種別に関する確率分布，gタイプにあたる確率の信念に応じて，当該保険商品がgタイプと信じる者だけが市場取引に参加する。こうした結果，事前分布通りにgタイプ（θg）とbタイプ（θb）が存在し期待収益率が確定する。販売業者によりおざなりな説明が行われ，市場取引においてbタイプ（θb）が駆逐されることはない。

②　立証責任が販売業者に課されているケース

　販売業者に100％の立証責任が求められると，説明義務を果たしていたとしても，結果的に金融消費者・保険契約者に損害が発生すると，販売業者に賠償ないし元本補填が要請される。こうしたケースでは，金融消費者・保険契約者が当該保険商品はbタイプとわかっていても，元本を補填してもらえるので必ず当該商品を購入することになる。

　これに対して，賠償を求められる販売業者は，元本に掛かる賠償金額と販売手数料を比較することで，以下の3つに場合分けして取引することになる。なお，金融消費者・保険契約者はF値を既知とする。

(i)　$(1-Pb)\,I < F$が成立する場合

　　販売手数料の方が多額なので結果的に賠償責任に問われても問題なく，全ての商品を優良なタイプと説明することになる。金融消費者・保険契約者にはこれが判別不能なので，2つのタイプの保険商品が取引される。

(ii)　$(1-Pg)\,I < F < (1-Pb)\,I$が成立する場合

　　劣悪なタイプを販売してしまうと販売手数料を上回る賠償の危険性が生じるので，優良タイプの商品しか販売しないことになる。当然のことながら，当該商品が優良商品である旨を説明することになる。この場合，劣悪なタイプは自然と駆逐されるので優良商品のみが出回ることになる。

(iii)　$F < (1-Pg)\,I$が成立する場合

　　販売業者はいかなるタイプの保険商品も取り扱わず，金融消費者・保険契約者は取引を希望しているにもかかわらず市場は成立しない。

③　金融消費者・契約者が一定の蓋然性をもって販売業者側の説明義務違反を
　証明できれば，販売業者側の説明義務違反を認めるケース

　こうしたケースでは，両取引当事者ともに100%の立証責任を負うことなく，
訴訟により裁判官の「心証」を獲得することによって，説明義務違反の賠償の
有無が決まることになる[19]。

　そこでまず，ケース①に近く，金融消費者・保険契約者に反して，販売業者
寄りの判決・判断が多い場合を想定する。このときには，①にみるように，「g
タイプ（θg）とbタイプ（θb）が存在し期待収益率を得ることになる。販売
業者によりおざなりな説明が行われ，取引市場においてbタイプ（θb）が駆
逐されることはない」状態に近くなることが予期される。ただし，過度におざ
なりな説明が行われれば，金融消費者・保険契約者に有利な判決も下される可
能性がある。結果的に，両タイプの金融商品が存在する状況や期待収益率は変
わらずとも，販売業者による「心証」確保のための（平均的に）予防的な行為
や行動は頻繁化しよう。一方で，こうした平均的な行動変化とは別に，保険商
品のタイプを正しく開示する販売業者の割合が増え，これが金融消費者・保険
契約者により認識されるタイプ別の分布状況の変化につながれば，取引参加者
が増え市場活性化にはつながる。しかしながら重要なことは，個別保険商品の
タイプは依然として判別不可能なのでbタイプ（θb）が駆逐されることはな
いのである。つまり，ケース①と状況は大きくは変化せず，販売業者による
「心証」確保のために，不必要な費用のみがかさむ危険性が高いことである。
金融・保険市場における情報格差を前提にする限り現行の訴訟ではこうした
ケースに陥りやすい。

　これとは逆に，ケース②に近く，金融消費者・保険契約者寄りの判決・判断
が多い場合を考えてみよう。ここでは，（ⅰ）$(1-Pb)\,I < F$，（ⅱ）$(1-Pb)\,I > F$のケースに分けることができる。前者のケースでは，②と同様に，
販売業者は両タイプの保険商品を販売し全てを優良タイプと説明する。これに
対して後者のケースでは，②のケースとやや異なり，賠償責任リスクが高くそ
れが収益である販売手数料に見合わないために，販売業者は慎重にならざるを
えない。極端なケースでは，販売業者は全てを優良タイプと偽るとしても，劣
悪な保険商品自体が出回ることが少なくなってくる。こうして高額な損害賠償

が予期され，販売手数料は低く抑えられる場合には，かえって販売業者の説明責任を問うケースが少なくなったりそれが困難になる可能性が高くなる。

　こうした事態は，次章で論じる金融ADRに当てはまることも多い。高額な損害賠償が予期されない前者のケースでは，比較的容易に金融消費者・保険契約者の意向に沿った解決が行われやすい。一方で，高額な損害賠償が問題となるケースでは，訴訟によっては販売業者の説明責任を問うことが難しくなり，金融ADRによる調停や仲介が有効になるのである。

　ここで，θ_2は当該保険商品のリスク程度，ここでは運用能力の程度であり，θ_1は当該保険商品そして運用主体がどのタイプかを示している。このとき事後的に立証されるタイプに応じて説明責任の配分を変化させると望ましい資源配分が達成できることがある。それは，運用環境の悪化によって実際に損失が発生しており，事後的にθ_2がθbであることがわかれば，θ_1がθbであることの立証責任を販売業者に求めるのに対して，事後的にθ_2がθgであることがわかれば，θ_1がθgでないことの立証責任を金融消費者・保険契約者に求めるのである。後者では，不十分な説明状況を金融消費者・保険契約者が証明する必要があることになる。

　こうしたルールのもとでは，期待賠償額が小さい（販売手数料が大きい）ときはともかく，期待賠償額が大きい（販売手数料が小さい）ときには販売業者は保険商品タイプを正しく伝達し，かつ優良タイプだけを売り出すことになる。リスク程度が高く，運用能力の低い保険商品タイプでは，立証責任を問われる可能性が著しく高く巨額の賠償額につながるからである。このようにして，立証責任のあり方を状況に対応させることで，より望ましい資源配分が達成される。

　こうした対応は訴訟手続きなどでは非現実的である。しかしながら，金融ADRのような手段を活用することで，たとえば申立人の希望通りの保険商品であれば，リスク程度の説明責任の立証を金融消費者・保険契約者側に負わせ，そうでないケースでは販売業者側に負わせることも考えられる。状況に応じた立証責任の配分が効率的な資源配分を実現することを前提に，金融ADRにかかる機関で紛争事例を積み重ねることで，配分方法の妥当性を検証し望ましい配分のあり方を導くこともできる。

5．特定保険商品販売のあり方

　本章では，特定保険契約の消費者である保険契約者の保護法制を概観したうえで，とくに保険の募集・勧誘における説明義務のあり方について検討を加えた。そのうえで，特定保険契約として変額保険・年金の仕組みや特性を概説しながら，その特性に応じた説明義務のあり方について適合性原則を踏まえて考察した。そこではまず，金融商品販売法が規定する重要事項である取引の仕組みは，内在するリスクと密接不離の関係にあることを確認した。一方で，適合性原則が想定する契約者の属性を考慮するだけでは不十分であることや，取引の目的についてより詳細な説明をするべきことを問題提起した。ただしこうした問題点を指摘するためには，過去のトラブル事例や裁判例をより詳細に検証する必要がある。

　最後に，既存のモデル枠組みを活用しながら，立証責任配分のあり方を分析した。そこでは，変額保険・年金の商品タイプの優劣を分け，劣悪な商品が駆逐され優良な商品が普及するために，契約当事者間でどのように立証責任を配分すべきかを明示した。①立証責任が金融消費者・保険契約者に課されているケースでは，販売業者側の機会主義的な行動により，おざなりな説明により望ましい状況が達成されることはない。これに対して，②立証責任が販売業者に課されているケースや，③金融消費者・保険契約者が一定の蓋然性をもって販売業者側の説明義務違反を証明できれば販売業者側の説明義務違反を認めるケースでは，一定の条件が整えば望ましい状況に至ることが明らかにされた。とくに，③のケースでは，期待賠償額が大きい（販売手数料が小さい）ときには販売業者は商品タイプを正しく伝達し，かつ優良タイプだけを売り出すことになる。そのために，金融消費者・保険契約者が一定の蓋然性をもって販売業者側の説明義務違反を証明できる環境を整えることが肝要になる[20]。ただし，それが及ぼす取引当事者の事前行動の変化や裁判官による一定の推定に基づく「心証」形成のあり方について深い洞察が必要になる。これらの知見のうえに，関連法規を整備しなければならない。こうした経済学的な研究もまだ十分に蓄積されておらず，今後の課題として残されている。

●注―――――――――――――――――――――――――――――――――

1　池田（2006），16頁。なお，塩原（2007），73頁によればそのポイントは以下のように整理される。①金融商品取引において元本欠損が生じる恐れがあることとその要因および権利行使期間や解約期間の制限などの重要事項について，金融商品販売業者が顧客に説明することを義務付けたこと，②重要事項について説明しなかった場合には，それによって生じた元本欠損額を説明義務違反によって生じた損害額と推定し，金融商品販売業者に賠償責任を課したこと，③金融商品販売業者が金融商品の販売を行うに際し，あらかじめ勧誘方針を定めるとともに，これを公表することを義務付けたこと。なお，③の具体的な事項はつぎのように整理されている（日本生命保険生命保険研究会編（2011），538頁）。(i)勧誘の対象となる者の知識・経験及び財産の状況に照らし配慮すべき事項，(ii)勧誘の方法及び時間帯に対し，勧誘の対象となる者に対し配慮すべき事項，(iii)それ以外に，勧誘の適正の確保に関する事項，である。このように金融商品販売法では勧誘に係る禁止事項等を定める形式をとらず，個別金融商品販売業者に勧誘方針の策定を義務付け，それを公表させることで市場の審判や選別機能を発揮させる方途をとる。そのため，業者には自己規律や自浄能力を期待することになる。

2　改正前の金融商品販売法では，その3条1項において，説明すべき重要事項として，以下の項目を挙げていた（塩原（2007），75頁）。①元本欠損が生じる恐れがある旨及び元本欠損を生じる要因，具体的には価格変動リスク，為替リスクおよび金融販売業者自体の業務や財務状況の変化，②権利行使期間の制限又は解約期間の制限，である。

3　池田（2006），17頁。塩原（2007），77頁では，こうしたことから金融商品販売法では顧客側の負担が著しく軽減されている点を評価する。一方で，「こうした法律でも，重要事項の説明有無についての立証責任は顧客側にあるので，顧客は金融商品の勧誘や販売過程での記録保持に十分留意しなければならない」と指摘している。

4　池田（2006），16頁。

5　池田（2006），18頁。なお，改正前の金融商品販売法施行後にも，金融商品取引をめぐるトラブルは続発していた。それは，新種の金融商品によるトラブルに対して規制が後追い状況にあり，また同一の経済的機能を有する金融商品に対して規制が重複したり取引ルールが異なる事態に陥っていたことにもよる。そこで，金融商品全般を対象とするより包括的な規制の枠組みとして，「投資サービス法」が考案され，紆余曲折を経て金融商品取引法の制定，施行に至った。同じ経済的機能を有する金融商品を同一規制の対象とすることは，金融消費者の保護の観点から高く評価できる。一方で金融商品取引法に金融商品販売法を取り込むのではなく，それを改正したうえで存続させることとした（塩原（2007），83頁）。それは，両法律の対象範囲の相違と性格の相違によるものと説明されている。

6　池田（2006），16頁，および，塩原（2007），84頁。

7　池田（2006），17頁。

8　池田（2006），20頁。ただし，こうした経営努力にもかかわらず紛争が生じた場合には，

最終的な義務履行の有無は裁判に委ねられることになる。保険商品についてこうした規定が直接適用されるのではなく，各業法で準用規定を置く形式がとられる。これは各業法の行為規制との重複を避けるだけでなく，行為規則違反の処分を一元的に行う目的がある。

9　特定保険契約は「金利，通貨の価格，金融商品市場における相場その他の指標に係る変動によりその元本について損失が生じるおそれがある保険契約」として内閣府令で定めるものである。

10　金本（2006），5頁。保険業法では保険募集人等が対象である。

11　川口（2006），29-30頁において，「不招請勧誘規則は顧客の被害を未然に防止するための方策として有用なものである。他方で，販売業者にとっては，販売機会が大幅に減少し，営業に与える影響は甚大である。そのために，制度を導入するにあたっては，顧客側の不利益と業者側の不利益を慎重に比較考慮しなければならない。顧客の不利益には次の2つの観点からのものがある。第1は，勧誘の不意打ち性，執拗性などから，生活の安静を害されるという不利益である。電話勧誘について，かかる利益を重視して，再勧誘規制を容認することが多い。この観点からは，プライバシーを害さない勧誘であれば許容されることになる。金融商品販売法は，勧誘の方法および時間帯に関し，勧誘の対象となる者に対し配慮すべき事項を『勧誘方針』として定め，公表することを義務付けている（金販法8条参照）。…第2は，顧客の自己決定権が侵害されるという不利益である。この観点からは，顧客の意向と実情に適合した勧誘がなされている場面では，不招請勧誘規則をとくに定める必要性は生じない。したがって，適合性原則が遵守されない業者または業界に限り，不招請勧誘の禁止という措置が必要になる」。なお，各保険会社の勧誘方針には，両観点から不利益回避の措置を明記するものが多い。

12　なお，わが国の特別勘定資産に対する運用規制は，総枠の規制以外には存在しておらず自由裁量度の高い運用が可能である。

13　甘利（2007），143-146頁において，契約締結時の情報提供のあり方と情報開示について詳細な説明がある。また，契約締結以前の情報提供が重要であり，なおかつ営業職員にも専門知識を要することから，業界は自主運営制度である販売資格制度を創設したのであり，その経緯が説明されている（144頁）。さらに定額保険に比べて不確定要素が多いことから，保険業法300条および旧大蔵省の通達では，募集・勧誘に際して固有の禁止行為が定められている（145頁，157頁）。

14　甘利（2007），158頁。

15　なお，日本生命保険生命保険研究会編（2011），539頁によれば，変額保険については，その元本欠損額の捉え方にも議論がある。「市場の相場変動が特別勘定の積立金に運用成果を反映する変額保険については，特別勘定への投入金額を投資額と考え，その解約価額を投資の成果ととらえることが可能である。したがって，前者と後者の差額がマイナスの場合，その差額を金融商品販売法上の元本欠損と考えることができる。」，「変額保険の損害賠償請求訴訟例において，払込保険料総額と解約返戻金額の差額が民法上の損害と認定

されるケースがあるが，金融商品販売法上，死亡保障コストなどについては，定額保険に準じ，元本欠損に含まれないと考える余地がある」。

16　藤原 (2009)「第8章　投資家保護と金融商品販売法；説明義務と立証責任の配分」におけるモデルに裁判官の「心証」や損害賠償責任のあり方を加えて展開したものである。

17　なお，法定損害賠償では，各々「履行利益」，「信頼利益」，「原状回復利益」を対象とすることが考えられる（細江・太田 (2001)，54頁）。ここでは，最後の考え方をとるものの，その金額について変額保険では特殊性があることは既に指摘した通りである。

18　ゲームの流れ図については，藤原 (2009)，214頁の図8－1による。

19　なお，細江・太田 (2001)，27-39頁では，裁判官の心証形成をベイズ定理から検討している。

20　細江・太田 (2001)，94頁。なお，109頁においては「一般ルールとしては提訴意思決定者が証明責任を負担し，例外ルールとして，証明責任の転換が行われ，被提訴者が証明責任を負担する，これが証明責任の最適配分になる」と指摘している。

第 | 8 | 章

金融ADRが保険市場に及ぼす影響

1. 保険契約者からみたリスクと情報の不完全性

　金融商品と付随するサービスの多様化や高度化により，それに内包されるリスクの実相はますますみえにくくなっている。保険商品についても，消費者ニーズに呼応して，またICTをはじめとした技術革新によりその商品内容や仕組み自体が複雑化している。元来，それには各種のオプションが組み込まれており，保険商品はオプション・パッケージともいえる。21世紀に入り規制緩和が進展するなかで，こうした特徴を活かして家計の資産管理に直結するアカウント型などの保険商品も開発され販売されている。しかしながら，保険期間中の金利変動により予定利率が変化し，支払い保険料の金額が増減するなどの危険性もある。また，長寿化のなかで第三分野保険，傷害疾病定額保険，医療・介護保険，そして認知症保険が脚光を浴びているものの，主契約・単品商品に付けられた各種の特約が保険金支払い漏れ問題を引き起こす要因にもなった。こうした保険商品では，約款に記載されている補償内容や免責条項がわかりにくく多くのトラブルの原因ともなっている。もちろん，販売や契約時点で説明が不十分であったことも一因であるが，複雑な商品設計がこうした事態を誘引している側面もある[1]。

　いずれにせよ，本来的に理解しがたい，説明の難しい商品内容であったものが，保険自由化後の商品開発競争のなかで，また契約者の利便性や選択性の名

のもとにその複雑性に拍車がかかった感は否めない。元来，保険取引をはじめ金融取引では，金銭と表裏一体で権利関係がやりとりされるものの，保険商品の複雑化や特約多様化によって「保険金・保険給付請求権」をどう行使したらよいかわからない状況も見受けられる。それには，保険自由化にともなう過度の差別化競争，具体的には「生存」，「医療」給付における保障の「多機能化」や給付事由の多様化が負の影響を及ぼしている。一方で，業態間の垣根が撤廃され，業際競争が激化しているなかで保険と金融の一体型商品も登場している。特定保険契約が登場し，特別勘定設置の保険商品や解約返戻金変動型保険，そして外貨建保険・年金が含まれる。これらの保険商品には複数リスクが付随しており，時間をかけた販売時の説明でも，不慣れな金融消費者・保険契約者には理解が覚束ないこともある。現在は特約の簡素化をはじめとして，こうした商品設計上の問題は少しずつ解消されているものの，販売チャネルの多様化や製販分離の状況下にあって販売や契約時のわかり易い説明にはなお工夫の余地が残されている[2]。一般的な金融商品にもまして，保険の財・サービスとしての特殊性から，市場における情報の非対称性から生じるリスクは大きい[3]。

　保険契約者が保険料の対価として受け取るものは，保険契約に定められた保険金請求権でありそれは無形財に属する。また，保険金請求が約定された保険事故を契機とするのであり，現実に契約者が保険契約の有用性を認識するのは保険契約時点（保険商品の購入時点）ではなく，保険金を受給する将来時点であるので将来効用財とされる。そのため，契約時点・購入時点における一時点での契約者保護では意味をなさず，商品情報や経営情報の保険期間を通した継続的な提供と行政による保護策が重要になる。

　さらに，保険は販売即生産財ないし製販一体財とされ，教育や医療行為と同様に，サービス提供時点で生産活動が実現しているとされる。教育サービスが一方的な専門知識の提供や授与とみなされるのに対して，医療サービスはサービスの受け手との共同生産にもなる。保険の生産過程において，保険提供者・保険会社側の一方的な専門知識ではなく，保険契約者が契約時点で持ち寄る危険・損害情報が1つのインプットと考えられ，また外生的な金融情報もインプットでありうる。そして，保険の生産技術は投入された私的情報としての危険・損害情報と外生的な金融情報を加工して，将来の不確実な事故費用を保険

料として確定することである。このように保険生産のインプットは情報であり保険商品自体も情報財とされる。さらに，一部のインプットは契約者側が保持する私的情報であり，その適正さを確保するためにも保険契約者との利害共有が一部で必要とされる。

2．保険契約者保護のための重層的な構造

　保険商品自体が情報財であるとすれば，やりとりされる情報の適切性を担保する仕組みが不可欠であり，こうした仕組みを官民で工夫することになる。そこで，行政による保険規制と業界による自主規制が必要となる。

　保険商品の特殊性を鑑みて，契約者を保護するためにこれまでにも重層的なスキームが構築されている。行政側は，商品内容や料率設定に関する許認可や保険募集にかかる行為規制により，契約者に不利益が及ぶことを未然防止してきた。近年では，金融商品取引法を保険業法に準用する形で援用し，苦情やトラブルの原因となる当事者間の情報格差についてそれを埋めるための方策も講じている。また，保険市場や金融・資本市場からの審判（市場規律），消費者団体からの要請・要望も保険契約者保護に資するものである。さらに，外部からの影響や圧力も受けながら，会社のガバナンス体制を整える自己規律も重要である。こうした枠組みのなかで，業界団体主体・主導の金融ADRを適切に位置付け，契約者保護に果たす役割を考える必要がある。

　保険政策には，保険成長政策，保険安定政策，保険公正政策があり，契約者保護には後二者が中心になる。保険安定政策については，保険会社の適正かつ安定した運営とともに保険取引の安定的な維持も重要になる。また保険公正政策については，契約当事者間に存在する各種の格差を是正して，公正な取引を実現する目的を持つ。保険商品とその取引が「情報」を基盤に成立していることから，業者による情報開示・伝達を促進するとともに，契約トラブルを未然に防ぐことやその発生時に適切に対処する方策が課題となる。こうした政策に基づく保険規制の多くは，保険会社と代理店の認可，ソルベンシー・マージン比率規制，約款に記載する文言についての規制，詐欺的募集や不正な保険金請求に関する規制，および情報開示規程のように，情報の不完全性や非対称状況

が原因となって生じる問題に対処するものである[4]。これらの施策が効果を挙げれば，最終的には保険業自体の成長や国民経済の成長にも寄与することになるので，当然のことながら保険成長政策とも関連している。

　もちろん，こうした保険規制もそれだけで十分な効力は発揮できず，市場審判や財務の規律づけ，各種の消費者団体からの要望・要請，裁判・民事訴訟の脅威，内部統制や監査を含む自己規律，そして本章で取り上げる業界主体の金融ADRなどと手を携えることではじめて十全に機能することも事実であろう。このなかで，財務による規律づけについては，株主である所有者利益に沿った経営が行われることで株式価値が最大化され，その意味で経営非効率が解消されると考える。こうした筋道は，最大化すべき単一の価値が見出せない相互会社では成り立たないものの，それが契約価値を最大化しているとしたら，商品設計・販売手法や事業・資産選択を契約者の意向に沿ったものとしているのであり理論的には契約者は保護されていることになる。

　また，内部統制によるコンプライアンスの徹底は内勤職員と営業職員とを問わず，彼らの不正行為を抑え会社へ有形無形の損失を与える事態を回避する。同時に，個人情報の漏洩やシステム障害など金融消費者・保険契約者に不利益を与える事務上のミス，すなわちオペレーショナル・リスクを管理することでもある。それ以外にも，自己規律では主に内部・外部監査を通じて，過度に業績第一主義，規模拡大に走ることや地球環境・地域環境への配慮を欠く行為などに対して警鐘を鳴らすことになる。広義の反社会的行為を抑えCSR（Corporate Social Responsibility; 社会的責任）を徹底することは，市場での受容性を高めるだけでなく，経営の健全性向上から消費者や契約者の利益を向上させるものであろう。

　実は，業界主体の金融ADRはこうした自己規律の延長線上に捉えられ，行政による経営監視を代替する側面もある。また，消費者団体からの過度の要望や要請，そして裁判・民事訴訟の脅威を一部で回避可能になる。保険会社にとって訴訟リスクを上手く管理する手法の一環として，金融ADRを活用することも考えられる。そのため，保険業界にとって金融ADRを促進していくことは，自己規律を確立して経営自由度を高めるとともに規制環境に働きかける契機にもなる。

3．保険をめぐるトラブルの実相とその要因

(1) 保険トラブルの特徴

　金融ADRの効力を考察するうえで，まずは現実に生じている契約上ないし取引上のトラブルに目を向けざるをえない。

　前述したように，保険商品とその取引に固有の特殊性があり，それが保険約款の認可，料率規制そして保険募集に関する規制の根拠になっている。監督官庁である金融庁は保険経営の監視を通じて契約者保護に最終的な責任を担っている。1996年の保険業法の改正以降，規制緩和，保険自由化が徐々に進行しており，契約者保護をめぐる官と民の役割分担にも変化がみられる。その分，業界の自主規制も強化され，契約者自身にも自己責任が求められることになる。

　ただこうした潮流にあっても，自己責任には明確な限界があり，かえって規制を強めるべきところもある。とくに，保険契約も他の金融契約と同様に，ミクロ経済理論でいうところの不完備契約であり，そのために保険契約者が合理的な意思決定ができる環境を整えることは難しい。保険取引での契約者は，保険事故遭遇に際してあくまでも保険給付請求の権利を有しているだけである。事故の態様調査と免責条項の該当・非該当を含めた保険金支払いの審査があるので，全てのケースで請求通りの，または予め約定された保険金額が支給されるわけではない。そして，免責条項の詳細，事例に応じた調査内容，そして調査内容に応じた支払金額の決定基準，これら全てを個々の保険約款に記載できるわけではない。ケースバイケースの世界である。つまり，保険証券そして各社の保険約款に両当事者の権利・義務関係を全て記載することは現実的ではない。

　確かに，契約者配当の状況や解約返戻金，契約者貸付け・保険料振替貸付けや払済保険など契約者の権利に関することは一通り説明することはできる。告知義務の重要性やその違反の効果などについては口頭で補うことも可能である。しかしながら，告知義務に反した場合にも因果関係不存在の特則があることや，重大事由解除を疑われるケースがあることは販売時点の説明だけでできるもの

ではない。またこれらを理解するには，保険制度や仕組み自体をある程度理解していることが前提になる。さらに，各契約者の理解の程度は異なるために，営業職員・保険募集人の型通りの説明後に，附合契約性から署名をもらっても自己責任を（全面的に）問うことは現実的ではない。一部の保険商品に適合性原則が援用されるのも当然のことである。こうしたことから，保険取引において自己責任を果たすことができる環境作りが重要なことがわかる。

　なお，将来に生じうる全ての事象を記載することができたとしても，予断を許してしまう意味で適切ではない場合もある。経済的利害が絡む場合には，保険契約者に予断を与えてしまうとそれが期待権となり，状況変化に応じて結果的にそれが侵害されるケースも出てくるからである。さらに，契約の詳細を規定せずに裁量の余地を残しておくことに一定の合理性を認め，またそれがかえって取引の効率性を高めるとの立場もある。将来的に環境が変化してしまうと，事前に約定された契約条件が意味をなさないことや，杓子定規な規定が環境適応力を奪ってしまうと考えるのである。対等なプロ同士，法人同士の取引であれば，ケースバイケースの取決めが功を奏する場合もある。つまり，長期継続的な契約関係による相互信頼と相互コミットメントを通じて環境適応力が高まるのである。家計保険分野でも，繰返し契約であればこうした効力が発揮されることもありうる。

　保険取引に情報の不完全性や非対称性があると，契約者の（暗黙の）期待権が裏切られ事故遭遇時の対応に納得感が得られず，契約相手である保険会社，さらには保険制度自体にも不信感を抱くことがある。そこで，保険会社の決定に対して異を唱える機会も必要となる。実際に保険業界・協会と個別保険会社に相談窓口が設けられている。ただしこれらは任意の性格が強い。これに対して，既存の裁定審査会や損害保険調停委員会，そして金融ADRはより公的性格が強いことになる。これらは保険会社が行った調査や審査を両契約当事者で吟味する場を意味する。相互学習の場といってもいいであろう。こうした方途を確保することは，保険取引に付随する不完備性からくる期待権の侵害可能性を減じることにより，「保有契約価値」を高めることにつながる。

　ただし，こうした場が設けられたとしても，市場での情報力格差からくる交渉力格差が持ち越されてしまうのであれば意味がない。そこでは，保険契約者

に専門的見地からアドバイスする人材を要している。医療現場の家庭医のように，契約者の立場に立ってアドバイスする専門家が望まれる。保険仲立人がいればそれにこしたことはないが，現状では家計保険分野で中立的なアドバイザー確保は困難な状況にある。そこで，一方の当事者である保険会社とはやや距離を置いた専門家が中立的立場で参加することには意味がある。

(2) 金融 ADR の必要性

　それではなぜ今，金融ADRが求められるのであろうか？　監督官庁による許認可や監視は，契約の不完備性を補い契約者利益を保護し，強化することに限界があったのであろうか？　またそれを補完する他の仕組みも有効に機能してこなかったのであろうか？　こうした点を，規制・競争環境の変化，保険商品と保険販売手法の変遷，そして保険ビジネスモデルの変化から考察してみよう。

　わが国では，人口減少と市場の飽和化によって，生命保険と損害保険を問わず家計保険は頭打ちの傾向にある。成熟した市場では，新規市場の開拓，市場深耕そして重ね売りのために新規需要を掘り起こさなければならない。ニッチ市場の開拓も課題になる。そこでは新たな保障ニーズを発見するか，従来の商品を上手く組み立てて契約者に提案する必要がある。同時に人口動態，長寿化現象は，従来の死亡保障分野から生存保障分野へのニーズ移行をもたらす。個人年金保険では資産運用力が問われ，医療保険では品揃えの木目細かさとサービスの充実がポイントになる。さらに，業際規制も緩和され業態間での乗入れも常態化してくるに従って，提携型の商品や相互の委託販売も頻繁になる。参入障壁が低くなれば外資の市場参入も活発化する。他業態や外資に特徴的な販売手法を摂取することで，市場全体では販売手段も多様化する。同時に，委託販売が増えることは，それだけ利害関係が輻輳することにもつながる。そして業界内および業際競争の激化は，どうしても商品設計やサービスも含めた過当競争状況をもたらしてしまう。

　こうした状況には問題点も指摘されてきた。過剰なサービス競争や特約の付加は保険商品を複雑にし，不必要な保障・補償までも提供するリスクを孕む。商品設計の許認可姿勢が変化することは，こうした行き過ぎたサービス競争を

助長しかねない。また，リスク細分化や料率の差別化では，優良リスクの保有者には有利でも，そうでない高リスク者には不利に働くことがある。クリーム・スキミングと指弾されるケースも出てくることになる。

　同様にして，保険会社における内部統制の重要性やコンプライアンスの必要性が声高に叫ばれるものの，規制緩和下の競争激化と株主主権，相互会社の株式会社化そしてM＆Aの頻繁化によって，保険業のガバナンス構造も変化する。株主利益追求の姿勢も露骨になりかねず契約者軽視の風潮も生まれかねない。また過当競争・過剰競争下ではオペレーショナル・リスクも増加する傾向があり，業務ミスやコンプライアンス違反も散見されることになる。個別保険会社に任せていては，十分な対応や体制整備がとれないこともあり業界挙げての取組みが問われることになる。

　こうしたなかでの保険契約トラブルの急増である。保険規制の緩和や自由化傾向にあっても契約者保護の仕組み作りは依然として行政の役割である。保険取引や契約をめぐるトラブルが急増していたとしたら，その原因を探り，有効な対処をすることも行政の責任であろう。しかしながら，現状を考えれば十分な対応ができていなかったことになる。トラブルの急増に対して再規制もしくは自主規制の強化が俎上に上るものの，一方で司法の対応にも限界がある。そこで，業界団体を中心とした自己規律や自己規制に期待がかけられることになる。生保・損保両業界はこれまでも契約者からの相談や苦情に応じる体制は整えており，金融ADRの制度導入により公的なお墨付きが与えられ，さらにその機能充実が期待される。業界団体・指定紛争解決機関にはトラブル処理の標準化，トラブル対応の迅速化そしてトラブル処理費用の軽減が要請される。

　生命保険協会・生命保険相談所「相談所リポート」を参考にすると，相談受付件数自体は趨勢的な減少傾向にあるものの，2010年度以降には仲裁を求める裁定審査会への申立ては急増している。相談の中身については，保険の一般知識習得から会社情報や比較情報の質問まで様々である。一方で苦情内容には，従来型保険商品の販売や情報提供のあり方と，医療保険のネット販売や個人年金保険の銀行窓販とに大きく二分されている。具体的内容をみると，保険契約者の誤解や認識不足が大きな要因を占めており，営業職員による過失が明白なケースは少ない。ただし十分にニーズを汲み取らないままの，押付けに近い販

売姿勢や説明不足の事例は散見される。新しい販売チャネルや販売ツールに保険契約者が不慣れなことや，委託販売の代理人・代理店への教育体制が不十分なことがトラブル急増につながっている。

　最終的に，苦情の半数近くが裁定審査会に回されるものの，審査の結果，申立てまでの理由を認めないものが半数以上，年度によっては 7 割から 8 割を占めている。こうした事例には，契約者側の誤解や認識不足のケースが多く含まれているのが現状であり，保険会社各社での対応を充実することも望まれる。またこれまでトラブル処理にはかなり時間を要しており，期限を決めるなどしてその迅速化を図ることは緊急の課題となっている。さらに，相談所認知は協会HPと消費者行政機関のみにより促進されており，個別保険会社や代理人・代理店による契約当初および保険期間中の周知徹底が課題となる。これにより保険契約者の安心感を醸成することができる。

4．金融 ADR の望ましい制度設計への提言

　ここでは金融ADRによる社会的な紛争解決手段としての側面に着目して，民事訴訟との比較を通じて検討を加える。金融ADRについては，各指定紛争解決機関の動向も見据えながら，効果的かつ効率的な紛争解決手段に育てていかなくてはならない。その検討を踏まえて，これからの環境変化に適合した望ましい制度設計のあり方を考える。

　同じ紛争解決手段として，民事訴訟と比較すると両者はいくつかの比較項目で大きく異なる[5]（**図表 8－1 を参照のこと**）。

　まず，事案の対象として保険トラブルでは少額案件が多く，必ずしも訴訟の案件にそぐわないとされる。また多くの金融・保険商品の取引，売買と同様に，当事者間に情報格差があり，トラブル解決にはこうした格差を埋める専門的知識が必要とされ裁判では十分な対応に限界があるとされる。これと関連して，商品自体のリスクが引き起こすトラブルに加えて，販売時点の情報提供のあり方が問われるケースも多く対立の原因や対立点が輻輳している場合もある。そのために，相互の誤解や無理解そして感情的対立が絡むことになるので，法律的な事実認定だけでは解決の糸口が見出せない場合も出てくる。

〔図表 8 − 1 〕 民事訴訟手続きと金融ADRの比較

比較項目	民事訴訟手続き	金融ADR
手続きの主体	裁判官	認定紛争解決機関
公開の有無	公開	非公開
紛争の解決基準	実体法	実体法に限定されない
事実の存否に関する判断	事実存否の判断の重視	事実存否の判断に囚われない実状に即した解決
当事者間の義務	相手方に応訴の義務	相手方に応答の義務
解決手段の実効性の担保	判決の強制執行	手続実施基本契約の不履行ケースでは事実の公表と行政への報告
手続きに要する費用	申立費用，弁護士費用，鑑定費用など	申立費用は無料のことが多く，弁護士費用，鑑定費用などはかからない

（出所）野口（2010），171頁の資料 1 表を筆者が一部加筆修正。

　金融ADRについては，とくに情報格差問題が重視されるところである[6]。他の領域と比較しても調停者や仲裁者に高度な専門知識が要る。この点が訴訟と比較して，金融ADRに優位性があるポイントとして指摘される。併せて，金融ADRでは事実認定に基づくことがない，申立人の心情を汲み取った「大岡裁き」も期待されている。それは，個別事案の多様性や個別性を考慮してのことである。

　筆者はこの点にやや疑問を感じる。一般には，高度な専門知識や技能は複雑に絡み合った利害関係に理の筋を通すために活用されるはずである。もし，申立人の心情に即した解決策を模索するのであれば，聞き上手であり，また相手の心理状態に即した対応に長けている者が間に立つ方が望ましくなる。訴訟を含む従来の解決手段において，こうした点が不十分であるとしたら，まず既存の方法を改善すべきことになる。また金融ADRでは，事実認定に沿った厳格な裁定・調停案とは異なり，先例ありきでないとされる。そうであれば，金融ADRに期待される「専門性」や「専門能力」とは，一般的な用語とは大きく異なるのではないだろうか[7]。幅広い過去の事例とその判決に至った理由づけについては，必ずしも当該分野の専門能力を要しているわけではない。

　こうしたことから，ここでいう「専門性」や「専門能力」とは，業界事情や

1(8)

1

慣行に精通しており妥当な落とし所を知っていることではないだろうか？　こうした落とし所を，過去の蓄積した事例からカテゴライズして短期間にかつ安価に判断できるとしたら，それは経済的にみても効果的であり既存の解決手段を代替することになる。同時に，解決手段間の交通整理が行き届いていれば，社会経済的にみて最適な解決手段の選択が可能となる[8]。こうした観点からは，正に業界主体の金融ADRが効力を発揮するのであり，社会経済的視点からも望ましい。また，個別会社内部の紛争処理機能を外部化することにより，苦情処理などの業界標準化が図られ一層の取引費用低減につながる。

　それでも，たとえば民事訴訟による解決案や判決と，金融ADRによる解決案・特別調停案が大きく異なることは問題なしとはしないであろう。金融ADRでは「足して二で割る」解決はとられないというものの，先行事例からの大幅な逸脱は考えにくい。当事者間での公正・中立な解決策が両制度で異なることは，社会的なダブル・スタンダードを引き起こしかねない。そうであるならば，金融ADRの「専門性」，「専門知識」はややもすれば情緒に流されてしまいそうな解決策に対して，専門的見識に裏付けられた権威を付与し，またお墨付きを与えるものと考えられる。暗黙の担保や保証といってもいいであろう。この点は非常に重要であり，ADR機関の認定や認証とともに解決手段自体の社会性を高め，申立人と（合意のもとに）相手方となる金融機関などの双方にとり利用機会を高めることにもなる[9]。

　このように専門性を捉えると，両者の相違は解決手段自体の民主化と主体的な参画性に見出すことができよう。金融ADRでは取引当事者間の合意や納得をより重視することになる[10]。そのため，金融ADRに携わる者は両者の「対話」を促進するような触媒の役割も期待される。同時に，情報弱者である申立人に対しては，彼らを上手く誘導して申立てに至った経緯や当時の感情などを引き出すサポーター的な役目や申立人のカウンセリングの役割も期待される。「対話自律型」ADRでいわれるところの，申立人の思いに寄り添ってまずは感情を汲み取っていくことが出発点になる。このプロセスは最終的な着地点はどうあれ，裁判・訴訟手続きとは異なる申立人の「満足感」に至ると指摘されている[11]。

　当該金融機関にとっては紛争解決の「民営化」であり，個々の利用者（消費

者・契約者）にとっては紛争解決プロセスでの主体性確保につながる。身近でかつ納得性の高い解決が得られるのであれば，自身の過失や判断ミスもより認めやすくなる。金融機関であれば金融・保険商品の設計や販売プロセスに反映され，フィードバックによる改善を促すことになる。一方，利用者（消費者・契約者）にとっては，1つの疑似教育機会を得たことになり，継続的に金融・保険商品への理解を深めるための契機にもなる。このようにして，自主的な教育投資が促進されれば社会的にみて紛争自体が抑止されることになる。

　もちろん，民事紛争の解決ルールと保険商品の特殊性の双方を理解することで，はじめてこうした循環が生じる。その歯車を回す潤滑油として，業界団体による消費者目線の情報提供と，行政による金融・保険教育機会の拡充を欠くことはできず，より一層重要性を増すことになろう。こうした視点から，相談機能（教育機能）と紛争処理機能（調停や仲裁の役割）をどのように接合していくかも重要な論点になる。また，紛争処理の迅速化は，解決プロセスを重視する限り適度な審理を意味してはならない。そのため，意見聴取や意見交換において，争点や論点を明確に絞る技量と十分な準備を要することになる。こうした人材育成も金融ADRインフラの1つとして，継続的に取り組むべき重要課題である。

　とくに，当該業界と所属会社にとり，金融ADRは外生的な品質サービスの一環であるとの認識が重要であろう。保険商品の情報財や販売即生産財としての特殊性から，販売プロセスもその品質の一翼をなすのである。そのために，助言や情報提供から広告・宣伝内容も含む販売プロセスのどこかに「瑕疵」があったとしても紛争は生じる。反面，苦情処理がときに金融消費者・保険契約者との距離を縮め信頼を取り戻す契機となるように，金融ADRにおける「点ではなく線や面での解決」のなかでリレーションシップを強めることも可能である。こうした発想に基づき「品質」向上に努めることは，ある種の自主規制の充実であり，公的規制を代替し要らざる市場介入を抑止することになる。またこうした発想は，訴訟リスクにいかに備えるか，といったリスクマネジメントの観点からも有益である。

　以上のことから，金融ADRの効果をつぎの4点にまとめることができよう。
　①　規制緩和や保険自由化における保険契約者保護のインフラ

②　中立的な情報提供や紛争解決プロセスを通じた情報格差の是正
③　業界が主体となった摩擦的なトラブル・コスト軽減（取引費用の抑制）
　　と市場取引の円滑化
④　個別保険会社に対する自己規律意識の向上とトラブル抑止のための事前
　　投資の活性化

5．これからの金融ADRの課題

　これからの課題として，以下の3点を挙げたい。まず，業界主体の金融
ADRにおいて，「中立性」，「公正性」をどのように担保していくのかという課
題である。もちろんこの視点から，紛争解決委員の適格性，委員会構成の要件
が適切に定められており，また政府による「機関認証」も行われている。しか
しなお，業界が主導し運営費用を負担していることから，「中立性」，「公正
性」に疑問が持たれることもある。また，手続実施基本契約に対する義務不履
行の場合，公表・公開のサンクションだけで行政処分がないことも疑念を生ん
でいる。ただこうした制度要件だけでは，いくらそれを積み重ねても「中立
性」，「公正性」の担保にはならないことも事実である。最終的な判断は，申立
てをして特別調停案などの提示を受けた契約者に託されることになろう。この
観点から，処理プロセスのあり方から審査・審理の帰結までを広範囲に事後検
証するスキーム作りが大切である。また，英国のFOS（Financial Ombudsman
Service）にならって，仲裁に携わる人材を如何に育成していくかも課題にな
る[12]。こうした「実質化」の取組みによってはじめて中立性や公正性を確保す
ることができる。
　実は同様な視点から，業界横断的な金融ADRのあり方を考えることができる。
業界の垣根が低くなり業態間を跨いだ金融・保険商品が開発され，販売につい
ても相互委託が行われる環境下ではこうした仕組み方は必然に思われる。また，
「中立性」，「公正性」の視点から，より望ましい評価を受けることもありうる。
より金融消費者や保険契約者の立場や状況に寄り添った仲裁や調停の機会も増
えそうである。しかし一方で，業界実態や従来の慣行が全く無視されてしまう
と，業界と個別会社の取組みが後退し人材育成面のモチベーションも下がりか

ねない。また，業界別の金融ADRであればこれまでの組織を活かせたものの，新規組織の創設には社会的な費用が発生し，また業界ごとの取組みとの二重投資にもなりかねない。共済団体や業態別の保険・再保険も含めて一組織とすることは，監督官庁の縦割りの壁を取り払うことになるのであり，コントロールの実効性も含めて再検討を要する。そして何より，個別業界との十分な対話ができずに，トラブル隠しを通じて金融ADRへのアクセス件数が減少するとしたら金融消費者・保険契約者にマイナスとなる。業界横断的な金融ADRのあり方については，その功罪と組織像を含めて慎重に議論を重ねるべきである。

　今後の金融ADR成功のカギは，取引当事者の姿勢如何にかかってくる。保険会社には，金融ADRにより手続実施基本契約で事情説明と資料提出義務が課されており，保険会社内の苦情処理や紛争解決過程のプロセスや体制にも見直しが必要とされている。この際には，個々の処理案件を指定紛争解決機関が十分に分析して，個別保険会社の相談機能向上のためにフィードバックしなければならない。個別の保険会社は，こうした指摘や助言を受けて，紛争回避・抑制の「事前投資」として改善策を打つことが望まれる。そして，金融ADRやその他の情報提供・教育機会を通じて，自立を目指す保険契約者と成熟した関係を構築すべきである。

●注
1　保険金支払い漏れ問題には，保険の仕組みや保険商品の難解さ，それに付随する販売時点での情報提供の難しさなど，商品特性や制度特性に根差す原因が指摘される。これに加えて，保険事業・会社組織の運営面において，広くセクショナリズムの問題や相互会社組織における適正なガバナンスの欠落も遠因とされている。「保険需要」というパイが縮小しつつあるなかで，業態間の垣根も含めた規制緩和が断行されてきた。生損保を問わず生存保障が重視されていることは，支払い事由を複雑にしているだけでなく，外資も巻き込んだリテール資金獲得競争の激化を意味する。
2　以下の記述は，池尾（1985），18-19頁を参考にしている。併せて，本書の第5章，120-122頁を参照のこと。
3　池尾（1985），63頁。なお，保険契約の入口では告知義務法制が重要である。
4　1995（平成7）年の新保険業法へ一本化された「募集取締法」（1948（昭和23）年「保険募集の取締に関する法律」）以外にも，「市場リスクを有する生命保険の募集に関するガイドライン」（2007年9月　生命保険協会）や「生命保険商品に関する適正表示ガイドラ

イン」（2007年 1 月改正　生命保険協会）など，家計保険分野を中心に自主規制やガイドラインも制定されており，一般的な販売プロセスの適正化措置のほか，保険商品にかかるリスクの概要や注意喚起情報提供の必要性を規定している。

5　野口（2010），171頁。なお，民事訴訟と和解の選択については，シャベル（2010），469頁を参照のこと。そこでは，原告（申立人）と被告の予想勝訴確率が一致しないことから和解ではなく，訴訟に発展することを簡易な数式を用いて説明している。

6　和田（2007），17 – 18頁。

7　和田（2007），32頁において「多重・多様な背景を持つ境界紛争においては，土地境界の位置を明確にするだけで紛争が当然に解決されるわけではないし，土地境界についての専門知に基づく判断それ自体が当事者から拒絶されることもありうる」ことから，当事者間に存在する激しい感情的葛藤をいかにして解消・修復していくかが重要としている。また領域は異なるとはいえ，金融ADRを利用する申立人にも，多様なニーズがあり，その背景に多様な感情が渦巻いているのであり，彼らの「納得性」を高めるうえで「専門性」，「専門知」には限界もある。同様に，佐藤（2007），28頁において「裁判が事実に法を適用するプロセスであるがゆえに，法専門家の『専門性』も，その重心が『法の解釈』や『事実認定』の能力に置かれる。しかし，裁判手続きの手法は法適用だけではないし，法的空間の視野も裁判外に広がりをみせ，多元化しつつある紛争解決の世界では，このような紛争処理像は狭い。…紛争処理においては，カウンセリングの側面も見逃すことはできない。当事者の話を聞く，そして当事者自身の紛争解決への主体的地位の回復をめざす手続運営ということが言われる場合，その手続は一種のカウンセリングを行っているのである。このように紛争処理の世界には，単に『法の解釈』や『事実の認定』といった伝統的な裁判のイメージに由来するものとは異なる，いくつかのものが存在しているのである。それゆえ，当事者の視線から見た場合，関与第三者には紛争解決のセンスが問われることになる。第三者が法律家であれば，交渉能力やカウンセリング能力は，伝統的に法律家の専門性として位置付けられていた法的知識・技術とならんで（あるいは，それ以上に），法律家の専門性を支えるものとして重視されなければならない。また法的紛争解決に拘らないのであれば，交渉やカウンセリング技法に秀でた人こそが担当すべきであって，法律家の関与を絶対視する理由はない」。

8　費用低減のために必要とされる「不適切な事案の排除」として以下が挙げられている。「関係資料などの入手目的事案」，「紛争解決とは別に目的がある事案」，「自らに有利な和解案を求めてADRを渡り歩く事案」，「経営判断への異論や役員・担当者への謝罪を求める事案」，「訴訟により法的事実関係を争うことが望ましい事案」，「格差や交渉力格差がない法人・専門家から提起された事案」である。

9　この点は，ADRに求められる公平性・中立性，そしてそれゆえの専門性とも関連する。西口（2007），35頁において「ADRは，弾力的で柔軟な解決方法を採ることができる点が利点であるとしても，ADRの信頼性を得るためには，…ADRの公平性・中立性が必要で

ある。さらに，市民の信頼を得るためには，ADRの判断も，裁判所における判断とかけ離れたものであってはならないであろう。法的紛争解決の専門家である弁護士等がADRに関与する必要がある所以である」。このように注7とは異なる見解が述べられている。

10　この点は，ADRの特徴である柔軟性や個別性とも大いに関連する。そして，先行しているADRからの示唆も有益である。和田（2007），32頁において「ADRを促進させようとする文脈ではADRが「はやく，やすく，うまい」紛争処理を提供する手続きであることがしばしば標榜される。しかし，このキャッチコピーを，迅速・廉価に専門知を提供して，専門知の文脈として正しい解決を導くことのみを意味するものと理解してはならない。土地境界紛争に限らず，当事者は複雑な背景事情の中で，多様な紛争解決のニーズを有してADRを利用しているからである。そのようなADR利用の実相を無視して，どのようにADR手続きを設計しても，現実の紛争処理にも響かなければ，利用者にも響かない。ADRに携わる専門家パネルは，当事者がその手続きの中でどのようなニーズを実際に有しているかを丁寧に見極めた上で，当事者の可変的なニーズに適合できるような柔軟な手続実施のスタイルを強く意識すべきであろう」。

11　中村（2007），39頁。金融ADRでは，法的紛争に限定されず，また金銭的な補償要求ではない案件も広く対象とされると考えられ，精神的な欲求の充足も重視されることになろう。ただ，こうした点に個人差があるのは当然である。

12　冨永（2009），20頁において，FOSによる個別事案ごとの判断基準がブレないために，裁定の一貫性を担保する仕組みが説明されている。

第 **9** 章

保険トラブルをめぐる訴訟・和解と金融ADR

1．保険商品に付随するリスクと情報格差

(1) 保険トラブルの発生要因

　現代の福祉国家において，経済的保障のすべてを国に頼ることは，財政制約から現実的でなく，また資源配分の効率性からも是認しがたい。そのために，明示的な民営化ではなくとも，一部は市場機構に託されその有効な機能発揮のために適正な環境整備を要している。その内容は，消費者保護を中心とした公的規制・行政規制と取引促進のための優遇税制，および各種手数料などの取引費用の適正化措置である。事実，経済的保障を実現する保険では，財・サービスの特殊性もあり消費者保護・契約者保護のために包括的な規制が行われている。それでも他の金融商品と同様に，保険取引にも当事者間のトラブルが頻発しており，それにより民事訴訟にかかる費用が発生するとともに，取引縮小にともなう暗黙の費用などが避けられない状況にある。

　保険商品とその取引では，その価格自体に高度な数理技術が活用され，取引される保障内容を記載した保険約款には法律・医学の専門用語が多く，その商品内容と仕組みは理解し難い。本来的に理解し難い，説明の難しい商品内容であったものが，保険自由化後の商品開発競争のなかで，また契約者の利便性や選択性の名のもとにその複雑性に拍車がかかった感は否めない。保険取引では，

金銭と表裏一体で権利関係がやりとりされる。しかし，保険商品の複雑化や特約多様化によって「保険金・保険給付請求権」をどう行使したらよいかわからない状況も見受けられる[1]。それには，保険自由化にともなう過度の差別化競争，具体的には「生存」，「医療」給付における保障の「多機能化」や給付事由の多様化が負の影響を及ぼしている。こうした保障内容の変化は，経済環境を背景とした契約者ニーズに即応している意味で，「進化」でもあり「進歩」でもあろう。保障内容のイノベーションと呼ぶこともできる[2]。しかしながら，元来，需要喚起型の特性を持つ保険商品において，こうした保障内容の変化を契約者に十分周知することは保険会社と営業職員・保険募集人の責務でもある。つまり，契約者ニーズ先取り型の保険商品には，その周知徹底のため従来以上に説明の手間暇がかかるはずである。こうした手間暇を前提とした商品開発が必要となるのであり，試験的な試行の発想は受け入れがたいものになる。

　たとえば，高齢化現象のなかで，医療・介護などの第三分野保険・傷害疾病定額保険が脚光を浴びているものの，主契約・単品商品に付けられた各種の特約が保険金支払い漏れ問題を引き起こす要因にもなった[3]。こうした保険商品では，約款に記載されている保障内容や免責条項がわかりにくく多くのトラブルの原因ともなっている。もちろん，販売・契約時点の説明が不十分であったことも一因であるが，複雑な商品設計がこうした事態を誘引している側面もある。また，1つ医療保障の病名解釈をめぐって争いが生じ，また特約多様化によるパッケージ化にともない保険金支払い事由，免責事由に関して当事者間の理解に溝ができる。そのために保障内容の差別化によって優位性を確保しようとする場合には，その効果や効用とともに，1つの保険事故によって給付事由が複数発生する事例などを明記する姿勢こそが望まれる。保険商品に内在する投資リスク，CFの変動リスクよりも，より保険商品の本来的機能に直結するだけに，解決を要する課題としての重要度も高い。

　一方，規制緩和下で業態間の垣根が撤廃され，業際競争も激化しているなかで，貯蓄・利殖機能を高めた保障との一体型商品も登場している。特定保険商品や付随するサービスの多様化や高度化により，それに内包される投資リスクの実相はますますみえにくくなっている。契約者ニーズに呼応して，その商品内容や特約など仕組み自体が複雑化しているのである。医療保険だけでなく，

他の保険契約にも各種のオプションが組み込まれており，それはオプション・パッケージとなっている。最近ではこうした特徴を活かして，家計の資産管理に直結するアカウント型の保険商品も開発され販売されている。しかしながら，保険期間中の金利変動により予定利率が変化し，支払い保険料の金額が増減するなどの危険性もある。また，特別勘定設置の保険契約や解約返戻金変動型保険，そして外貨建保険・年金などの「特定保険契約」には，より複雑なリスクが付随している。投資に不慣れな契約者には，時間をかけた販売時の説明でも理解が覚束ないこともある。こうしたリスクも時代の要請により大きくなりつつあり，新たな苦情要因ともなりかねずその対応は緊急の課題といえる。

(2) 保険トラブルへの対応策

　現在は特約の簡素化をはじめとして，商品設計上の問題は少しずつ解消されているものの，販売チャネルの多様化や製販分離の状況下にあって，販売・契約時のわかり易い説明にはなお工夫の余地が残されている。そのうえ，こうした工夫がどこまで功を奏するのか，苦情や紛争をどこまで抑制できるかは未知数である。とくに，仕組みや保障・補償内容自体のわかり難さについては契約者に自己責任を求め自ら払拭してもらうことができても，説明時点での不親切な態度や意に沿わない押付けは契約者の心理的な負担感や圧迫感につながる。こうした状況にある限り苦情や紛争は減らないのではないだろうか。等しく品質を形作る商品内容や保障内容と営業職員・保険募集人による販売姿勢のうち，前者に工夫を凝らすと同時に営業職員による説明や情報交換のあり方について改善する余地が残されていよう。

　保険契約の長期性と無形財としての性格は，その不完備性と結びつく。一般的な生命保険では，保険事故を度々経験することはなく，日常生活に埋没して静かに生活を下支えしている[4]。金原氏によれば，「生保契約とは，このような長期間に発生し得る森羅万象を文字で規定した約款に則り，生保会社と契約者の間の契約を履行していくものであり，契約内容を加入時に約定することが必須である」と指摘する。ただし，生命保険商品一般の長期性は，当初には予期しえない事象の発生，経済・経営環境の変化，契約者の生活環境の変化，そして生命保険会社の経営・財務状況の変化をきたす場合もあり，全ての事態を

予見することは不可能になる。契約当初の予見を見越して，諸規定に含みを持たせておくことは，生命保険会社側に有利に働くことはあっても，契約者には必ずしも納得できる規定にならない。保険契約に不完備性がある限り，将来的にケース・バイ・ケースで処理すべき案件が残されることになる。

　また，生命保険契約の多くが長期性を帯びる限り，契約当初の情報のやりとりや保険期間中の契約当事者の行動により，契約の前提条件が崩れてしまう可能性も高い。そのために，保険期間中に契約当事者間での情報更新機会を持つなどして，契約内容の確認をしておくことはトラブルの未然抑止になるであろう。このような契約管理体制の充実も急務である。もちろんPCや携帯端末を大いに活用すべきであるものの，情報のやりとりが一方通行に終始しがちであることや，対象が限定されてしまうなどの点に注意が必要になる。また，保険給付の支払いができるケースとそうでないケースをQ＆A方式で伝達するにしても，実際に保険金請求事態に遭遇することがなければ切迫感をもって受け取ることはない。保険事故遭遇時や保険給付請求時に，過去に提供された情報に容易にアクセスできる方法を確保することにより，その時点で契約者側から主体的判断ができる体制を整備しておきたい。もちろんこうした体制整備にもコストがかかるのであり，費用対効果に見合うものでなければならない。

　さらに何も，保険事故遭遇時ではなく，契約時点に求めることも考えうる。地場のハウスメーカーのなかには，納得できる家づくりのために事前資料を用意しそれを読みこなしてもらってから設計に入る会社もあると聞く。保険契約についても，契約当初に対面に加えてHPのシミュレーションなどを活用して自らの生活設計に合わせた保障内容・契約概要を作成してもらい，それを基礎に具体的な契約内容を詰めるプロセスをとることも可能である。契約当初の主体的関与と保障・補償内容の手作り感は，保険期間中を通じた契約への関心と満足感につながるであろう。そして，こうした改善にもかかわらず相談や苦情が生じるとしたら，それはどこに起因するのか，契約者の声をしっかり拾い，紛争に至るケースでの契約者の選択・判断基準を解明しなければならない。

　保険商品の特殊性を鑑みて，契約者を保護するために，これまでにも重層的なスキームが構築されている。行政側は，商品内容や料率設定に関する許認可や保険募集にかかる行為規制により，契約者に不利益が及ぶことを未然防止し

てきた。近年では，金融商品取引法を保険業法に準用する形で援用し，苦情や
トラブルの原因となる当事者間の情報格差について，それを埋めるための方策
も講じている。改正された金融商品販売法においては，市場リスク，信用リス
クそしてその他のリスクによる元本欠損リスクだけでなく，「取引の仕組み」
や「契約の内容」に関する詳細な情報提供を求めている。ただし，後者におい
ても，消費者である保険契約者の多様性に鑑みて，提供すべき具体的な内容を
定めているわけではない。具体的な説明義務の内容については保険会社側に裁
量の余地が残されていると考えられ，最終的な説明義務の履行程度の判断は裁
判や金融ADRなどの司法の手に委ねられると推察される。さらに，情報提供
すべき内容については，民法上の法律と保険業法では，必ずしも整合的でない
部分も見受けられる[5]。こうした不整合もトラブル発生時の混乱を招いている
と考えられる。

2．紛争処理手段の優劣比較

　従来の裁判所における問題解決や和解とは，どのように異なるのであろうか。
同じ紛争解決手段として，民事訴訟と比較すると両者はいくつかの比較項目で
大きく異なっている[6]。金融ADRについては，とくに情報格差問題が重視さ
れるところであり，他の領域と比較しても，調停者や仲裁者に高度な専門知識
が要る[7]。この点が訴訟と比較して，金融ADRに優位性があるポイントとし
て指摘される。その一方で，金融ADRでは事実認定に基づくことがない，申
立人の心情を汲み取った「大岡裁き」も期待されている。それは，個別事案の
多様性や個別性を考慮してのことである[8]。こうした点に配慮しながら，その
特色を簡単なモデルによって明らかにしよう。
　金融ADRでは，その特徴としてより安価に苦情処理できることが挙げられる。
たしかに現行では申立費用は無料になっている。ただしこうした目に見える費
用以外にも，裁判に訴えるには心理的な壁や手間がかかるなど暗黙の費用も重
要な考慮要因になる。この点は金融ADRにより，相談から苦情処理，そして
結果的に裁判に至ったとしても，心理的障壁が払拭されている場合が多く，訴
訟による決着の別ルートにもなりうる。こうして金融ADRの存在は，保険商

品取引による潜在的な問題案件を掘り起こし，申立人である契約者の意向を反映させる機会を創出することになる[9]。

　ただし金融ADRにこうした役割があるとしても，一方では苦情処理に実を挙げるために，また訴訟による費用を軽減するためにそれを未然抑止することも期待されるのである。そのため，金融ADRの果たすべき役割を考えるには，和解や特別調停案提示による問題解決の可能性と，不幸にも訴訟に発展する可能性とを想定して，申立人の選択や意思決定に及ぼす要因を整理することも有益になる。なおこうした考察は，金融ADRの活用ケースだけでなく，当初から裁判所に申し立て，それが結果的に和解になるケースにも等しく適用できよう。

　まず，シャベル（2010）に従えば，裁判には時間とコストがかかることから，民事訴訟手段が確保されていることがかえって和解を促す効果が指摘されている[10]。その論旨を紹介するためにつぎのような簡単な文字式を考える。記号については，P_1を原告の予想勝訴確率，P_2を被告による原告の予想勝訴確率，C_1を原告が訴訟・事実審理に要する費用，C_2を被告が訴訟・事実審理に要する費用，そしてWは原告勝訴の場合の取得金額（賠償金額）とし，和解費用は0と仮定しておく。なお，C_1とC_2は0にはならないとする。このとき，原告が和解を受け入れる条件式（1）はつぎのように示される。

　　　条件式(1)；　　　　　　$P_1W - C_1 \leq P_2W + C_2$

　　　　　　　　（和解受入れの最低金額）≦（和解のために許容できる最高金額）

　この条件式（1）を変形することで，右辺に着目すれば民事訴訟に係る費用の上昇は和解の余地を高めること，左辺に着目すれば両当事者の原告勝訴の予想確率が均一化するほど和解の可能性が高まることが理解される（条件式(2)）。

　　　条件式(2)；　　　　　　$P_1W - P_2W \leq C_1 + C_2$

　さてそこで，両当事者の予想確率に影響する要素・要因とその形成過程に論点を絞ろう[11]。まず，金融ADRの申立人，裁判では原告となる個人にとって，自身による裁判での予想勝訴確率の高低は問題にはならない。それよりも裁判

での被告と比較してどれだけ強く勝訴を信じているか，その信念の強さから裁判に至ることになる。逆にいえば，両者の信念が似通っていれば，それだけ訴訟確率は低下することになる。このことから，2つの要因の重要性を指摘できる。それは，正確な情報の絶対量とそれに基づく的確な判断能力である。条件式（3）に示されるように，事実審理過程で資料提出義務等が課される場合，共通認識や共通理解が形成され，P_1 と P_2 が均一化（P）すれば和解の受入れ余地が高まる[12]。

条件式(3)：　　　　　　　　$P_1 W - P_2 W = 0 \leq C_1 + C_2$

　ただし，提出された資料や参考意見の陳述だけでは，たとえば業者側ないしその販売代理人による過失の程度がわからない場合もある。一方で，ある程度の情報が提示されても，なお申立人が強気の態度を崩さず両当事者の原告の勝訴確率について隔たりが残ることもありえる。こうした状況下では，金融ADRのように当該金融商品や保険商品の属性や過去のトラブル事例を知りぬいた専門家が仲介をすれば，両当事者の状況や意向を察しながら和解に方向づけすることもできよう。その際にも，和解案や特別調停案を業者側・販売代理人側が蹴るとすれば，それは彼らの強気の見方，原告の勝訴確率が著しく低いとの見方を顕示していることになる。

　これまで，勝訴のときに得られる賠償金額の見方は双方一致すると考えてきた。金融ADRに持ち込まれるような案件以外では，賠償金額が相対的に大きく，結果的に両当事者でその見込みが大きく相違することも考えられる。しかしながら，金融ADRを想定すれば，少額の案件が多く見込みが大きく食い違うことは少ないであろう。ただ逆に，賠償金額が大きいほど事実審理にかける費用も多額になるので，和解が促されることも多くなる。そのために，事実審理にかかる明示的費用と暗黙の費用が低い場合には，それだけ和解の余地が狭まる危険性は高くなる。

3. 予想不一致モデルの展開：
ディスカバリー・ルールと過誤への対応

　ここでは，和解成立の範囲ではなく，和解金額自体に影響を及ぼす要因について整理しておこう[13]。和解金額をSとすると，前述したように原告はその金額が $(P_1 W - C_1)$ を超えるときに受諾し，そうでないときには訴訟に進むと考えられる。これは，$[P_1 \leq (S + C_1) / W]$ と同じ条件式であり，この確率密度関数を $F[\ ]$ で示す。すると，$F[(S + C_1) / W]$ のときに和解が成立し，$1 - F[(S + C_1) / W]$ のときには訴訟になる。このとき被告側のトラブルにかかる期待費用（TC）は次式となり，これを最小化することで最適和解金額（S^*）が与えられる。

$$TC = F\left[\frac{S+C_1}{W}\right]S + \left\{1 - F\left[\frac{S+C_1}{W}\right]\right\}\left\{E\left[P_1 W + C_1 \ \middle|\ P_1 > \frac{S+C_2}{W}\right]\right\}$$

$$= F\left[\frac{S+C_1}{W}\right]S + \int_{(S+C_1)/W}^{1}(PW + C_2)dF(P)$$

この式の一階条件は次式となる。

$$F\left[\frac{S+C_1}{W}\right] - f\left[\frac{S+C_1}{W}\right]\left[\frac{C_1+C_2}{W}\right] = 0$$

　この式をさらに微分することで，最適和解金額に関する比較静学を行う（ただし f は F の微分値）。

① 被告側の裁判費用が高ければ，それだけ最適和解金額も高騰する（$\partial S^*/\partial C_2 > 0$）。

② 原告側の裁判費用の変化は最適和解金額にプラスもしくはマイナスの影響を与える（$\partial S^*/\partial C_1 \gtrless 0$）。

③ 賠償金額の変化は最適和解金額にプラスもしくはマイナスの影響を与える（$\partial S^*/\partial W \gtrless 0$）。

　このように，②と③のケースでは符号は安定しない。②の結果，原告が負担する訴訟費用が高くなってしまうと，最適和解金額が減少しそれだけ裁判に進

む可能性は高くなる。一方で，和解金額が上がる可能性も示唆される。それは原告が負担する訴訟費用が高騰すると，その分だけ和解範囲が広がり，被告側の過失の可能性が高い案件まで和解に持ち込まれることになるからである。こうした状況では，平均的にみて和解金額は高くなるのである。③のケースの方がやや単純であり，勝訴の結果得られる賠償金額が高くなると，それだけ裁判に持ち込まれる可能性が高まる一方で，賠償金額の上昇に応じて原告側の訴訟費用も高まり，これは和解金額を抑えることになるのである。なお当然のことながら，裁判費用の高騰と賠償金額の低下は，ともに和解確率自体を高める効果を有している。

　一般に，訴訟において事実審理に入る以前に紛争当事者に情報（証拠）開示を促すことはディスカバリーと称されている[14]。このルールでは，関連する文章や書面の提出以外にも，質問への回答や証言者による証言録の要求なども権利に含まれる。事実審理において反論や反対の立証を恐れて，紛争に関する情報を出そうとしない者や，提出した資料が信憑性に欠けることを危惧して情報の提出を思い止まる当事者に強制的に（私的）情報開示の契機ないし誘因を与えることになる。こうしたディスカバリーにより，双方が同じ情報を獲得することで，心証も含めて裁判結果を同一方向に導くことができ和解を促進する効果が期待される。併せて，後述する誤認の危険性を排除して，紛争解決の正確性や公正性を高めるので，申立人や被告の利益のない「言掛り訴訟」の可能性を抑える効果も持つ。

　ただし，ディスカバリーが社会的な紛争処理費用を縮減するためには，それに付随する費用を抑制することと，かつその費用のために最適和解金額が上昇する危険性を排除しなければならない[15]。原告側が負担する資料提出，関連情報提供の費用だけでなく，被告側が負担することになるディスカバリーの費用についてもそれを軽減する措置や，積極的な情報提供を促すための助成や支援が必要とされる。一方で，こうした情報（証拠）のなかに秘匿性が高いものがある場合には，裁判での提出が可能でないものもある。その点，金融ADRに限定的な資料活用が認められれば，こうした情報を活用してより積極的に和解へ途を開くことができる。

　和解促進の鍵が情報の共有化にあるときには，金融ADR独自のディスカバ

リーを活用し，仲介者・仲裁者による当該資料の信憑性判断も踏まえて，それを上手く活用することが肝要であり，そのための仕組み作りを欠くことはできない[16]。つまり，事実審理前のディスカバリーにより，自身に有利になる情報提供を積極化することで，訴訟相手方の楽観的見通しを打ち砕くことになる。一方それが行き過ぎれば，かえってその信憑性を問うための費用が生じる。そこでこうした事態が発生しないように仲介者・仲裁者が適切に判断する必要があり，そのことに金融ADRの意義も見出せる。

　もちろん，裁判官にしろ紛争処理・解決委員にしろ，こうした情報が提供されてもその判断を誤ることはある。それは，2種類の誤認として知られており，誤った無罪（第1種の過誤）と誤った有罪（第2種の過誤）の可能性である[17]。こうした過誤の可能性は，紛争の両当事者の予想一致の不確定要因となり，和解の可能性を低く抑えることになる。ただ過誤の可能性は捨てきれないまでも，法基準の適用可能性のみを，ないしは事実審理結果のみを判断基準としない金融ADRでは，その副作用の程度は大きくないはずである。こうした点にも，紛争解決手段としての金融ADRの優位性が認められよう。

　この点も簡単な数式で記述できる。a を被告による説明責任の欠落などの過失を犯した確率，q_1 を第1種の過誤確率，q_2 を第2種の過誤確率としよう。ただし，$(1-q_1) > q_2$ とする。

　このとき，原告の予想する勝訴確率は次式となる。

$$P_1 = \alpha(1-q_1) + (1-\alpha)q_2$$

これに対して，被告は自らが過失を犯したかどうかわかっているものとすると，彼らが予想する原告の勝訴確率は次式で与えられる。

$$P_2 = \begin{cases} 1-q_1 \text{；過失を犯しているとき} \\ \\ q_2 \text{；過失を犯していないとき} \end{cases}$$

　このとき，両当事者の予想の不一致は次式で与えられることになり，被告が過失を犯していないときの方が訴訟確率は高まってしまう。つまり，裁判所の判断に誤認があることを前提にすると，保険商品の販売業者・販売代理人側が

過失を犯してなくとも，ないしはその方が和解は難しくなってしまう。事実審理結果のみを判断基準とし，契約・販売時の状況を総合的に判断することがない場合に陥り易い問題である。

$$P_1 - P_2 = \begin{cases} -(1-\alpha)(1-q_1-q_2) < 0 \\ \\ \alpha\ (1-q_1-q_2) \geq 0 \end{cases}$$

4．これからのトラブル対応のあり方

　金融ADR制度化の背景としては，保険業界の経営環境や規制環境の変化とともに，それまでの相談・苦情処理の方法やあり方にいくつかの限界や問題点が存在したことがある。過去の金融審議会の会合において「苦情・紛争解決主体の中立性・公正性や手続きの実効性が不十分なために」相談者の信頼感や納得感が得られないことや，「利用者・契約者への周知が不十分で苦情を十分吸い上げ切れていない」ことが指摘されていた[18]。こうした状況は，金融ADRによりどのように変化するのだろうか？

　まず，トラブル対応の「中立性」，「公正性」の向上が望まれている。金融ADRでは「中立性」，「公正性」を担保するために，紛争解決委員の適格性，委員会構成の要件が適切に定められており，また政府による「機関認証」も行われている。紛争解決委員会の3名の構成が金融機関との関連がない弁護士等の法律家，協会代表そして消費者団体の代表であり，これをもって当該業界寄りの結論を防ぐことができる[19]。しかしなお業界が主導し運営費用を負担していることから，「中立性」，「公正性」に疑問が持たれることもある。また，手続実施基本契約に対する義務不履行の場合，公表・公開のサンクションだけで行政処分がないことも疑念を生んでいる。

　一方で，金融ADRの仕組みのなかに，その担保のための独自工夫もみられる。金融ADRは個別金融機関と指定紛争解決機関との契約関係である手続実施基本契約を軸に形作られている。契約者により申立てがあり紛争解決手続きが開始されると，個別金融機関には手続応諾義務，調査協力義務そして契約者が受

け入れた特別調停案を受諾すべき結果尊重義務が発生する。この義務に違反することがあれば，指定紛争解決機関は手続実施基本契約を解除することができ，その事実をもって個別金融機関は行政上の処分を受けることになる。このようにして，指定紛争解決機関に対する義務関係が介在するものの，実質的に義務不履行には行政処分が課されることになる[20]。加えて，あっせんや裁定の内容をHP等により発信して，外部や公衆一般の目をもって監視できる体制も確保されている。

しかしながら，こうした制度要件だけではいくらそれを積み重ねても担保にはならないことも事実である。最終的な判断は，申立てをして特別調停案などの提示を受けた契約者に託されることになろう。そのために処理プロセスのあり方から，審査・審理の帰結までを広範囲に事後検証するスキーム作りが大切である[21, 22]。

金融ADRにより手続実施基本契約で事情説明と資料提出義務が課されているものの，申立人にはこうした義務は発生しない。それはそもそも申立人がトラブルの原因とするものが，金融機関・保険会社側の各種資料や販売における説明書類や書面にあるからであろう。こうした書類や書面に基づき，個別金融機関・保険会社の過失や説明上の不備を問う目的がある。ただ紛争解決の過程において，各種の書面や物証の提出と当事者や参考人からの意見聴取を行うことについて，一方にだけ義務化するとしたら片手落ちで十分に審理が尽くせるかどうか疑問なしとはしない[23]。訴訟とは異なり，両者が提出された資料を相互閲覧できるのであり，少なくとも個別金融機関や保険会社からの質疑などに申立人が的確に答える必要性は担保しておくべきである。こうした点は，これらの資料を訴訟に至ったときにどのように活用するかにも関連してくる。金融ADRによる裁定や特別調停案を裁判所による和解や判決による解決と際立たせるのであれば，金融ADRに限定的な情報のやりとりもあってしかるべきであろう[24]。

広く金融トラブルの解決の視点からすれば，裁判所において少額訴訟や民事調停制度も根付いており，個別事業者と業界団体でも苦情処理・紛争解決への対応を強化してきている。制度化された金融ADRとこうした仕組みや制度が有機的に連携することは，社会的なトラブル・コストを抑え，また重複投資の

回避により無駄な費用を削減することで保険取引の円滑化に寄与するであろう。そのためにも，各紛争処理手段の位置付けと費用対効果を解明する研究の重要性を強調しておきたい。

●注───────────────────────────────

1　金原（2010），50頁において，「保険金等の請求を行うことは，すなわち顧客が加入している商品の効用を得るために行動を起こすことであるが，適時適切に請求しようにも，生保商品が顧客にとって分かり難いために請求しない（できない）という状況，すなわち効用を得るための行動を起こさない（起こせない）状況が発生していたという事例や，請求しても予想に反して支払われないという認識のギャップが生じていたという事例がある」。そして，「具体的には，加入している契約についてどのような場合に保険金等が支払われるのかを顧客が記憶しておらず，請求するという意識が働かないまま放置されているケース，また例えばがんに罹患して入院給付金請求を行った場合，契約している全ての保障内容から支払われると顧客は思っているが，実は特約毎に請求が必要であるため，支払い事由に該当していながら請求が行われていないケース」を紹介している。そのうえで，生命保険商品のわかり難さは，商品内容や商品設計にのみ起因するのではなく，顧客にとって契約内容の理解や保険金の適正な請求が行われる仕組み作り，環境作りが不十分であることが拍車を掛けているとする。筆者が考える「事前投資」もこうした仕組み作りを指した用語である。
2　樫原（2011），79-81頁において，契約者ニーズに応じた生前給付型商品の変遷が整理されている。
3　保険金支払い漏れ問題には，保険の仕組みや保険商品の難解さ，それに付随する販売時点での情報提供の難しさなど，商品特性や制度特性に根差す原因が指摘される。これに加えて，保険事業や会社組織の運営面において，広くセクショナリズムの問題や相互会社組織における適正なガバナンスの欠落も遠因とされている。これに関して，出口（2011），102-103頁では，保険金支払い漏れ問題は，「保険商品の著しい複雑さ」，「説明しない（できない）募集人の資質」，「保険会社の不知に乗じた戦略」といった保険会社・保険業界の構造的問題が露呈したとしている。そのうえで，前二者の問題に対処するとともに，「保険取引に内在する情報非対称性の解消」を緊急の課題としている。また，金原（2010）によれば，こうした問題がとくに生命保険商品のわかり難さを顕在化させ，金融庁による「保険会社向けの総合的な監督指針」とその後の生命保険協会による各種のガイドライン策定につながったとする（49頁）。
4　金原（2010），53頁。
5　中澤（2004），141頁において，金融商品販売法上の説明義務規定と民法上の情報提供義務の異同について考察している。「保険業法300条1項1号にいう『重要な事項』は，常識

的・平均的な契約者を基準に一律的・客観的に定めるべきとする客観説が通説であり，情報提供義務に関して判例のとる個々の契約者の個別具体的事情によってその内容が異なるとする立場とは整合性を欠く」。なお現状では，金融ADRは業態ごとの枠組みが作られ，指定紛争解決機関の設置も任意であり，また紛争解決のための各種手続きについても個別金融機関と当該機関との契約によって規律されている。こうしたことは，自主規制を最大限尊重しながら，市場規律を自己規律に置き換えたものとも考えられる。

6　野口（2010），171頁。なお，民事訴訟と和解の選択については，シャベル（2010），469頁を参照のこと。そこでは，原告（申立人）と被告の予想勝訴確率が一致しないことから和解ではなく，訴訟に発展することを簡易な数式を用いて説明している。そこでの重要な含意および結果は本文を集約すれば，つぎのようなものである。

・まず，裁判には時間とコストがかかることから，民事訴訟手段が確保されていることがかえって和解を促す可能性があること。それに付随して，民事訴訟に係る費用の上昇は和解の余地を高めることである。

・また，審理や紛争処理過程で，資料提出義務等が課される場合，両当事者の共通認識・理解の形成から両者の予想勝訴確率が近づき，和解の受入れ余地が高まることである。

・両当事者自身が感知する過失程度によっても和解の余地は変化し，また和解案の受諾・拒否のプロセスを挟むことによって，相手方にそれを自己顕示でき和解の可能性が高まることである。

・最後に，原告勝訴のときの賠償金額・判決額が大きいほど，両者の事実審理にかける費用も高額に上るので，かえってそれが合理的に予期されると和解が促進される。

　またとくに，証拠開示ルールが両者の選択に及ぼす影響については，ミセリ（1999），225 - 231頁を参照のこと。

7　和田（2007），17 - 18頁。

8　石田（2011），52頁。

9　こうした心理的障壁の問題を考えると，「相談や苦情申立てを全くしない人」，「業界の相談窓口ないし金融ADRならばアクセスする人」，「初めから裁判沙汰にする人」では心理的コストの相違，ひいては性格？の相違があるのであり，各々の行動に訴える人を平均的消費者・契約者とは捉えられないことになる。なお，以下の分析では，暗黙の費用も含めて，訴訟と和解のコスト・ベネフィットを合理的に判断する経済人を想定して分析する。こうした合理的経済人であっても，ときに無謀な行動に出ることはリスク回避度が低いことから説明できる。

10　シャベル（2010），469頁。

11　シャベル（2010），470 - 472頁を参照している。

12　裁判であれば当事者に弁護士が付くことによりその和解余地を高めることができる。

13　ミセリ（1999），214 - 215頁を参照のこと。

14　シャベル（2010），497頁。

15　このことの厳密な数式の展開については，ミセリ（1999），225-227頁を参照されたい。なおそこでは，原告によるディスカバリー・コストをk_1，ディスカバリーがないときの被告の総費用をTC_N，それが存在するときの総費用をTC_Dとして，その差額を次式のように示し，それを原告の勝訴確率（P_1）によって場合分けする。

$$TCn - TCd = \int_0^{(C_1+k_1)/W} S^* dF(P) + \int_{(C_1+k_1)/W}^{(S^*+C_1)/W} [S^* - (PW - P_1 + k_1)] dF(P) +$$
$$\int_{(S^*+C_1)/W}^1 [(PW - C_2) - (PW - C_1 + k_1)] dF(P)$$

（1）　$P \leq (C_1 + k_1)/W$；ディスカバリーがあると提訴の取下げ，ディスカバリーがないと提訴に踏み切る。

（2）　$(C_1 + k_1)/W < P < (S^* + C_1)/W$；両ケースで提訴，ただし和解の可能性あり。

（3）　$(S^* + C_1)/W \leq P$；両ケースで提訴，ただし和解の範囲はディスカバリーがあるときにより広くなる。

16　シャベル（2010），493-495頁では，交渉過程を踏まえることで，モデルの現実妥当性を高める試みがなされている。そのモデルでは，①被告による過失程度や注意水準のレベルに異質性があること，②被告の過失水準や注意水準は外部からうかがい知ることができない私的情報であること，③各タイプの分布状況は周知であること，これらを前提にする。このとき，原告が被告のタイプを識別することができれば，各タイプ別に勝訴確率を割り振ることで，タイプ別の和解受諾のために支払う最高金額を予測できることになる。その結果，自らの和解受諾と拒否の選択問題において，期待利得を最大にする和解金額を事前に決定できることになる。なお，ディスカバリーの効果としては，負の価値を有する「（被害者に）なりすまし訴訟」，「言掛り訴訟」を抑止することも指摘されている（488頁）。

17　ミセリ（1999），210-211頁を参照のこと。

18　牧野（2010），99頁。

19　権藤（2011），152-157頁にある紛争解決委員の要件・構成を参照のこと。なお，152頁において，「金融ADRは，利用者と金融機関の間の和解によって紛争解決を図るものであり，利用者の納得感が重要になることから，金融ADRの中立性・公正性が重要であり，特に，紛争解決手続きについては，要請が高いと考えられる。紛争解決手続きの中核を担うのは紛争解決委員であり，紛争解決委員に要求される能力としては，①法的知識に掛かる専門能力，②紛争分野に掛かる専門能力，③紛争解決に掛かる専門能力（コミュニケーション技術，カウンセリング技術）が考えられることから，保険業法等においてはこれらの能力を有する者として紛争解決委員について一定の要件が求められている」として要件の必要性の理由が述べられている。

20　ただ，こうした義務違反には「合理的な理由なく」との処分理由が付けられており，その判断は指定紛争解決機関の裁量に委ねられることになり，明文化されない曖昧さが残る。

21　冨永（2009），20頁において，FOS（Financial Ombudsman Service）による個別事案ご

との判断基準がブレないために，裁定の一貫性を担保する仕組みが説明されている。

22　石田（2011），53頁。

23　さらに，仲裁ADR法学会（2011），119頁において，「金融の各分野はそれぞれ高度の専門性があることから，包括的なADR機関を設置することは必ずしも望ましくなく，他方，同じタイプの紛争についてはできる限り同じ解決方法が用いられるべきことから，取引の種類ごとに横断的なADR機関を設置すべきではないかと考えております。」（シンポジウム「金融ADRの設計と課題」における黒沼悦郎氏の発言）。

24　牧野（2010），101頁において紹介されているFOSの事例では，事業者からの照会に対応するほか，HPや啓発セミナーなどを通じた情報の外部発信を強化しているようである。また原則非公開の内容についても，金融ADRによる判断の妥当性を問う必要から，一部で外部との情報共有化が有効と指摘されている。

第 | 10 | 章
保険政策と保険規制

1. 保険政策の体系とその概要

　保険は個別経済主体の経済的な保障や補償を行うことで，家計と企業の財務的な均衡を確保し，国民生活の安定と生活水準の向上をもたらす。また保険資金の運用を通じて，産業資金と各種の公共事業資金を提供することで経済発展の礎を築いている。保険政策は，こうした役割を推進するために行政機関によって実施されるものである。各種の保険とそれに対する政策は先進諸国で共通する側面も多いが，なお歴史や経済社会環境によって相違している。そこでわが国の事例に即して説明する。

　わが国の保険政策は，行政機関が自ら保険業を営む場合と，民営保険や私的保険に対して公的規制を行う場合に分けられる[1]。前者はさらに，公営保険と特別法に基づく各種の（再）保険・共済に分類される。公営保険には，労働力の保全など社会政策的観点から実施される社会保険と，特定産業の振興や新産業の育成を目的とした経済政策保険ないし産業政策保険がある。

　国や政府は，保険成長政策，保険安定政策，保険公正政策を実現するために，保険会社の監督者と保険市場における規制者としての役割を果たしている[2]。まず，保険成長政策は，前述の公営保険を営むことに加えて，民営保険・私的保険の加入促進により国民生活と事業活動の安定を図ることが中心になる。個別の保険会社に対して，その健全育成のために法律上および行政上の措置を講

じている。保険業の特殊性にも配慮しながら，実質的に独占禁止法の適用除外としカルテルを暗黙裡に容認する方策をとる。一方で，所得税と住民税における控除と法人税上の損金算入を認めることで，租税支出を活用し個別経済主体の保険加入を促進している。

　これに対して保険安定政策は，保険業法に依って事業経営の各部面に公的規制を加えることで，保険会社の経営健全化と保険市場における取引の安定化を目指している。こうした規制には，予防的規制・事前的規制と保護的規制・事後的規制がある。前者は，対象となる保険会社の健全性や安定性に関する基準を設け，それを継続的にモニタリングすることで経営リスクを抑制し，財務健全性を維持させるものである。これはさらに，数量的な基準値をもって判定する量的規制と監督者・規制者が裁量的に経営内容を判断する質的規制に分けられる場合もある。後者の保護的規制・事後的規制は主に保険会社が破綻した場合に，保険契約者を保護・救済するために行われる。

　予防的規制・事前的規制には新規参入規制，価格・料率規制そして業務分野規制などの競争制限的に作用する行為規制があり，どれも最終目的は保険会社の財務健全性を通じて契約者保護を図るものである。保険業においては，免許制をとることで新規参入を制限し保険会社自体の適格性を確保する。また，業務範囲を制限することで過剰な事業リスクを排除する一方で，財務健全性を維持するために責任準備金の積立状況や保険資金の運用を規制している。併せて保険取引を健全化するために，保険契約者による犯罪行為や不適切な保険契約関係を排除する必要がある。そこで，保険契約者に対しても一定の義務を課し，それに違反する場合にはペナルティーを与えるよう保険約款の文言についても制約を加えている。いずれにせよ，取引当事者の行動を適正化しない限り保険市場の安定化を実現することはできない。

　保険公正政策は，こうした取引当事者間の利害を調整し両者の権利を尊重しながら，交渉上の地歩を極力，公平，平等に保つ目的を持つ。まず，保険料率の算定基礎やその根拠，契約者配当の分配基準を明確にすることで，契約者間で不公平，不平等が生じないようにチェックする。とくに保険計理人制度により保険数理を公正に保つことは，保険業永続の根幹でもある。また，保険料算定や分配基準について説明責任を果たすことができるように，根拠となる情報

開示を要請することも保険公正政策に含まれる。最後に，交渉上の地歩が弱い契約者の立場を改善するために，保険募集の適正化以外にも，保険の相談窓口や苦情処理機関の設置を促す行政指導も行われる。

2．保険業の特徴と保険規制の根拠

　資本主義経済では，人，物，金の経済資源は市場の働きによって配分される。市場は，こうした経済資源の供給者・提供者と需要者・消費者が出会う場であり，それには財・サービス市場と生産要素市場がある。この2つの市場では，財・サービスや生産要素の価格が，需要量と供給量を調整することで取引を成立させている。価格が十全にその役割を果たすのであれば，市場に参加する需要者・消費者は自らその財に置く価値（留保価格）と等しい価格によって，必要なだけの財・サービスを入手できる。他方，供給者は財・サービスを，その製造原価よりも高い価値を置く需要者・消費者に提供できることになる。このような価格メカニズムが上手く働く完全競争状態にあれば，両取引当事者が一番満足できる状態，すなわち社会的余剰を最大化する点で取引量と取引価格が決定され市場は均衡状態に導かれる。この状態をパレート最適が達成されているという。このときには，国・政府は市場に直接介入することなく，私有財産権および取引履行を保証することで，市場の仕組みを外側から支える役割を担う。しかしながら現実社会においては，いくつかの理由により価格メカニズムは上手く機能していない。その理由は，「市場の失敗」と称されており，こうした問題を解決するために国・政府の役割が期待される。「市場の失敗」の要因には，市場における情報の不完全性・不確実性，規模の経済による自然独占の可能性，外部効果の存在と財・サービス提供に付随する公共性，が挙げられている。

　保険規制が実施される理由としては，保険とその事業固有の公共性が挙げられる。保険業に公共性が付随することに否定的見解もあり，また固有の公共性を一言で定義するのが難しいことも確かである。それでも，いくつかの固有の特徴を繋ぎ合わせることで公共性の存在を指摘することができる。まず，保険料算定基礎に大数の法則が活用されることから，保険は多数の契約者を集め保

険団体（危険団体）を組織する必要がある。そこでは不特定多数の経済主体を対象にしているだけでなく，形成された集団のうえに成立するので社会団体性が認められる。また自由意思に基づく市場取引とはいえ，保険金受給段階では，何らかの保険事故に遭遇した経済的弱者である。こうした状況下では保険給付を受けることにより，いわゆる二次被害の回避も可能となる。最後に，保険業も他の金融機関と同様に貨幣取扱業であり，保険料収受時点と保険金支払い時点の間に保険会社に保険資金が集積され，それを投資運用している。こうした金融業務には公益性が強く，また信用事業としての性格もある。これらの点をトータルで考慮すれば，保険とその事業に固有の公共性を認めることができ，市場における第3のプレーヤーとして保険規制者の存在意義が認められる。

つぎに，保険規制は保険市場の不完全性に対処して，適正価格を維持するとともに保険金支払いを確実にする目的もある。保険商品の複雑性や専門性から，保険契約者がその内容を理解することは難しい。また保険は「遠い約束」であり，保険経営が健全でないと将来的な保険金支払いは確実でなくなる。保険の価格である保険料（率）は給付・反対給付均等の原則に基づいて，被保険者や保険の対象の危険度合いに見合って決められる。このように保険料（率）が決定されていれば，収支相等の原則から将来の保険金支払いが確実になる。逆に，保険価格の値引きは将来の保険金支払いに支障をきたすことになる。保険契約者は，契約時の低価格がこうした事態を引き起こすことを予想できない。そこで，保険の監督官庁は保険料（率）を事前認可としてその妥当性を確認するのである。また，保険会社は保険料として集積された資金を管理するとともに，それを投資運用している。保険資金の多くは，将来の保険金支払いに充てられる責任準備金であり，それが適正に維持されていることが確実な保険金支払いにつながるのである。たとえこうした資金の管理や運用に関する情報があっても，専門能力がないと保険金支払い能力の有無を判断することはできない。そのために監督官庁は保険契約者の代理人として，確実な保険金支払いのための指標を策定し強制力と専門能力をもって監視することが使命となる。

このように，保険商品とその市場に特殊性が認められ，市場における価格メカニズムに任せておくだけでは保険取引を適正かつ健全に維持することはできない。市場の不完全性の要因となる情報の不完全性を排除し，競争環境を整え

なければならない。具体的には，保険会社やその販売代理店に対する許認可，約款の文言に対する規程，詐欺的な募集行為に対する規制，そして経営内容を外部に伝達する情報開示規則，経営状態の監視指標を定める責任準備金規制や支払能力・支払余力に関する規制（ソルベンシー規制）がある。これらは，総じて保険商品内容とその経営実態がみえにくいことから，保険契約者が不利益を被ることを事前に防ぐ措置である。

　なお，このような保険市場における情報問題を解決し「市場の失敗」に対処することは，他方で契約当事者間のバーゲニング・パワーを是正し公正な取引を保証することにもなる。保険の財・サービスの特殊性から，その具体的内容を契約時点や保険期間中に確認することはできず，手にとることができるのは保険約款だけである。保険約款の文章や文言は保険に関する知識だけでなく，法律的知識をもってはじめて解読可能である。とくに，保険会社による保険金支払いの条件やその免責条項は複雑であり，ときに専門家でさえ解釈しかねるものもある。そこで，保険契約者の地歩が著しく不利にならないような措置も重要になる。それには，クーリング・オフ規定のほか，専門家へ相談できる窓口の確保が挙げられる。また，保険募集に関するルールを設けて，それに違反する場合には，保険会社に業務停止などのペナルティーや賠償責任を課すことも含まれる。

3．戦後の保険政策と保険規制の変遷

(1) 従来型の保険政策に基づく保険規制

　わが国初の保険会社創設は明治当初であるものの，その創設ラッシュは明治30年前後である[3]。それには，日清戦争後の家計による貯蓄・投資活動の活発化や生命保険思想の普及が寄与していた。ただし参入規制が整備されておらず，事業基盤の未整備なままの会社設立や不正な勧誘，不適切な話法による募集活動が行われ，保険会社のなかには放漫経営の結果，破綻に追い込まれるものもあった。こうした無責任な経営実態のほか詐欺まがいの行為も横行していた。こうした状況のなかで，1900（明治33）年に単独立法としてはじめて保険業法

が制定され，施行された。そこでは，事業免許を監督官庁が事前認可すること
や職権による事業内容の検査，そして詳細な経営監督権限が規定された。

　数度の改訂を経て，1939（昭和14）年に保険業法は全面改定された。この保
険業法における基本的な考え方や経営監視のための方策は，1996（平成8）年
の大改正に至るまで継続した。それには，募集時の不正勧誘の排除，免許主義
に基づく経営内容の開示，財務健全性を確保するための運用規制（財産利用方
法書の規定），兼業禁止規定そして保険計理人制度などが盛り込まれていた。
とくに，運用規制のルールである財産利用方法書には運用資産の上限・下限割
合が事細かに記載され，過度に保有資産が集中することを排除していた。また，
保険会社の経営形態が，相互会社と株式会社であることから，会社形態の変更
に関する規定も含まれていた。こうした保険業法に加えて，1948（昭和23）年
には「保険募集の取締に関する法律」と「損害保険料率算出団体に関する法
律」，そして1949（昭和24）年には「外国保険事業者に関する法律」が施行さ
れた。

　これらの法律には，保険黎明期における保険規制の名残りがあり，免許主義
と実体的監督主義へ傾倒しながら，とくに経営監督権が強化されたことになる。
それは，保険業法に定められる報告徴取権，検査権，監督命令権，そして違反
行為に対する処分権で構成されていた[4]。まず，保険会社は事業年度末までに
貸借対照表，損益計算書，そして事業報告書を監督官庁（現在は金融庁）に提
出するように義務付けられている。また，監督官庁は報告徴取権として事業に
関する内容を報告させることができる。同時に，検査権に基づき，本社，支社，
営業所そしてその他の会社機関に立ち入り検査することができる。検査の結果，
業務改善の必要性が認められれば，監督官庁は業務執行方法の変更，財産の供
託などの命令を下すことができる。また，法令・命令や基礎書類に反し共益を
損ねる行為をした場合には，所定の手続きを経て，取締役・監査役の解任，基
礎書類の変更命令，そして事業停止や営業免許の取消しまで行える処分権も有
している。このように，一定の資格要件を課す創設当初の審査や認可から事業
内容の検査に至るまで，微に入り細に入り監視し随時行政指導を繰り返す監督
体制が確立された。

(2) 具体的な保険規制の内容とその変遷

　このような保険規制を保険取引と事業経営の各部面別にみると，参入・退出規制，業務分野規制，価格規制，商品規制，募集規制，資産運用規制，責任準備金規制，配当規制に分けられる[5]。まず，免許の申請のために会社の定款，事業方法書，普通保険約款そして保険料と責任準備金の算出方法や財産利用方法書といった「基礎書類」を提出することになる。このなかで，定款には保険種類や事業範囲が記載されており，相互会社であれば基金の総額や剰余金の分配方法のほか，社員総代の選出方法と総会・総代会に関する決議事項が載せられている。また，資本金に基づく資格要件は会社形態によって相違する。わが国において保険業を営むことができるのは，監督官庁から免許を受けた株式会社もしくは相互会社だけであり，前者の場合は資本金，後者の場合は基金が10億円以上ある会社のみである。事業方法書には，営業地域や地域拠点の情報のほか，保険料の収受や保険金・返戻金の支払いに関する規定がある。普通保険約款には，保険契約関係について，保険契約が無効となる原因や契約解除に関する要件，そして免責条項や債務履行の時期の定めがある。これに対して，保険料などの算出方法書や財産利用方法書には，各種の基礎率に関する事項，所有すべき財産の種類，その保有制限に関する規定が含まれている。保険業務は，保険の引受業務と資産運用業務，そして一部の付随金融業務のみに限定され，業務範囲はかなり厳しく規制されてきた。

　保険業以外の他業は禁止されていただけでなく，生命保険業と損害保険業を兼営することもできなかった。それは，対象とするリスクの性質が異なることによる。生命保険の対象とするリスクは身体に関わるものに限定されており同質性が高く，その事故率も発生時の損失規模も均一的である。これに対して，損害保険は技術革新などに応じて発生する新種リスクを次々と対象にする。そのため，対象リスクが多種多様なだけでなく，事故率や損失規模も不安定である。加えて，生命保険が主に長期保険であるのに対して，損害保険は短期で更新型の保険が多い。こうした対象リスクと保険期間の相違から，両リスクを遮断するために生損の兼営は禁じられてきた。今でもこうした懸念は残るものの，各リスクに対する解析手法やヘッジ手段が高度化したこともあり，1996年の業

法改正から，リスク遮断が可能な業態別子会社方式により相互参入が実現している。

　保険の価格である保険料の算出方法とその水準についても，認可が必要とされてきた。保険料（率）には，危険度に見合う合理性，将来の保険金支払いを確実にする妥当性，そして契約者・被保険者間に有利不利がない公平性が求められる。こうした保険料（率）は，基礎率である予定事故率，予定事業費率，そして予定利率が適正であり，かつ保険数理に則って算出されたものである。このとき，長期間にわたって保険料（率）を妥当な水準とするには，基礎率は安定したものであることが望ましい。そこで，生命保険業と損害保険業ともに，業界で共通した予定事故率を活用し，また予定事業費率と予定利率についても監督官庁の認可事項となっていた。生命保険業の場合は，全社共通の生命表が活用されていた。一方，独占禁止法が適用除外されている損害保険業については，前述した「損害保険料率算出団体に関する法律」に基づいて，団体算出の保険料率（算定会料率）を使用することが，算定会加盟の損害保険会社に義務付けられてきた。1996年の業法改正まで，こうした保険料（率）の算出が慣行化していたのであり，監督官庁主導でカルテル価格が容認され保険料（率）は厳格に規制されていた。なお，事後補正の役割を果たす契約者配当についても事前認可が必要なだけでなく，その原資となる利益金や剰余金も規制されていたので，実質保険料についても会社間で大きな格差はみられなかった。

　こうした価格規制は，事業経費が割高な中小の保険会社を保護するとともに，規模の大きい保険会社に超過利潤の取得を許したとして批判されることがある[6]。また，こうした超過利潤は，かつての外務員，現在の営業職員の大量採用・大量脱落（ターンオーバー現象）と過度の非価格競争を誘引してしまい契約者利益を損ねたとの見方もある。一方で，保険会社による無制限の価格競争は，価格引下げ競争を通じて保険金支払い能力を毀損することもあるので，価格規制はこうした危険性を未然抑止し，保険業の財務健全性に寄与したとの評価もある。また，実質保険料を引き下げるために，配当競争が激化すると保有資産の適正な管理運用は難しくなる。そのために，保険料（率）の水準とその算定根拠を事前認可することで，事業経営と市場の安定化が図られたのである。

　事業経営を安定的に維持し，保険金支払いを確実なものとするために，営業

の認可後も各種の基礎書類の変更に際しては，保険会社から監督官庁に届出が必要とされた[7]。とくに，保険会社が新商品を開発しその販売を始めるには，約款の内容や保険料について認可を受けていた。同時に，継続的に財務健全性を監視するために，年度ごとに提出される貸借対照表を通じて，法定された最低限の責任準備金の積立水準，剰余金や事業費の水準が適正であることも審査された。責任準備金の算出方法や保有資産の運用割合を当初の基礎書類から変更する場合にも，監督官庁の認可を受けていた。さらに，保険業法には，株式会社から相互会社への組織転換，経営危機に際してとられる合併措置や契約の（包括）移転に関する規程もあり，保険取引の安定的維持の観点から組織選択や破綻時の対応にも規制が行われていた。

　1948（昭和23）年に制定された「保険募集の取締に関する法律」に基づき，生命保険の募集人や損害保険の各種代理店が保険募集を行うためには登録が必要になる。生命保険募集人は，保険会社の職員の場合も会社から委託を受けた個人・法人の場合もある。虚偽説明や不適切な話法による募集や告知義務違反を勧める行為を禁止するとともに，法律に違反した個人や法人の登録を取り消し，また場合によっては所属会社の業務を停止する行政処分が行われる。さらに，募集人により引き起こされた損害については，所属会社に損害賠償の責任を負わせるなど司法措置もとられる[8]。こうした厳しいペナルティーを課すことで，保険販売の適正化と契約者の権利保護を図ってきた。なお1996年の業法改正により，この法律自体は消滅したものの，保険業法300条に内包され当初の趣旨に則った規制が継続されている。

4．保険自由化の影響とその評価

(1)「保険自由化」の背景とその影響

　1996年の保険業法改正を嚆矢とした規制緩和によって，保険監督行政は転換され，「保険自由化」が促進された。当時の金融行政全般の基本方針は「フリー」，「フェア」，「グローバル」であり従来型の護送船団方式は転換された。保険行政が事前認可・監視型から事後チェック型に変更され，監督官庁による

規制上の力点も変化した。こうした政策転換では，保険取引における自己責任原則のもと，競争促進による契約者利益の向上が目指されていた。一連の制度改革には，それまでの保険審議会答申や省令・通達なども反映されており，「保険商品設計の自由化」，「隣接業界との業務規制改革」そして「資産運用方法に対する規制緩和」が課題とされていた。

「保険商品設計の自由化」として，契約者の保護に支障がないとみなされる法人向けの保険については，従来の認可制から届出制に変更された。特約の新設や変更については，こうした届出も省略できる特約自由方式も容認されたことから，企業保険分野では商品設計の柔軟性はかなり高まったことになる。また，火災・地震・自動車保険などについて，前出の料率算出団体による保険料率も届出制となり，各社の使用義務は撤廃されアドバイザリー・レート（参考保険料率）とされた。そして，年齢，地域，性別そして車種別の保険料設定が実現し，1998年7月までに保険料は完全に自由化されることになった。生命保険についても，全社共通の生命表は標準生命表とされ参考にとどめることとされた。また，価格決定における裁量性の発露として，健康体割引や非喫煙者割引も導入され，生命保険における保険料の個別化・差別化が進んだ。保険料の自由化により保険価格の横並びが是正され，より危険度に見合ったものとなることが期待されたのである。なお，既存の保険会社が提供する保険商品に加えて，2005年には保険期間が短期（通常2年以内）で保険金額も少額（1000万円以内）の少額短期保険業者の参入を容認した。これには，参入規制を緩和して消費者である契約者の多様なニーズに柔軟に応える目的があった。

従来，保険会社の業務範囲は，保険業法とその他の政令によって限定されてきた。それは大きく，固有業務（保険取引と資産運用），付随業務（各種の債務保証と国債・地方債・政府保証債の引受けと募集），そして法律で定めるその他業務（有価証券の売買と保険金信託）に分かれている。各業務でリスクの性質もその規模も相違することから，リスクを遮断する意味で他業務が制限されてきたのである。また，生命保険と損害保険も峻別され異なる業務とされてきた。「隣接業界との業務規制改革」においても本体での生損兼営は禁止されたままであったが，子会社方式による相互参入は認められた。また第三分野保険（傷害・疾病・介護保険），傷害疾病定額保険については，生損本体での取

扱いが可能となり，それに応じて販売チャネルが多様化された。一社専属制が見直され乗合い制との選択になるとともに，多様な商品を多様なチャネルから購入できるように取引の仲介役である保険仲立人（ブローカー）制度も解禁された。こうした措置により，（潜在的）保険契約者の選択の幅は格段に広がることになった。さらに，生損だけでなく，隣接する金融関連業務への子会社方式による参入の道も開かれた[9]。これにより，1975（昭和50）年の監督官庁（当時は大蔵省）の通達以来継続されてきた業務分野規制は大幅に緩和されたことになる。こうした業務には，クレジット・カード業務，消費者信用業務，リース業，投資顧問業，抵当証券業などが含まれる。ただし，こうした業務多角化にともなう弊害を未然抑止するための措置や業務間での情報共有の禁止措置なども講じられた。

　1998年「金融システム改革法」による銀行法，証券取引法そして保険業法の改正を通じて規制緩和は加速化された。それは，業態を跨る金融サービス市場における競争激化の号砲であるとともに，保険会社にとっても他業態との業務提携やM＆Aを通じた総合金融機関化への契機となった。2000年10月以降，保険だけでなく，銀行や証券の子会社を設立ないし保有することも可能になっている。保険業法には，子会社や保険持株会社などグループ全体で可能となる業務範囲も規定されている。資産運用業務についてもその方法や内容に対する規制緩和が行われた。従来まで具体的な規制を置いていた財産利用方法書は廃止された。また，運用成果の契約者還元である配当についても，配当申請書は配当届出書となり認可からは外れることになった。運用対象の限定と個別資産の総資産に対する上限割合規制も原則的に撤廃された。

　こうした影響は，単に保険料（率）面だけでなく保険商品（設計）面や保険マーケティング（保険募集）などの側面にもみられる。保険会社間において同一保障・補償内容であっても保険料（率）が相違してくるだけでなく，保険料の個別化，細分化により保険契約者間でも格差が生じることになる。後者は保険契約者間の内部補助問題であり別途の手当てを要するものの，前者の相違は保険会社の価格戦略や経営効率化の程度を反映したものであり競争の成果と考えられる。また，保険規制を緩和する保険業法の改正後，明らかに経営の自由度は増し，事業多角化が実現したことで収益機会は広がっている。保険業にお

ける技術革新，イノベーションを誘発している。たとえば，アカウント型保険や金利変動型保険の開発・発売，生損兼営による新発想の生損一体型保障の出現などである。契約者ニーズを受けた新商品や販売手法の変革は，契約者の利便性を高め，また品揃えによる選択肢を増やすことにつながっている。

(2)「保険自由化」の問題点と課題

　ただし，こうした成果が契約者利益の向上につながっている保証はない。保険商品の特殊性から，保障・補償内容との見合いでの保険料であり，必ずしも同一条件で価格を比較できるわけではない。そのために，保険勧誘における（比較）情報提供のあり方について，なお行政や監督官庁側の働き掛けは重要となる。そのために2000年に消費者契約法と金融商品販売法，2006年に金融商品取引法が制定された。とくに金融商品取引法では，販売にあたっての重要事項の説明義務と勧誘方針を規定して，それを公表することを求めている。また，投資性のある保険商品に適合性原則を適用することで，保険契約者の属性や商品理解度などを確認しながら販売する義務を定めている。募集に際して保険契約者の利益を不当に損なう場合には，保険募集人だけでなく保険会社自体の損害賠償責任も規定している。

　また，業務多角化リスクなどの新たなリスクを抱えこむことになるので，逆に経営監視を強めることや経営破綻に備えることも，これまで以上に重要になってきた。そこで，経営自由度を高める規制緩和措置のカウンターパワーとして，自己責任の増した契約者保護のための再規制も規律された。具体的には，ソルベンシー・マージン基準の導入，標準責任準備金制度の導入，財務内容に関する開示基準の強化と公衆への縦覧の徹底，そして保険契約者保護基金の創設である。2008年の改正保険法でも保険契約者の権利強化を目的とした諸規定を置いている。監督官庁はとくに保険事業運営の公正性と透明性を重視する方向にあり，保険契約者の自己責任を発揮しやすい環境を整備している。情報開示規程や募集時の手続き的公正性を確保する措置だけでなく，相互会社においては社員でもある契約者の権利を強化する方向を打ち出している。また，経営の選択肢を広げるとともに経営チェック機能を向上させるために，2000年6月の改正保険業法において相互会社の株式会社への転換規定も整備された。

　1996年の保険業法の改正，およびその後の金融システム改革では，競争促進による保険契約者利益の向上，契約者ニーズに即した新商品の開発，そして業務多角化にともなうワンストップ・サービスの展開などが実現し保険契約者にとって評価できる点も多い。一方で，保険契約者の選択性や利便性が高まった反面，自己責任が求められ彼らの金銭的ないし心理的負担感が高まった部分もある。また，保険自由化によって，保険商品の過度の多様化や複雑化が進展した結果，営業職員すら十分な理解が及ばず，説明不足から保険契約者に不利益が生じた面も見過ごせない。第三分野保険を中心に本契約に付随する特約によって保険金支払い漏れ問題が多く発生した。また，自己責任に甘える形で知識や経験が少ない保険契約者に不告知を促し，事故遭遇時に保険金支払いを拒絶する悪質な事例も見受けられた。契約者の選択肢が広がったとはいえ，金融・保険教育が不十分で，かつ営業職員の教育体制が未整備なままでは契約者利益向上は画餅にすぎなくなる。このように保険金支払い漏れ問題は，保険自由化の影の部分として語られる。確かに問題発生後には，重要事項確認書面，意向確認書面など保険契約者とのコミュニケーションを重視するよう，また既存契約者とのリレーションシップを強めるような経営方針の転換が図られた。簡素な商品設計，他社との比較を可能とする情報提供のあり方も検討された。しかしこうした対応策を一過性の問題としないことも重要である。情報弱者である契約者の交渉上の地歩を高めるために，新たな規律や消費者教育が必要とされる所以である。

　保険自由化と同時進行で，保険会社の基礎利益と時価ベースの実質純資産が公表され，相互会社でも株式会社と比較可能なように保有契約価値や企業価値が一部で開示されており，保険契約者の判断材料は増えつつある。ただ契約時点でこうした財務情報が比較可能であればまだしも，保険期間中に知りえても他社契約に乗り換えるには十分な情報とはいえない。また，一時点の状況だけでは必ずしも有益でないことも多い。こうしたことを考え合わせれば，やはり家計保険では多様な情報を上手く加工して保険契約者に提示してくれる仲介者の存在は不可避であり，行政側の後押しも必要となる。

5．新たな保険セーフティ・ネットの構築

(1) 早期是正措置とソルベンシー・マージン比率規制

　保険会社や銀行などの金融機関に対する事前的規制には，金融機関の資産・負債保有状況を適正化するためのバランス・シート規制（資産保有規制・運用規制と自己資本比率規制）がある。バランス・シート規制のなかで資産保有規制・運用規制は以前から存在していたものの，自己資本比率規制は比較的新しい考え方である。保険業の場合は金融機関一般の自己資本比率規制ではなく，ソルベンシー・マージン比率を活用して早期是正措置に役立てている。従来の資産保有規制・運用規制では，保険業法の施行規則により基本的な運用方法を規律するとともに個別資産の保有割合を制限し，また融資についても大口の信用供与をすることを禁じてきた。ハイリスク・ハイリターン型の運用を排除してきたことは，保険資金の安定的な管理運営を通じて保険金支払いを確実なものとしてきた。ただこうした制限のために，保険資金（責任準備金）全体を通した整合的な運用リスク管理体制の構築が遅れてしまい，運用環境に応じた柔軟な資産運用ができず運用が非効率化していたと指摘される。同時に，個別資産のリスク程度に応じて，それを責任準備金に上乗せすることで運用上の損失に備えてきたものの，こうした方策では上乗せ分の準備金を眠らせることになりそこでも運用上の非効率や無駄が生じていた。そのために運用規制・責任準備金規制の緩和に合わせて，こうした非効率を排除して保険資金（責任準備金）全体として運用リスクをはじめとする各種リスクに備える必要が生じていた。そこで，保険資金（責任準備金）の全体にかかる予想を超えるリスクを想定して，自己資本や各種の準備金を積み増しする方策が考案された。こうした資金は，保険金支払いを確実にするために，支払い余力を確保する資金（ソルベンシー・マージン）にあたる。この資金がリスクとの見合いでどの程度保有されているかをソルベンシー・マージン比率で示し，この指標を活用して保険会社の財務健全性を監視することとなった。こうした手法は，ソルベンシー・マージン比率規制と呼ばれる。

　具体的なソルベンシー・マージン比率は，分子に自己資本相当額を，分母には金額・資本額で評価したリスク程度，すなわちリスク発生可能額をとる。分子の自己資本相当額には，基金，価格変動準備金，責任準備金中の危険準備金，内部留保の一部としての貸倒引当金，含み益そして配当の減額により捻出されるバッファー機能を果たす将来利益などが含まれる。一方の分母のリスクには，予想外に事故率が高くなるリスク（保険リスク），有価証券の価格変動や為替変動によるリスク（資産運用リスク），金利変動にともなう予定利率リスクそして経営管理リスクがある。こうして算出された比率が高いことは，支払余力が高く財務上健全であることを示す。1999年4月からは，保険会社の財務健全性を継続的に監視するシステムとして早期是正措置が導入されている。そこでは，ソルベンシー・マージン比率の程度に応じて，財務健全性の程度を4段階に分ける。比率が200％を超えていれば健全性に問題なしとし，0％であれば即座に業務停止とする。この中間で，100％を超えていれば健全性確保のための改善計画を提出させ，それに基づいて改善命令を出す。100％を下回る場合には，こうした計画書の提出以外にも，保険料の計算方法の変更や事業費の抑制そして役員賞与の禁止や抑止により，監督官庁の監視下で財務体質の改善を目指すことになる。

　ただし，算出方法からもわかるように，分母は個別のリスク対応額を積み上げそれを総合計した値であり，あくまで個別リスク対応を基礎としており，リスク係数には各資産におけるキャッシュ・フローの変動性のみが考慮されている。このような形態での支払い能力の数量化では，リスク管理手法の質的側面が評価されず，適正なリスク管理体制が敷かれることを保証しない。重要なポイントは，ソルベンシー問題は金融・資本市場からの要請と切断できないことである。監督官庁が自己資本比率規制を強化することは，一面で十分な自己資本利益率を挙げることを困難にし，金融・資本市場での競争力を喪失させ，結局のところ支払い能力の弱体化を招きかねない。そこで，監督官庁である規制者は，量的な数値指標のみではなく，リスク管理体制や担当者の育成システムなどを注視する必要がある。2012年からソルベンシー・マージン比率規制が厳格化され，より一層，内部リスク管理体制の整備に迫られている。

(2) 保険契約者保護機構

　金融ビッグバン，保険業法の大きな改正そして金融システム改革を通じて，保険会社をはじめとした金融機関の倒産や破綻も現実味を帯びており，事実1997年の日産生命から2008年の大和生命まで保険会社の破綻が続発した[10]。これは，ソルベンシー・マージン比率を活用した事前監視措置，早期是正措置が必ずしも上手く機能していないことを意味する。そのためにこうした継続的監視措置とともに，破綻時に保険契約者を保護する支払い保証制度も必要になる。1995年には生命保険業界と損害保険業界でそれぞれ保険契約者保護基金が創設された。その後，基金の枯渇などの構造上の問題を解消すべく，保険業法に基づいて1998年12月に保険契約者保護機構が設立され現在に至っている。原則として，国内で営業している生損保険会社は会員として加入するが，共済など一部の保険業者は会員になっていない。

　保険会社が破綻し会社資産が清算されてしまうと，会社資産の売却により既払い保険料の払戻しを受けることはできても保険契約を継続することは難しくなる。そのために別会社と契約するために二重の手数料（付加保険料）が発生し，また生命保険などでは再契約時の条件は当初のそれよりも悪化することがあり，いずれも保険契約者の不利益になる。保険契約者保護機構の設立趣旨は，こうした不利益の可能性を排除して契約者の権利を保護することである。

　保険会社の破綻処理は，保険業法に基づく行政手続き，もしくは更生特例法に基づく会社更生手続きによって行われる。前者は監督官庁である金融庁，後者は裁判所の監督のもとで進められる。更生特例法に基づくときには，保険契約者保護機構は必要であれば更生計画案を策定するほか，契約者を代表して破綻手続きの過程で開催される集会などで議決権を行使する。つまり，契約者の権利を保護するために権利行使し，また更生手続きを取り仕切ることになる。

　こうした処理では，救済保険会社が現れる場合とそうでない場合を想定している。救済保険会社が現れた場合，破綻保険会社の保険契約の全部または一部が移転され，救済保険会社に引き継がれ継続されることになる。移転された契約の負債（補償対象契約の責任準備金の一定割合）から移転された資産と移転に要する費用を差し引いた金額が，保護機構による資金援助額になる。この割

合については，生命保険や第三分野保険などでは90％，損害保険などでは80％
となっている。そして，この割合に応じて保険金も削られるほか，生命保険で
は基礎率（予定利率）の見直しも行われるためにさらに減額されることもある。
また同じ生命保険であっても，ほとんど責任準備金がない定期保険では保険金
に与える影響は軽微であるが，キャッシュ・バリュー型の養老保険・終身保
険・個人年金保険などでは保険金・年金が大きく減額されることになる。

　これに対して，救済保険会社が現れなかった場合には，保護機構が子会社を
設立して承継会社を営むか，機構本体で直接，移転される契約を受け入れる。
いずれのケースでも，引き継いだ契約の管理を行うとともに継続的に救済会社
を探すことになるので，機構は契約の引継ぎをスムーズにする中間移転会社の
役目を担う。

　契約者保護機構から援助される資金は，保険会社各社からの分担金と政府保
証のある借入金からなっており，生命保険契約者保護機構ではその上限金額も
決められている。また，この資金で契約者への保険金支払いに不足するケース
では，経過措置として2012（平成24）年度末まで国会の審議を経て，国が機構
に対して補助金を出せる仕組みになっていた。機構がこうした資金提供を行う
には，救済会社の業務改善計画が合理的であることや，破綻した被救済会社の
経営者責任がきちんと追及されていることなど，いくつかの条件が決められて
おり無条件に資金提供が実施されるわけではない。

　設立当初から，こうしたスキームにはいくつかの問題点が指摘されている。
健全経営を行っている大手の保険会社にとって，機構への拠出金は単なる税金
にすぎない。そのため中規模の保険会社が破綻し負債金額が巨額にのぼった場
合でも，上限金額の引上げには抵抗感が強くなる。結果的に，一般会計からの
補助金に頼らざるを得ない事態も想定される。また本来的に，こうした安全網
（セーフティ・ネット）には放漫経営を招くなど，経営者の自己規律を緩ませ
る危険性もある（モラル・ハザードの発生）。安定的な財源確保の方法とモラ
ル・ハザードを抑止する仕組みについて継続的に検討する余地がある。

6．保険自由化後 10 年間の規制緩和：個別論点

保険グループ規制

　「保険グループ規制」については，1996年の新保険業法の施行による「子会社方式による生損保相互参入」の解禁の後，子会社業務範囲規制に関しては1998年の「金融システム改革のための関係法律の整備等に関する法律」，いわゆる「金融システム改革法」により，生損保以外の金融他業態（銀行・証券会社）との子会社相互参入が解禁された。完全な相互参入は，保険会社による銀行子会社は1999年10月から，また銀行による保険子会社は2000年10月から実現している。その後も，従属業務と金融関連業務の兼営を可能とする見直し（2001年保険業法改正），従属業務子会社の持株比率や収入依存度の規制緩和，従属業務子会社の保険会社グループでの共同利用や複数の保険会社による共同保有を認める規制緩和（2005年保険業法改正）が進んでいる。本体業務範囲規制についても，1998年の金融システム改革法による付随業務の拡大（金融先物取引，金融等デリバティブ取引，有価証券店頭デリバティブ取引等の追加）が進展している。さらに，1997年の独占禁止法改正により保険持株会社が解禁された。銀行法の改正による銀行持株会社制度とともに，保険業法改正による保険持株会社制度が導入された[11]。

相互会社規制

　「相互会社規制」について，1996年の新保険業法の施行により，相互会社の株式会社化が可能となった。また剰余金処分の対象となる金額の8割（損害保険会社は6割）を社員配当準備金等の積立割合の下限とする「社員配当規制」が整備された。さらに，2000年の保険業法改正では相互会社の株式会社化を容易にする手続き規定の整備がなされた。配当規制についても，2002年の保険業法の施行規則改正により前述の8割（同6割）の下限規制が現行の2割に緩和された。併せて，相互会社の資金調達，基金債募集や社債発行についての明文化規定も整備されたが，基金についてはさらなる弾力化が行われている。

保険商品規制

　「保険商品規制」については，1996年の新保険業法の施行にともない，大口の企業物件の保険，国際取引にかかる保険，専門的知識を有する者を契約者とする保険を対象に許可制を届出制に改める改正が行われ，その後も企業福祉関連の保険について対象が拡大した。また，第三分野商品の生損相互参入が解禁されたのちに2001年から完全に自由化された。

　加えて，1996年12月の日米保険協議の影響も大きい。その内容としては，「届出制・標準料率・自由料率の拡大」，「ブローカー制度の導入」，「第三分野の激変緩和措置の導入」，「リスク細分化型自動車保険の認可」，「火災保険付加率アドバイザリー制度の拡大」，「届出種目の拡大」，「算定会の料率使用義務の撤廃」が挙げられる。

保険募集規制

　「保険募集規制」については，生保募集人の一社専属制の緩和と保険仲立人制度が創設された。生命保険募集人のうち，一定の資格を持つ代理店は2社以上の生保会社の代理店として活動することが可能となっている。2007年には銀行による保険の窓口販売が全面的に解禁されている。なお，2020年の改正金融商品販売法は，金融サービス仲介法として金融商品を跨って提供する業者のあり方を規律している。

契約移転

　契約移転について，移転単位規制（責任準備金の算出の基礎が同一である保険契約を包括的に移転しなければならない規則）は保険会社グループの事業再編をより容易にし業務の効率化を図るものである。2012年改正により撤廃になったものの，保険契約者保護の措置として保険契約移転の当局認可要件の厳格化，異議申立て手続きにおける情報提供の充実，異議を述べた契約者の保護などが規律された。また，移転手続き中も保険契約が締結できるように販売停止規程が撤廃された。

224

標準責任準備金制度

　標準責任準備金制度が導入され，責任準備金の評価に標準利率が適用され，生命保険会社は標準利率などに基づいて独自に予定利率を設定するようになった。また，配当について，配当申請書が配当届出書となり認可から外れた。その後も保険料に関する改正は継続している。保険料については，2006年4月から基礎書類で事業費を記載しなくてもよくなったことから，付加保険料が保険商品の認可対象から外れ事後的なモニタリング制度に移行した。配当については，2002年から80％という配当比率規制が20％に引き下げられ配当競争は激化している。

金融改革プログラム

　保険規制との関連で，2004年に「金融改革プログラム」が，2005年には「金融改革プログラム工程表」が策定された。この工程表では，保険分野についても詳細にアクションプログラムが掲げられた。重要事項説明の明確化，比較広告ルールの明確化，バイヤーズガイド（購入の手引き）の作成，金融サービス利用者相談室の設置，金融経済教育の拡充などはこの工程表がまさに出発点となっている[12]。

金融ADR制度

　2010年10月には，金融業界共通の紛争処理の仕組み，すなわち金融ADR制度がスタートした。これに合わせて，生命保険協会と損害保険協会には「ADRセンター」が設置された。併せて，以下のような契約者利益を高める方策が検討されている[13]。①保険募集人教育；保険募集人の資質向上，②苦情処理・対応；ADRの自主規制機関化，③保険教育やリスク教育を中心とした消費者啓発活動，④顧客本位の業務運営を目指した共通化・標準化，である。

7．保険政策の現代的課題

(1) 業際競争やグローバル競争下の保険政策

　現在の競争形態は，部分市場である保険（取引）市場に限定されることはない。それは金融サービス市場での競争であり，またグローバル市場での競争であり，結果として家計・企業のリスク資金獲得競争である。事業や業務の自由度が広がり，保険契約者にも新たな商品・サービスを享受できるメリットがあるものの，保険業の財務健全性確保のための再規制は避けることはできない。たとえば，投資性が高い保険商品の提供に応じて，資金の効率性や流動性を確保するために財務状態が不健全になり，かえって契約者利益が損なわれる危険性もある。こうしたことから，保険業に対する規制緩和と再規制のバランスをとるとともに，業際間や業態間を跨った横断的な規制や法律の整備も求められている。

　また，経済のグローバル化が進行し，資金移動がより自由度を増してくると，金融業態に限らず自国内の競争促進と自国産業の保護との間にジレンマが生じることになる。わが国の保険業がそうであったように，外資の国内進出は当初，獲得契約の規模も小さくニッチ市場が主な活動フィールドになる。しかし特徴的な金融・保険商品や販売手法が徐々に浸透してくると手強いライバルにもなりうる。ただしこうした段階まで規模を拡大し成長を続けるケースは珍しい。通常は，国内保険会社の利益保護を目論んで差別的な扱いが行われる（暗黙の）参入障壁があり，販売ネットワークへのアクセスが制限されることから不利に扱われることが多い。しかしながら，金融サービス市場のグローバル化は，こうした参入障壁を引き下げ競争促進的な国内市場の形成を迫る。

　グローバル化は，同時に各国の監督行政や具体的な規制を同質化，均質化させるか，もしくはその調和を求めることにもなる。まず，海外に進出している自国の保険会社にとって進出先の財務健全性規制が厳しければ，悪くするとそこでの営業は禁じられることになる。逆にそれが緩やかであれば，進出先で十分な支払い能力を確保できず，それが自国の保険契約者に不利益を与える可能

性も否定できない。一方，規制する監督官庁にしても，自国内の保険契約者を保護するためには相手国の規制の状況を把握しておく必要も生じる。いずれのケースにしても，各国間の監督行政や規制の実態，その程度は整合的であることが望ましくなる。子会社方式や現地会社との提携などにより海外進出する場合でもこうした状況は妥当することになる。さらに，各国における保険規制の運用についても共同歩調をとるために，監督官庁間の情報交換は欠かせなくなる。現実には1994年に創設されたIAIS（International Association of Insurance Supervisors；保険監督者国際機構）が仲介役となり，国際基準・国際標準を策定することで，経済のグローバル化に合わせた各国間の保険規制の調整が図られている。

(2) 金融・保険技術革新と保険規制のあり方

　ここ20年来の金融・保険技術革新，そして近時のインシュアテックも保険規制や監督行政に影響を及ぼす。こうした新技術が生み出す金融・保険新商品は，個別経済主体や金融機関にとって選択可能な資産対象を増やすことになり資産運用を効率化する側面がある。しかし一方で契約者にとって，リスクとリターンの関係がみえにくくなり思わぬ損失を被る可能性も出てくる。これに対して，銀行や保険会社などの産業資金の提供者にとっても，こうした損失の規模が膨らむに従って支払い能力を欠く事態も起こりうる。そのために監督官庁や規制者もこうした事態を注視するために，新たな規制形態を模索することになる。

　とくに，資金調達市場の証券化が進展している。証券化の１つの考え方として，経済主体の持つ優良資産を本体資産から切り離して，その資産を裏付けに証券を発行し資金を調達する方式がある。証券化の過程では複数の機関が関与し，また資産のプールや変換など複雑かつ高度な技術が絡んでくる。金融機関はバランス・シートを健全化するために，リスク（性）資産を切り離す手法として活用する場合と，新規に発行された証券化商品を取得して資金の提供者となる場合がある。後者の場合，時として少ない規制上の自己資本で，より多くのリスクを引き受けてしまうこともある。こうした点に着目して，証券化商品の引受けに対して，より厳格に資本を積み増す方向で規制の対応が行われている。銀行が先行して規制の対象となっており，保険業も後追いで規制上の対応

に迫られることになる。

　さらに，保険の証券化などの新技術に応じて，内部リスク管理手法の高度化と自己資本の増強を含めた資金の流動性確保が求められている。そこでリスク・ヘッジを目的とした証券化の手法に対して奨励策をとる一方で，その適正な活用については監視を強める必要もある。また，金融・保険商品とその販売手段の多様化や資産運用業務の高度化に合わせて，内部リスク管理の必要性も高まっており，それをどのように行政側で支援していくかも重要課題となる。規制緩和下では，業務の適正化は内部と外部の企業統治システムである「制度的監視」や「自己規律」に置き換えられることになるものの，内部のリスク管理状況を正確に把握できなければ，対象リスクの高度化・複雑化に適切に対応できない。その意味では，継続的監視に集中するだけでは不十分であり，内部リスク管理や自己規律を上手く活かしていく対話型の監督行政が求められている。併せて市場整合的な監督・規制の実施により，適正なリスク保有を通じてイノベーションを促す発想も大事になる。

●注────────────────────

1　庭田（1995），147頁。
2　庭田（1995），160-168頁。
3　井口（1996），126-127頁。
4　井口（1996），133頁，および，庭田（1978），211頁。
5　山下・竹濱・洲崎・山本（1999），26-29頁。
6　井口（1996），135-137頁。
7　山下・竹濱・洲崎・山本（1999），27-29頁。
8　庭田（1978），212頁。
9　井口（1996），214-219頁。
10　植村（2008），165-180頁。支払能力基準においても「経済価値ソルベンシー」が議論されている。
11　上原（2017），栗山（2017）を中心に8つのポイントをまとめている。
12　竹井（2017），156頁。併せて，金融庁は2017年に「顧客本位の業務運営の原則」を打ち出している。
13　竹井（2017），170頁。なお業界団体では，たとえば生命保険文化センターが消費生活相談員向けに「生命保険・相談マニュアル」を数年ごとに刊行している。

参考文献

（序章）

伊神満（2018）『「イノベーターのジレンマ」の経済学的解明』日経BP社

井口富夫（2008）『現代保険業研究の新展開―競争と消費者利益―』NTT出版

石田重森（1994）『生命保険の理論』東洋経済新報社

伊藤晴祥（2021）「InsurTechは包括的な社会の実現に寄与するか」『保険研究』第73集，57
　　－80頁。

井上俊剛（2018）「Fintech革命が保険監督，保険業界に与える影響」『保険学雑誌』第640号，
　　1－34頁。

井本満（2016）「FinTechによる新しい金融サービスの流れ」『ファイナンシャル・プランニ
　　ング研究』第16号，82－88頁。

上原純（2017）「保険業法上の規制緩和―2006年からの10年間―」『保険学雑誌』第639号，
　　108－126頁。

牛窪賢一（2018）「インシュアテックの進展―P2P保険の事例を中心に―」『損保総研レポー
　　ト』第124号，1－29頁。

内平直志（2019）『戦略的IoTマネジメント』ミネルヴァ書房

大喜多雄志（2020）「デジタルがもたらす環境変化と保険会社のビジネスモデルのあり方」
　　『共済と保険』第743号，21－29頁。

大島道雄（2020）「生損保相互参入とは何だったのか」『損害保険研究』第82巻第2号，1－
　　50頁。

大平公一郎（2018）『なぜ，日本でFinTechが普及しないのか』日刊工業新聞社

岡田羊祐（2019）『イノベーションと技術変化の経済学』日本評論社

岡村国和（2011）「第11章　人口減少時代における保険業の戦略的課題と将来」田畑康人・
　　岡村国和編著『人口減少時代の保険業』慶應義塾大学出版会

翁百合・柳川範之・岩下直行編著『ブロックチェーンの未来―金融・産業・社会はどう変わ
　　るのか―』日本経済新聞出版社

嘉治佐保子・中妻照雄・福原正大編著（2019）『フィンテックの経済学―先端金融技術の理
　　論と実践―』慶應義塾大学出版会

金間大介・山内勇・吉岡（小林）徹（2019）『イノベーション＆マーケティングの経済学』
　　中央経済社

神作裕之・小野傑・湯山智教編著（2018）『金融とITの政策学』金融財政事情研究会

神作裕之・小野傑・湯山智教編著（2019）『金融資本市場のフロンティア―東京大学で学ぶ
　　FinTech，金融規制，資本市場―』中央経済社

神田恵未（2020）「保険サービスシステムの革新と再構築―保険販売チャネルの多様化から
　　考える―」『保険研究』第72集，71－91頁。

木内登英（2018）『決定版　銀行デジタル革命―現金消滅で金融はどう変わるか―』東洋経済新報社

楠真（2016）『FinTech2.0』中央経済社

栗山泰史（2017）「損害保険事業における自由化の進展と現在の課題」『保険学雑誌』第639号，63-83頁。

幸田博人（2018）「第3章　FinTechと金融機関」神作裕之・小野傑・湯山智教編著『金融とITの政策学』金融財政事情研究会

佐藤智行（2018）「コンソーシアム型ブロックチェーン技術の保険業務への活用と競争法上の留意事項」『損保総研レポート』第124号，31-62頁。

金璐（2017）「規制緩和と生命保険マーケティングのイノベーション」『保険学雑誌』第639号，85-105頁。

諏澤吉彦（2021）『保険事業の役割―規制の変遷からの考察―』中央経済社

鈴木智弘（2017）「自由化20年・グローバル展開を図るわが国損害保険会社―大型M＆Aの光と影―」『保険学雑誌』第639号，126-148頁。

關智一（2017）『イノベーションと内部非効率性』白桃書房

損害保険事業総合研究所編（2015）『諸外国の保険業におけるインターネットやモバイル端末の活用状況について』損害保険事業総合研究所

高見和也（2020）「2019～2020年度の生命保険業界動向」『共済と保険』第741号，1-5頁。

竹井直樹（2017）「保険自由化20年と損保業界活動の変遷―その本質と課題―」『保険学雑誌』第639号，151-175頁。

田中克昌（2019）『戦略的イノベーション・マネジメント』中央経済社

外川拓（2019）『消費者意思決定の構造―解釈レベル理論による変容性の解明―』千倉書房

刀禰俊雄・北野実（1997）『現代の生命保険』東京大学出版会

ニッセイ基礎研究所編（2011）『概説　日本の生命保険』日本経済新聞出版社

日本経済新聞社編（2018）『AI2045』日本経済新聞出版社

野口悠紀雄（2018）『入門ビットコインとブロックチェーン』PHPビジネス新書

廣田章光・大内秀二郎・玉木了編著（2019）『デジタル社会のマーケティング』中央経済社

淵田康之（2017）『キャッシュフリー経済―日本活性化のFinTech戦略―』日本経済新聞出版社

古金義洋（2020）「デジタル化は進むのか？」『共済総研レポート』第172号，10-15頁。

細田浩史（2017）『保険のデジタル化と法―InsurTechの社会実装に向けて―』弘文堂

堀田一吉（2021）『保険学講義』慶應義塾大学出版会

堀友一（2020）「保険業界におけるブロックチェーン技術活用の取組み」『共済総研レポート』第172号，18-22頁。

松澤登（2021）『はじめて学ぶ生命保険』保険毎日新聞社

三菱総合研究所編（2016）『IoT入門』日本経済新聞出版社

三菱UFJトラスト投資工学研究所編（2018）『実践　金融データサイエンス』日本経済新聞出版社

水越秀一（2016）「海外の保険会社等におけるフィンテック活用の取組みについて」『損保総研レポート』第116号，33-61頁。

森川博之（2019）『データ・ドリブン・エコノミー』ダイヤモンド社

山沖義和・茶野努編著（2019）『日本版ビッグバン以後の金融機関経営―金融システム改革法の影響と課題―』勁草書房

山上聡（2017）『金融デジタルイノベーションの時代』ダイヤモンド社

横手実（2015）「2030年の金融の姿―社会構造の変化とイノベーションが与える影響―」『知的資産創造』10月号，54-85頁。

米倉誠一郎・清水洋（2017）『オープン・イノベーションのマネジメント』有斐閣

李智慧（2021）「中国で進む保険業界のデジタルイノベーション」『共済と保険』第748号，2-18頁。

B.キング（藤原遠監訳，上野博・岡田和也訳）（2019）『BANK4.0　未来の銀行』東洋経済新報社

C.クリステンセン，J.ダイアー，H.グレガーセン（櫻井祐子訳）（2021）『イノベーションのDNA』翔泳社

H.チェスブロウ，W.バンハバーベク，J.ウェスト（PRTM監訳・長尾貴弘訳）（2018）『オープン・イノベーション；組織を越えたネットワークが成長を加速する』英治出版

Chiu,P.S.&P.C.Tsai（2007）"The Study of Development Strategy for Life Insurance Distribution Systems," *Life Management*, No.20, pp.181-209.

Eling,M. & M.Lehmann（2018）"The Impact of Digitalization on the Insurance Value Chain and the Insurability of Risks" *The Geneva Papers on Risk and Insurance-Issues and Practice*, No.43, pp.359-396.

Frank,M. Jr., K.Ryan, O.Matt, & M.Karan（2016）, *Adapting to the Omnichannel World*, EYGM Limited

Huang,M.H.（2008）"The Influence of Selling Behaviors on Customer Relationships in Financial Services," *International Journal of Service Industry Management*, Vol.19, No.4, pp.458-473.

IAIS（2017）, *FinTech Developments in the Insurance Industry*, IAIS

Richard,L.S.（2018）, *Electronic Trading & Blockchain;Yesterday, Today and Tomorrow*, World Scientific

Trigo,G.L.（2008）"Reasons for the Coexistence of Different Distribution Channels: An Emplical Test for the German Insurance Market," *The Geneva Papers on Risk and Insurance-Issues and Practice*, Vol.33, No.3, pp.389-407.

Trigo,G.L.&C.Growitsch（2010）"Comparing Single and Multichannel Distribution Strate-

gies in the German life Insurance Market: An Analysis of Cost and Profit Efficiency ,"
Schwalbach Business Review, Vol.62, pp.401-417.

（第1章）

明石茂生（2003）『マクロ経済学』中央経済社

浅子和美・大瀧雅之編著（1997）『現代マクロ経済動学』東京大学出版会

伊藤秀史・小佐野広（2003）『インセンティブ設計の経済学』勁草書房

伊藤元重・西村和雄編著（1989）『応用ミクロ経済学』東京大学出版会

岩井克人・伊藤元重編著（1994）『現代の経済理論』東京大学出版会

岩田一政（1992）『現代金融論』日本評論社

岩村充（2005）『企業金融講義』東洋経済新報社

太田洋子・張替一彰・森本訓之（野村證券・金融経済研究所・金融工学研究センター編）
　　（2006）『企業価値向上の財務戦略』ダイヤモンド社

大橋和彦（2001）『証券化の知識』日本経済新聞社

小佐野広（2001）『コーポレートガバナンスの経済学』日本経済新聞社

甲斐良隆・加藤進弘（2004）『リスクファイナンス入門』金融財政事情研究会

小林啓孝（2003）『デリバティブとリアル・オプション』中央経済社

佐藤節也・吉野克文（1991）『金融ハイテクの経済学』東洋経済新報社

高尾厚（1991）『保険構造論』千倉書房

高橋誠・新井富雄（1996）『デリバティブ入門』日本経済新聞社

高森寛・井出正介編著（2006）『金融・契約技術・エージェンシーと経営戦略』東洋経済新
　　報社

館龍一郎・浜田宏一（1972）『金融』岩波書店

筒井義郎編著（2000）『金融分析の最先端』東洋経済新報社

津村英文・榊原茂樹・青山護（日本証券アナリスト協会編）（1997）『証券投資論』日本経済
　　新聞社

時政勉・三輪俊和・高瀬光夫編著（2003）『マクロ経済学』勁草書房

仁科一彦・萩原統宏（1999）「金融技術革新の経済的意義について」『貯蓄経済理論研究会年
　　報』第14巻，105-133頁。

西村慶一・鳥邊晋司・岡崎利美・川上昌直・赤石篤紀（2006）『財務マネジメント』中央経
　　済社

日吉信弘（2000）『代替的リスク移転（ART）』保険毎日新聞社

吉澤卓哉（2001）『企業のリスク・ファイナンスと保険』千倉書房

吉野直行・浅野幸弘・川北隆英編著（1999）『日本型金融制度改革』有斐閣

脇田成（1998）『マクロ経済学のパースペクティブ』日本経済新聞社

R.J.バロー（谷内満訳）（1987）『マクロ経済学』多賀出版

Z.ボディ＆R.C.マートン（大前恵一朗訳）（2003）『現代ファイナンス論』ピアソンエデュケーション

P.ボイル＆F.ボイル（今井潤一訳）（2002）『はじめてのデリバティブ』日本経済新聞社

W.B.チャン（有賀裕二監訳）（1994）『時間と変化の経済学』中央大学出版部

C.I.ジョーンズ（香西泰監訳）（1999）『経済成長理論入門』日本経済新聞社

D.B.クレイン，K.A.フルート，S.P.メーソン，A.F.ペロルド，R.C.マートン，T.ボディ，E.R.シリ＆P.トゥファノ（野村総合研究所訳）（2000）『金融の本論』野村総合研究所

S.E.ハリントン＆G.R.ニーハウス（米山高生・箸方幹逸監訳，岡田太・柳瀬典由・石坂元一・諏澤吉彦・曽耀峰訳）（2005）『保険とリスク・マネジメント』東洋経済新報社

B.サラニエ（細江守紀・三浦功・堀宣昭訳）（2000）『契約の経済学』勁草書房

R.M.ソロー（福岡正夫訳）（2000）『経済成長』岩波書店

J.トービン（藪下史郎・大阿久博・蟻川靖浩訳）（2003）『トービン金融論』東洋経済新報社

Abel,A.B.,N.G.Mankiw,L.H.Summers & R.J.Zeckhauser（1989）"Assessing Dynamic Efficiency: Theory & Evidence", *Review of Economic Studies*, Vol.56, pp.1-20.

Elul,R.（1995）"Welfare Effects of Financial Innovation in Incomplete Markets Economies with Several Consumption Goods", *Journal of Economic Theory*, Vol.65, No.1, pp.43-79.

Fomby,T.B.&T.K.Seo, eds.（1989）, *Studies in the Economics of Uncertainty*, Springer-Verlag

Hillier, B.（1997）, *The Economic of Asymmetric Information*, MaCmillan Press

Mayers M. & S.Smith（1982）"On the Corporate Demand for Insurance", *Journal of Business*, Vol.55, No.2, pp.281-296.

Mason,S.P., R.C.Merton, P.F.Andre & P.Tufano（1995）, *Cases in Financial Engineering*, Prentice-Hall

Merton,R.C.（1992）"Financial Innovation & Economic Performance", *Journal of Applied Corporate Finance*, Vol.4, No.4, pp.12-22.

Ross,S.A.（1989）"Institutional Markets, Financial Marketing & Financial Innovation", *Journal of Finance*, Vol.44, No.3, pp.541-556.

（第2章）
浅谷輝雄監修（1992）『リスク管理とアクチュアリー』金融財政事情研究会

石田重森・庭田範秋編著（2004）『キーワード解説　保険・年金・ファイナンス』東洋経済新報社

岩村充（2005）『企業金融講義』東洋経済新報社

宇野淳編著（2008）『価格はなぜ動くのか』日経BP出版センター

江川由紀雄（2008）「証券化商品の発展過程とサブプライム問題の教訓」『みずほ年金レポート』第80号，11−18頁。

海老崎美由紀（2009）『保険データの読み方と考え方』保険毎日新聞社

熊迫勝久・田村貢一（2006）「米国における生保関連証券化の現状」『生命保険経営』第74巻第1号，41-68頁。

新開保彦（1998）「米国のキャッシュバランスプラン」『生命保険経営』第66巻第3号，604-615頁。

杉野泰亮（1997）「GICの変遷と解約控除に関する考察」『生命保険経営』第65巻第5号，947-965頁。

田口茂（2006）「第10章　保険業における数理技術の発展」堀田一吉・岡村国和・石田成則編著『保険進化と保険事業』慶應義塾大学出版会

津森信也・大石正明編著（2005）『経営のためのトータルリスク管理』中央経済社

野口悠紀雄（2004）『ファイナンス理論入門』ダイヤモンド社

野口悠紀雄・藤井眞理子（2000）『金融工学』ダイヤモンド社

三浦良造（2005）『リスクとデリバティブの統計入門』日本評論社

森平爽一郎編（2000）『ファイナンシャル・リスクマネージメント』朝倉書店

吉野直行・藤田康範編（2008）『金融資産市場論』慶應義塾大学出版会

Allen,F. &D. Gale（1994），*Financial Innovation and Risk Sharing*, CIP

Barnea,A., R.A.Haugen & L.W.Senbet（1985），*Agency Problems and Financial Contracting*, Prentice-Hall

Cummins,J.D.&R.A.Derring,eds.（1989），*Financial Model of Insurance Solvency*, Kluwer Academic Publishers

Cummins,J.D.&R.A.Derring,eds.（1991），*Managing the Insolvency Risk of Insurance Companies*, Kluwer Academic Publishers

Doherty,N.A.（2000），*Integrated Risk Management*, McGraw-Hill

（第3章）

石田重森（1994）『生命保険の理論』東洋経済新報社

井上俊剛（2018）「第6章　FinTechの進展と金融行政」神作裕之・小野傑・湯山智教編著『金融とITの政策学』金融財政事情研究会

井上俊剛（2019）「FinTech革命が保険監督，保険業界に与える影響」『保険学雑誌』第640号，1-34頁。

大沼八重子（2019）「生命保険販売におけるインターネットチャネルの現状」『共済総研レポート』第165号，13-18頁。

久保田進彦（2012）『リレーションシップ・マーケティング―コミットメント・アプローチによる把握―』有斐閣

栗山泰史（2017）「損害保険事業における自由化の進展と現在の課題」『保険学雑誌』第639号，63-83頁。

幸田博人（2018）「第3章　FinTechと金融機関」神作裕之・小野傑・湯山智教編著『金融とITの政策学』金融財政事情研究会

生命保険協会（2021）『2020年版　生命保険の動向』生命保険協会

關智一（2017）『イノベーションと内部非効率性』白桃書房

高見和也（2020）「2019〜2020年度の生命保険業界動向」『共済と保険』第741号，1 − 5頁。

竹井直樹（2017）「保険自由化20年と損保業界活動の変遷—その本質と課題—」『保険学雑誌』第639号，151 − 175頁。

細田浩史（2017）『保険のデジタル化と法—InsurTechの社会実装に向けて—』弘文堂

堀田一吉・岡村国和・石田成則編著（2006）『保険進化と保険事業』慶應義塾大学出版会

堀友一（2020）「保険業界におけるブロックチェーン技術活用の取組み」『共済総研レポート』第172号，8 − 13頁。

牧田幸裕（2018）『デジタルマーケティングの教科書：5つの進化とフレームワーク』東洋経済新報社

三菱総合研究所編（2016）『IoT入門』日本経済新聞出版社

村上真理（2008）「関係性マーケティングにおける顧客生涯価値」『広島大学マネジメント研究』第 8 号，57 − 69頁。

森川博之（2019）『データ・ドリブン・エコノミー』ダイヤモンド社

山沖義和・茶野努編著（2019）『日本版ビッグバン以後の金融機関経営—金融システム改革法の影響と課題—』勁草書房

山本啓太（2016）「意向把握義務と推奨販売における顧客の意向」『損害保険研究』第78巻第 3 号，54 − 85頁。

横手実（2015）「2030年の金融の姿—社会構造の変化とイノベーションが与える影響—」『知的資産創造』10月号，54 − 85頁。

李智慧（2021）「中国で進む保険業界のデジタルイノベーション」『共済と保険』第748号，4 − 9頁。

渡部喜智・田口さつき（2010）「家計のメイン化戦略の現状と課題」『農林金融』4 月号，172 − 185頁。

A.ヒューズ（秋山耕監訳，小西圭介訳）（1999）『顧客生涯価値のデータベース・マーケティング—戦略策定のための分析と基本原則—』金融財政事情研究会

M.ジェフリー（佐藤純・矢倉純之助・内田彩香訳）（2019）『データ・ドリブン・マーケティング』ダイヤモンド社

（第 4 章）

有賀健（1999）「第 6 章　不公正な取引方法に関する規制（2）垂直的取引制限に対する規制」後藤晃・鈴村興太郎編著『日本の競争政策』東京大学出版会

伊神満（2018）『「イノベーターのジレンマ」の経済学的解明』日経BP社

井口富夫（2008）『現代保険業研究の新展開―競争と消費者利益―』NTT出版

石田重森（2008）「第1章 保険の流通・販売をめぐるイノベーション」石田成則編著『保険事業のイノベーション』慶應義塾大学出版会

井上智紀（2009）「製販分離環境下の生保満足構造モデルの検討」『生命保険経営』第77巻第2号，25-49頁。

井上智紀（2015）『生命保険マーケティング―消費者行動論アプローチ―』保険毎日新聞社

可児俊信（2006）「第6章 FP教育と生命保険事業」堀田一吉・岡村国和・石田成則編著『保険進化と保険事業』慶應義塾大学出版会

崔相鐵・石井淳蔵（2009）「第11章 製販統合時代におけるチャネル研究の現状と課題」崔相鐵・石井淳蔵編著『流通チャネルの再編』中央経済社

佐々木一博（2011）「米生保の銀行チャネルによる個人生保販売」『生命保険経営』第79巻第4号，30-50頁。

清水克俊・堀内昭義（2003）『インセンティブの経済学』有斐閣

蕎品和寿（2009）「変貌する生保販売チャネルと生保窓販の行方」『信金中金月報』第8巻第6号，43-58頁。

沼田優子（2006）「米国の銀行サービスにおける製販分離の現状」『資本市場クォータリー』第9巻第4号，64-79頁。

丸山雅祥（2005）『経営の経済学』有斐閣

村上隆晃（2011）「生保銀行窓販の展開と課題」『生命保険経営』第79巻第5号，3-30頁。

Demsetz,H.（1988），*Ownership, Control and the Firm*, Blackwell

（第5章）

池尾和人（1985）『日本の金融市場と組織』東洋経済新報社

小田切宏之（2001）『新しい産業組織論』有斐閣

茶野努（2002）『予定利率引下げ問題と生保業の将来』東洋経済新報社

丸山雅祥（1992）『日本市場の競争構造』創文社

J.M.ヘンダーソン＆R.E.クォント（小宮隆太郎・兼光秀郎訳）（1984）『現代経済学』創文社

H.R.バリアン（佐藤隆三監訳）（1992）『入門ミクロ経済学』勁草書房

Diacon, S.（1990），Insurance Company Output & Costs, in S. Diacon, ed., *A Guide to Insurance Management*, Macmillan

Karten, W.（1990），Competitive Behaviour & Pricing Policy , in S. Diacon, ed., *A Guide to Insurance Management*, Macmillan

Mathewson,G.F.（1982），*Information, Entry, and Regulation in Market for Life Insurance*, University of Toronto Press

（第 6 章）

青木昌彦（1986）『現代の企業』岩波書店

井口富夫（1996）『現代保険業の産業組織』NTT出版

石田重森・石田成則（1997）『自由競争時代の生命保険経営』東洋経済新報社

石田重森・庭田範秋編著（2004）『キーワード解説　保険・年金・ファイナンス』東洋経済
　　　新報社

植草益編著（1995）『日本の産業組織　理論と実証のフロンティア』有斐閣

上柳敏郎（2009）「保険自由化10年と消費者問題」『保険学雑誌』第604号，45－60頁。

大谷孝一編著（2007）『保険論』成文堂

北坂真一（2002）「わが国生命保険会社の組織形態と経済性」『生命保険論集』第138号，1－
　　　23頁。

木村敬二・柴垣貴弘（1998）「英国の金融サービス法に基づく保険販売ルール」『生命保険経
　　　営』第66巻第 6 号，48－52頁。

倉澤資成（1989）「第 3 章　証券：企業金融理論とエージェンシー・アプローチ」伊藤元重・
　　　西村和雄編著『応用ミクロ経済学』東京大学出版会

小西修（1999）「英国の金融サービス市場法と生保会社」『生命保険経営』第67巻第 6 号，15
　　　－25頁。

小村衆統・守山昭男・西脇廣治・二上季代司（1997）『金融システム論』多賀出版

佐藤隆文編著（2009）『バーゼルⅡと銀行監督』東洋経済新報社

宍戸善一（1993）「第 8 章　経営者に対するモニター制度」伊丹敬之・加護野忠男・伊藤元
　　　重編著『日本の企業システム』有斐閣

下和田功編著（2007）『はじめて学ぶリスクと保険［改訂版］』有斐閣

館龍一郎・蠟山昌一編著（1987）『日本の金融　Ⅰ新しい見方』東京大学出版会

橘木俊詔・中馬宏之編著（1993）『生命保険の経済分析』日本評論社

橘木俊詔・砂田晃一・野村秀雄（1998）「持株会社の経済効果」『フィナンシャル・レビュー』
　　　第47号，210－237頁。

田畑康人・岡村国和編著（2010）『読みながら考える保険論』八千代出版

茶野努（2002）『予定利率引下げ問題と生保業の将来』東洋経済新報社

中馬宏之・橘木俊詔・高田聖治（1993）「第 8 章　生命保険会社の効率性の計測」橘木俊詔・
　　　中馬宏之編著『生命保険の経済分析』日本評論社

疋鵬（1995）「第2章　日本企業のコーポレート・ガバナンス」植草益編著『日本の産業組織
　　　理論と実証のフロンティア』有斐閣

西脇廣治（1993）『規制と銀行行動の理論』多賀出版

庭田範秋編著（2002）『新世紀の保険』慶應義塾大学出版会

古瀬政敏（1996）『アメリカの生命保険会社の経営革新』東洋経済新報社

堀田一吉・岡村国和・石田成則編著（2006）『保険進化と保険事業』慶應義塾大学出版会

堀田一吉（2009）「保険自由化の評価と消費者利益―損害保険業を中心に―」『保険学雑誌』第604号，5-24頁。

松岡博司（2009）「景気後退下の米国生保業界」『ニッセイ基礎研所報』Vol.55，19-54頁。

真屋尚生（1992）「第6章　保険政策と保険経営」庭田範秋編著『保険経営学』有斐閣

村上博信（1997）「米国の持株相互会社」『ニッセイ基礎研レポート』12月号，1-7頁。

村上博信（1999）「金融サービス業界の再編と生保相互会社の株式会社化―諸外国の事例を中心に―」『ニッセイ基礎研レポート』12月号，1-6頁。

村松司叙・宮本順二朗（1999）『企業リストラクチャリングとM&A』同文舘出版

村本牧（2000）「金融持株会社と生命保険会社」『文研論集』第132号，1-20頁。

安田隆二（2005）「企業再生におけるM&A」『一橋ビジネスレビュー』第53巻第2号，20-31頁。

山沖義和・茶野努編著（2019）『日本版ビッグバン以後の金融機関経営―金融システム改革法の影響と課題―』勁草書房

山下友信・竹濱修・洲崎博史・山本哲生編著（1999）『保険法』有斐閣

吉原英樹・佐久間昭光・伊丹敬之・加護野忠男（1981）『日本企業の多角化戦略』日本経済新聞

J.ニーハンス（石川経夫監訳）（1982）『貨幣の理論』東京大学出版会

J.マクミラン（伊藤秀史・林田修訳）（1999）『経営戦略のゲーム理論』NTT出版

O.E.ウィリアムソン（井上薫訳）（1982）『裁量的行動の経済学』千倉書房

R.P.ルメルト（鳥羽欽一郎・山田正喜子・川辺信雄・熊沢孝訳）（1977）『多角化戦略と経済成果』東洋経済新報社（R.P.Rumelt（1974），*Strategy, Structure, and Economic Performance,* Harvard Business School）

Allen,F. &D.Gale（1994）*Financial Innovation and Risk Sharing,* CIP.

Barnea,A., R.A.Haugen & L.W.Senbet（1985）*Agency Problems and Financial Contracting,* Prentice-Hall.

Doherty,N.A.（2000）*Integrated Risk Management,* McGraw-Hill

Fama,E.F.（1980）"Agency Problems and the Theory of the Firm", *Journal of Political Economy,* Vol.88, No.2, pp.288-307.

Fiordelisi,F.（2009），*Mergers and Acquisitions in European Banking,* Palgrave Macmillan

Genetay,N.& P.Molyneux（1998），*Bancassurance,* Macmillan

Jensen,M.C. & W.H.Meckling（1976）"Theory of the Firm : Managerial Behavior, Agency Costs and Ownership Structure", *Journal of Financial Economics,* No.3,pp.305-360.

MacMinn,R.D.（1987）"Insurance and Corporate Risk Management", *Journal of Risk and Insurance,* Vol.54, No.4, pp.658-677.

Mayers,D.& C.W.Smith,Jr.（1982）"On the Corporate Demand for Insurance", *Journal of Business,* Vol.55, No.2, pp.281-296.

Rees, R. (1974) "A Reconsideration of the Expense Preference Theory of the Firm", *Economica*, Vol.41, No.3, pp.295-307.

Santomero,A.M. (1993), Banking and Insurance, in J.D.Cummins & J. Lamm-Tennant, eds. *Financial Management of Life Insurance Companies*, Kluwer Academic Publishers

(第 7 章)

甘利公人 (2007)『生命保険契約法の基礎理論』有斐閣

石田重森・庭田範秋編著 (2004)『キーワード解説　保険・年金・ファイナンス』東洋経済新報社

池田和世 (2006)「金融商品販売法の改正」『旬刊商事法務』第1782号，8－16頁。

金本悠希 (2006)「金融商品取引法法制における預金・保険の取扱い」『大和総研レポート』8月号，1－5頁。

川口恭弘 (2006)「特集　金融商品取引法③金融商品取引法における行為規制」『旬刊金融法務事情』第1779号，1－9頁。

塩原一郎 (2007)『金融商品取引法と日本の金融・経済・経営』税務経理協会

日本生命保険生命保険研究会編 (2011)『生命保険の実務と法務』金融財政事情研究会

藤原賢哉 (2009)『ポストバブルの金融システム』中央経済社

細江守紀・太田勝造編著 (2001)『法の経済分析』勁草書房

(第 8 章)

甘利公人 (2009)「英国の消費者保護法制の現状と課題―英国のADRと金融オンブズマン制度―」『共済と保険』第51巻第11号，8－16頁。

池尾和人 (1985)『日本の金融市場と組織』東洋経済新報社

大森泰人・中沢則夫・中島康夫・稲吉大輔・符川公平 (2010)『詳説金融ADR制度』商事法務

佐藤彰一 (2007)「新しいADRの世界をみる；「対話型」ADRをどう理解するか」『法学セミナー』第631号，25－29頁。

冨永紅 (2009)「英国金融オンブズマンサービス (FOS) について」『共済と保険』第51巻第8号，8－16頁。

中村芳彦 (2007)「新しいADRの世界をみる；対話型医療事故紛争ADRについて」『法学セミナー』第631号，38－42頁。

西口元 (2007)「新しいADRの世界をみる；協働型医療ADRの試み」『法学セミナー』第631号，34－37頁。

野口直秀 (2010)「金融分野における裁判外紛争解決制度について」『生命保険論集』第171号，153－177頁。

細江守紀・太田勝造編著 (2001)『法の経済分析』勁草書房

和田仁孝（2007）「新しいADRの世界をみる；総論　ADRの基礎知識」『法学セミナー』第631号，1 - 4 頁。

和田直人（2007）「新しいADRの世界をみる；現実の機能をみる」『法学セミナー』第631号，30 - 33頁。

S.シャベル（田中亘・飯田高訳）（2010）『法と経済学』日本経済新聞出版社

T.J.ミセリ（細江守紀監訳）（1999）『法の経済学』日本経済新聞出版社

（第 9 章）

甘利公人（2009）「英国の消費者保護法制の現状と課題─英国のADRと金融オンブズマン制度─」『共済と保険』第51巻第11号，8 - 16頁。

池尾和人（1985）『日本の金融市場と組織』東洋経済新報社

石田成則（2011）「金融ADRが市場に及ぼす影響」『保険学雑誌』第613号，35 - 54頁。

大森泰人・中沢則夫・中島康夫・稲吉大輔・符川公平（2010）『詳説金融ADR制度』商事法務

樫原英男（2011）「生命保険商品の比較について」『保険学雑誌』第612号，73 - 86頁。

金原洋一（2010）「生保商品の「分かり易さ」とは」『生命保険経営』第78巻第 1 号，48 - 63頁。

権藤幹昌（2011）「生命保険業務における裁判外紛争解決制度について」『生命保険論集』第174号，9 - 28頁。

佐藤彰一（2007）「新しいADRの世界をみる；「対話型」ADRをどう理解するか」『法学セミナー』第631号，25 - 29頁。

出口治明（2011）「これからの生保販売とネット生保」『保険学雑誌』第612号，95 - 114頁。

冨永紅（2009）「英国金融オンブズマンサービス（FOS）について」『共済と保険』第51巻第 8 号，8 - 16頁。

中澤正樹（2004）「金融商品勧誘規制の現状と課題」『保険学雑誌』第587号，133 - 157頁。

中村芳彦（2007）「新しいADRの世界をみる；対話型医療事故紛争ADRについて」『法学セミナー』第631号，38 - 42頁。

西口元（2007）「新しいADRの世界をみる；協働型医療ADRの試み」『法学セミナー』第631号，34 - 37頁。

日本生命保険生命保険研究会編（2011）『生命保険の法務と実務』金融財政事情研究会

野口直秀（2010）「金融分野における裁判外紛争解決制度について」『生命保険論集』第171号，153 - 177頁。

細江守紀・太田勝造編著（2001）『法の経済分析』勁草書房

牧野浩敏（2010）「英国の金融業界における苦情・紛争の解決」『生命保険経営』第77巻第 4 号，79 - 102頁。

和田仁孝（2007）「新しいADRの世界をみる；総論　ADRの基礎知識」『法学セミナー』第

631号，1－4頁。

和田直人（2007）「新しいADRの世界をみる；現実の機能をみる」『法学セミナー』第631号，30－33頁。

「金融ADRの設計と課題」仲裁ADR法学会（2011）『仲裁とADR』第6号，商事法務

S.シャベル（田中亘・飯田高訳）（2010）『法と経済学』日本経済新聞出版社

T.J.ミセリ（細江守紀監訳）（1999）『法の経済学』日本経済新聞出版社

Rea, S. A.（1993）"The Economics of Insurance Law", *International Review of Law and Economics*, Vol.13, No.2, pp.145-162.

Werin,L. & H. Wijkander, eds.（1992）*Contract Economics*, Basil Blackwell

（第10章）

井口富夫（1996）『現代保険業の産業組織』NTT出版

石田重森・庭田範秋編著（2004）『キーワード解説　保険・年金・ファイナンス』東洋経済新報社

上原純（2017）「保険業法上の規制緩和―2006年からの10年間―」『保険学雑誌』第639号，108－126頁。

植村信保（2008）『経営なき破綻　平成生保危機の真実』日本経済新聞社

大島道雄（2020）「生損保相互参入とは何だったのか」『損害保険研究』第82巻第2号，1－50頁。

大谷孝一編著（2007）『保険論』成文堂

栗山泰史（2017）「損害保険事業における自由化の進展と現在の課題」『保険学雑誌』第639号，63－83頁。

竹井直樹（2017）「保険自由化20年と損保業界活動の変遷―その本質と課題―」『保険学雑誌』第639号，151－175頁。

田畑康人・岡村国和編著（2010）『読みながら考える保険論』八千代出版

近見正彦・吉澤卓哉・高尾厚・甘利公人・久保英也（2006）『新・保険学』有斐閣

庭田範秋編著（1978）『生命保険論』有斐閣

庭田範秋編著（1992）『保険経営学』有斐閣

庭田範秋編著（1993）『新保険学』有斐閣

庭田範秋（1995）『新保険学総論』慶應通信

山下友信・竹濱修・洲崎博史・山本哲生編著（1999）『保険法』有斐閣

241

初出一覧

序章　保険業を取り巻く環境変化と事業革新：問題意識と考察の視点
書き下ろし

第1章　保険業におけるイノベーションと契約者利益
「保険事業におけるイノベーションの経済的帰結」『生命保険論集』第157号，2006年，131-
152頁

第2章　個人保険・団体保険の商品性革新
「第6章　生命保険商品の革新」庭田範秋・石田重森編著『キーワード解説　保険・年金・
ファイナンス』東洋経済新報社，2004年，45-72頁

第3章　保険技術革新による顧客価値創造型マーケティング
書き下ろし

第4章　「製販分離」による保険業の新たなビジネスモデル
「「製販分離」による保険業の新たなビジネスモデル」『MS&AD基礎研レビュー』第11号，
2012年，12-21頁

第5章　保険市場の特殊性と契約者利益
「第3章　生命保険相互会社の経営行動と規制」庭田範秋編著『新世紀の保険』慶應義塾大
学出版会，2002年，45-72頁

第6章　保険経営形態と契約者利益
「保険市場における規制緩和と組織改革」『保険学雑誌』第611号，2010年，3-22頁

第7章　特定保険契約における説明義務と賠償責任のあり方
「特定保険契約における説明義務と賠償責任のあり方」『生命保険論集』第176号，2011年，
1-20頁

第8章　金融ADRが保険市場に及ぼす影響
「金融ADRが市場に及ぼす影響」『保険学雑誌』第613号，2011年，35-54頁

第9章　保険トラブルをめぐる訴訟・和解と金融ADR
「保険トラブルをめぐる訴訟・和解と金融ADR」石田重森・江頭憲治郎・落合誠一編『保険

学保険法学の課題と展望―大谷孝一博士古稀記念―』成文堂，2011年，173-195頁

第10章　保険政策と保険規制
「第9章　保険政策と保険規制」近見正彦・堀田一吉・江澤雅彦編著『保険学』有斐閣，
2011年，231-255頁

＊ただし，一部の章については大幅に修正のうえ，再掲している。

索　引

わ 行

[著者紹介]

石田成則（いしだ　しげのり）

関西大学政策創造学部教授。社会保障論，社会保険論，保険論担当。1991年慶應義塾大学大学院商学研究科博士課程修了，その後1991年から2015年まで山口大学経済学部に勤務。2015年に関西大学政策創造学部に移籍し，現在に至る。この間，1996年9月から10カ月，文部科学省在外研究員として英国ヨーク大学経済関連学部に赴任。2009年商学博士（早稲田大学）。主要業績『老後所得保障の経済分析』（東洋経済新報社），『人生100年時代の生活保障論』（税務経理協会），共著として『自由競争時代の生命保険経営』（東洋経済新報社），『失業と雇用をめぐる法と経済』（成文堂），『ストーリーで語るリスクマネジメント論』（創成社），『経営危機管理論』（三恵社），編著として『保険事業のイノベーション』『保険進化と保険事業』（慶應義塾大学出版会），『社会保障論』（ミネルヴァ書房）がある。所属学会及び社会的活動は，日本保険学会（理事），日本年金学会（幹事），生活経済学会（理事），日本労務学会，日本ディスクロージャー研究学会，Asia Consumer and Family Economics Association, Asia-Pacific Risk Management & Insurance Associationなど。

変貌する保険事業　インシュアテックと契約者利益

2022年5月10日　第1版第1刷発行

著　者　石　田　成　則

発行者　山　本　　　継

発行所　㈱中央経済社

発売元　㈱中央経済グループ
　　　　パブリッシング

〒101-0051　東京都千代田区神田神保町1-31-2
電話　03 (3293) 3371 (編集代表)
　　　03 (3293) 3381 (営業代表)
https://www.chuokeizai.co.jp
製版／三英グラフィック・アーツ㈱
印刷／三　英　印　刷　㈱
製本／誠　　製　　本　　㈱

© 2022
Printed in Japan